पर्यावरण शिक्षण

पर्यावरण शिक्षण

जैश्री

एम. ए. (शिक्षा), पीएच. डी. (शिक्षा)

ANSHAH अंश: पब्लिशिंग हाउस

(First Published in India in 2008)

Rs. 550

ISBN: 978-81-8364-027-5

2020 Impression

पर्यावरण शिक्षण

Published by:
ANSHAH PUBLISHING HOUSE
LG 18-19, Pankaj Central Market,
Patparganj, Delhi 110092, India
Ph.: +91 11 22235152/6152, 9650028065
Email: info@shiprapublication.com
Website: www.shiprapublication.com

प्राक्कथन

मूल्य, पर्यावरण और मानव अधिकार की शिक्षा पुस्तक सर्वप्र
द्वारा 2007 में प्रकाशित की गई। यह पुस्तक निम्नलिखित
रखकर लिखी गई हैः–

– मानवमूल्यों की प्रकृति और मूल्यों व गैर मूल्यों के स्रोत पर्या
के बारे में ज्ञान पाने के लिए विभिन्न प्रकार के मानव मू

– शिक्षण मूल्यों के स्रोत जैसे प्रजातान्त्रिक, धर्म से अलग
विद्यार्थी वर्ग और बाज़ार की आवश्यकता के मध्य नज

पृथक पृथक पुस्तक निकालने का निर्णय लिया गया। आश
जा सकेगा।

मैं अपने परिवार व साथियों का भी बहुत धन्यवाद
सहयोग से यह कार्य पूरा हुआ। मैं उन लेखकों एवं प्रकाश
हूं जिनका इस पुस्तक में वर्णन है।

इस पुस्तक के अध्ययन से विद्यार्थियों को पाठ्यक्रम
उनके दैनिक व्यवहारिक जीवन का भी मार्गदर्शन होगा त
आत्मगौरव की ज्योति जगेगी।

आपके सुझावों एवं विचारों का हार्दिक स्वागत क

विषय सूची

पर्यावरण शिक्षण

जैश्री

एम. ए. (शिक्षा), पीएच. डी. (शिक्षा)

ANSHAH अंशः पब्लिशिंग हाउस

(First Published in India in 2008)

Rs. 550

ISBN: 978-81-8364-027-5

2020 Impression

पर्यावरण शिक्षण

Published by:

ANSHAH PUBLISHING HOUSE

LG 18-19, Pankaj Central Market,
Patparganj, Delhi 110092, India
Ph.: +91 11 22235152/6152, 9650028065
Email: info@shiprapublication.com
Website: www.shiprapublication.com

प्राक्कथन

मूल्य, पर्यावरण और मानव अधिकार की शिक्षा पुस्तक सर्वप्रथम शिप्रा पब्लिकेशन द्वारा 2007 में प्रकाशित की गई। यह पुस्तक निम्नलिखित उद्देश्यों को ध्यान में रखकर लिखी गई है:–

– मानवमूल्यों की प्रकृति और मूल्यों व गैर मूल्यों के स्रोत पर्यावरण व मानव अधिकार के बारे में ज्ञान पाने के लिए विभिन्न प्रकार के मानव मूल्यों का वर्गीकरण।
– शिक्षण मूल्यों के स्रोत जैसे प्रजातान्त्रिक, धर्म से अलग और सामाजिक इत्यादि।

विद्यार्थी वर्ग और बाज़ार की आवश्यकता के मध्य नजर, इन तीनों विषयों पर पृथक पृथक पुस्तक निकालने का निर्णय लिया गया। आशा है इसका लाभ उठाया जा सकेगा।

मैं अपने परिवार व साथियों का भी बहुत धन्यवाद करती हूं जिनकी प्रेरणा व सहयोग से यह कार्य पूरा हुआ। मैं उन लेखकों एवं प्रकाशकों का भी धन्यवाद करती हूं जिनका इस पुस्तक में वर्णन है।

इस पुस्तक के अध्ययन से विद्यार्थियों को पाठ्यक्रम जानकारी के साथ–साथ उनके दैनिक व्यवहारिक जीवन का भी मार्गदर्शन होगा तथा उनमें आत्मविश्वास एवं आत्मगौरव की ज्योति जगेगी।

आपके सुझावों एवं विचारों का हार्दिक स्वागत करते हुए

डॉ0 जैश्री

विषय सूची

अध्याय - 1

पर्यावरण

अर्थ, क्षेत्र

बालक के विकास के सन्दर्भ में यह चर्चा होती है कि उसे वंशानुक्रम तथा पर्यावरण में से कौन अधिक प्रभावित करता है। व्यवहारवादी मनोवैज्ञानिकों का विश्वास है कि व्यक्तित्व के विकास में पर्यावरण ही प्रमुख है, उस पर वंशानुक्रम का कोई प्रभाव नहीं पड़ता। अन्य मनोवैज्ञानिकों का कहना है कि व्यक्तित्व के विकास में वंशानुक्रम की प्रमुख भूमिका है। शिक्षा का मुख्य उद्देश्य बालक के व्यक्तित्व का विकास करना है। शिक्षा का मुख्य कार्य शिक्षा संस्थाओं में समुचित पर्यावरण उत्पन्न करना है। बालक के शारीरिक, मानसिक, सामाजिक, सांस्कृतिक तथा भावात्मक विकास के लिये अपेक्षित वातावरण की आवश्यकता है।

पर्यावरण का अर्थ (Meaning of Environment)

पर्यावरण शब्द का अर्थ आस-पास या पास-पड़ोस (surroundings) से होता है। अतः पर्यावरण शब्द परि+आवरण का मिश्रण है, जिसका अर्थ है कि जो हमें चारों ओर से ढके, वह हमारा पर्यावरण है। अंग्रेजी भाषा के लिए 'एनवॉयरमेण्ट' (environment) शब्द का प्रयोग होता है। 'एनवॉयरन' शब्द का अर्थ है, घेरना या आवृत्त (Encircle) करना तथा 'मेण्ट' का अर्थ है, चारों ओर (All round) अतः पर्यावरण (Environment) का शाब्दिक अर्थ हुआ, चारों ओर से घेरना।

पर्यावरण की परिभाषायें (Definitions of Environment)

डगलस तथा हॉलैण्ड (Douglas and Holland) – "जीव जगत के प्राणियों के विकास, परिपक्वता, प्रकृति, व्यवहार तथा जीवन शैली को प्रभावित करने वाली समस्त बाह्य शक्तियों को पर्यावरण में सम्मिलित किया जाता है और उन्हीं की सहायता से पर्यावरण का वर्णन किया जाता है।"

सी. सी. पार्क (C.C. Park) – "मनुष्य एक विशेष स्थान पर विशेष समय

पर जिन सम्पूर्ण परिस्थितियों से घिरा हुआ है उसे पर्यावरण कहा जाता है।"

पर्यावरण की संरचना (Structure of Environment)

पर्यावरण में भौतिक तथा नैतिक तत्व होते हैं जिन्हें जैविक तथा अजैविक घटक भी कहते हैं। इस प्रकार पर्यावरण का विभाजन दो घटकों में किया जाता है –

1. भौतिक अथवा जैविक (Physical or abiotic) तथा
2. जैविक अथवा जैवजन्य (Biological or biotic) पर्यावरण।

भौतिक तत्वों की विशेषताओं के आधार पर इन्हें तीन वर्गों में विभाजित किया जाता है – (1) ठोस पदार्थ, (2) तरल पदार्थ तथा (3) गैस पदार्थ। ठोस पदार्थों में पृथ्वी तथा भूमि को सम्मिलित करते हैं। तरल पदार्थों में जल को तथा गैस पदार्थों में वायुमण्डल को सम्मिलित किया जाता है। इस प्रकार भौतिक पर्यावरण को तीन वर्गों में विभाजित किया जाता है – भूमण्डल, वायुमण्डल तथा जलमण्डल। इन्हें उपवर्गों में भी विभाजित किया गया है जैसे–भूमण्डल को पहाड़, पठार, मैदान तथा पर्यावरण में विभाजित करते हैं। इसी प्रकार अन्य मण्डलों का भी उपविभाजन किया जाता है जिसका विस्तृत विवरण भूगोल के अन्तर्गत किया जाता है।

जैविक पर्यावरण (Biological Environment)

जैविक पर्यावरण में पौधों तथा जानवरों व मनुष्यों को सम्मिलित किया जाता है। इस प्रकार जैविक पर्यावरण को दो वर्गों में विभाजित किया जाता है – पौधों का वातावरण तथा जानवरों अथवा जीवों का वातावरण। सभी जीव एक सामाजिक समूह में कार्य करते हैं। अपने कार्य हेतु पदार्थों को वे भौतिक पर्यावरण से लेते हैं। यह प्रक्रिया आर्थिक पर्यावरण उत्पन्न करती है। मानव अधिक सभ्य तथा कुशल प्राणी है। इसकी सामाजिक व्यवस्था बहुत ही सुव्यवस्थित है। मनुष्य के तीन महत्वपूर्ण पहलू होते हैं – भौतिक, सामाजिक तथा आर्थिक। इनकी विशेषतायें एक दूसरे से भिन्न होती हैं।

1. भौतिक मानव – भौतिक मानव के रूप में मनुष्य भौतिक पर्यावरण से भूमि, वायु, पानी तथा भोजन आदि मूल तत्वों को प्राप्त करता है।
2. सामाजिक मानव – सामाजिक व्यक्ति, संस्थाओं की स्थापना करता है, कानून बनाता है तथा सुरक्षा हेतु साधनों की व्यवस्था करता है।
3. आर्थिक मानव – आर्थिक मानव भौतिक तथा जैविक साधनों एवं स्रोतों का अपनी कुशलता तथा तकनीकी से उपयोग करता है।

इस प्रकार मनुष्य तथा पर्यावरण के मध्य अन्तः क्रिया होती है जिससे पदार्थों एवं ऊर्जा के बीच संचालन होता रहता है। इसके फलस्वरूप पर्यावरण में सन्तुलन बना रहता है।

भौतिक पर्यावरण को जलवायु की परिस्थितियों के रूप में लिया जाता है। जलवायु व्यक्तियों की कार्यक्षमताओं, आदतों तथा स्वभाव आदि को प्रभावित करती है। विभिन्न जलवायु के निवासियों की भाषा, स्वभाव, रहन-सहन में अन्तर होता है। उनके सामाजिक तथा आर्थिक कार्य-प्रणाली एवं संस्थाओं में भी भिन्नता होती है। पर्यावरण के साथ मानव किस प्रकार की अन्तः क्रिया करे, यह 'पर्यावरण शिक्षा' का क्षेत्र है। पर्यावरण द्वारा इसकी जानकारी दी जाती है।

पर्यावरण का सम्बन्ध अध्ययन विषयों से
(Relationship of Environment with Study Subjects)

पर्यावरण के स्वरूप तथा उसके तत्वों के बीच अध्ययन क्षेत्रों एवं विषयों का घनिष्ठ सम्बन्ध पाया जाता है। पर्यावरण के तत्वों को प्रमुख रूप से तीन वर्गों में विभाजित किया जाता है – (1) भौतिक या अजैविक तत्व (2) जैविक तत्व और (3) सामाजिक तत्व। पर्यावरण में भौतिक, जैविक एवं सामाजिक तत्व सम्मिलित होते हैं। अध्ययन विषयों से इनका सम्बन्ध अधोलिखित चार्ट से स्पष्ट किया गया है।

पर्यावरण (Environment)

इस प्रकार प्रत्येक अध्ययन विषय का पर्यावरण के विशेष तत्व या तत्वों से सम्बन्ध पाया जाता है। कुछ विषय एक ही तत्व का अध्ययन करते हैं जैसे वनस्पति विज्ञान तथा जीव विज्ञान। अन्य विषय एक से अधिक तत्वों का अध्ययन करते हैं – जैसे कृषि विज्ञान में भौतिक एवं जैविक दोनों ही तत्वों का अध्ययन किया जाता है। इसी प्रकार भूगोल विषय का क्षेत्र सम्पूर्ण पर्यावरण का अध्ययन क्षेत्र है। मनुष्य भी पर्यावरण का एक तत्व है तथा पर्यावरण को प्रभावित करता है। मनुष्य तथा पर्यावरण के मध्य अन्तः क्रिया होती है जिसका अध्ययन कई विषयों में किया जाता है।

1. भौतिक (Physical)

   प्राकृतिक (Natural)

   अ. भूमि – भूगर्भ विज्ञान

   ब. वायु– कृषि विज्ञान

स. जल – रसायन विज्ञान
द. राजनीति विज्ञान

2. जैविक (Biological)
मानवकृत (Man made)
अ. पौधे – वनस्पति विज्ञान
ब. जानवर–जीव विज्ञान
स. मनुष्य
द. ऊर्जा – भौतिक विज्ञान

3. सामाजिक (Social)
अ. समाज शास्त्र
ब. शिक्षा शास्त्र
स. अर्थशास्त्र

मनुष्य और पर्यावरण (Man and Environment)

इस प्रकार मनुष्य पर उसके पर्यावरण का बड़ा प्रभाव पड़ता है। पर्यावरण का यह प्रभाव उसके जन्म से लेकर बड़ी आयु तक और मृत्यु पर्यन्त तक चलता रहता है। परिवार और समाज में बालक, युवक और वृद्ध व्यक्तियों की स्थितियों और कार्यों में पर्याप्त अन्तर होता है और इस अन्तर के कारण स्वभावतया उनके व्यक्तित्वों, कार्यों, स्वभावों, सोचने–विचारने के ढ़ंगों, रूखों, झुकावों और चरित्रों सभी पर प्रभाव पड़ता है। इसी प्रकार स्कूल, ऑफिस, व्यवसाय सभी जगह व्यक्तियों की स्थिति का उनके कार्यों आदि पर प्रभाव पड़ता है।

साधारणतया पर्यावरण को दो भागों में बांटा जा सकता है – नियन्त्रित (Controlled) परिवेश और अनियन्त्रित (Uncontrolled) पर्यावरण अथवा सामाजिक पर्यावरण तथा भौगोलिक पर्यावरण। मनुष्य के सामाजिक तथा भौगोलिक दोनों प्रकार के पर्यावरण कुछ नियन्त्रित और कुछ अनियन्त्रित हैं। इन दोनों प्रकार के पर्यावरण का मनुष्य पर बड़ा प्रभाव पड़ता है।

सामाजिक पर्यावरण के विभिन्न पक्षों, परिवार, स्कूल, व्यवसाय, सामाजिक रीति–रिवाज, परम्परायें आदि सभी का मनुष्यों पर प्रभाव पड़ता है। इस विषय में यहां पर केवल परिवार का ही उदाहरण देना पर्याप्त होगा। प्रसिद्ध मनोविश्लेषणवादी सिगमण्ड फ्रॉयड के अनुसार मनुष्य का व्यक्तित्व उसके पहले तीन वर्षों में बन लेता है। बाद में उन्ही प्रवृत्तियों की अभिव्यक्ति होती रहती है। फ्रॉयड के इस मत से चाहे सब विचारक सहमत न हों परन्तु व्यक्ति के चरित्र, स्वभाव, मनोवृत्तियों, आदतों, व्यवहारों आदि के पर्यावरण के प्रभाव को सभी ने

माना है और यह कहने के पर्याप्त कारण उपस्थित हैं कि अभी हम मनुष्य पर परिवार के प्रभाव के विषय में पूरी तरह नहीं जानते। इस प्रभाव का विशेष ज्ञान परिवार में पले बालकों के स्वभाव और राज्य की संस्थाओं में पले बालकों के स्वभाव की तुलना करने पर होगा। The Problem of Race Regeneration में प्रसिद्ध विद्वान हैवलॉक एलिस ने लिखा है कि " माता को अपने बच्चे को दूध पिलाने के लाभ शारीरिक से अधिक हैं, वह बालक के प्रति उसके स्नेह को जगाता है और इस बात की गारन्टी है कि अन्य मामलों में भी बालक की आवश्यक देखभाल की जायेगी"।

माता–पिता के प्यार का बालक की भावनाओं के स्थायित्व पर भी बड़ा प्रभाव पड़ता है। यह सर्वविदित है कि अत्यधिक लाड़ प्यार से बालक बिगड़ जाते हैं और बिल्कुल स्नेह न मिलने से उनकी भावनायें कुण्ठित रह जाती हैं या अप्राकृतिक तरीकों से अभिव्यक्त होती है। प्रसिद्ध मनोवैज्ञानिक एल्फ्रेड एडलर (Alfred Adler) के अनुसार परिवार में बालक के जन्म क्रम का भी उसके व्यक्तित्व पर प्रभाव पड़ता है। इसको इस तरह से और भी स्पष्ट किया जा सकता है कि परिवार में माता–पिता, पति–पत्नी, भाई–बहन, बड़ा भाई, बड़ी बहन, छोटी बहन, लाड़ला बालक, अवांछित सन्तान आदि सबकी भिन्न–भिन्न स्थितियां होती हैं जिनका उनके व्यक्तित्व पर प्रभाव पड़ता है।

आनुवंशिकता और पर्यावरण (Heredity and Environment)

आनुवंशिकता और पर्यावरण के परस्पर सम्बन्धों के बारे में विद्वानों में मतभेद रहा है। कुछ विद्वानों के अनुसार मनुष्य की शारीरिक और मानसिक सभी विशेषतायें उसकी आनुवंशिकता से निश्चित होती हैं। Hereditary Genius के लेखक गाल्टन (Galton) के अनुसार प्रतिभा एक जन्मजात गुण है और उस पर पर्यावरण का कोई प्रभाव नहीं पड़ सकता। दूसरी ओर कुछ विद्वानों के अनुसार पर्यावरण ही सब कुछ है और आनुवंशिकता का व्यक्ति पर कोई भी प्रभाव नहीं पड़ता है। डॉ. वाटसन (Dr. Watson) ने दावा किया था कि " तुम मुझे भी बालक दे दो और मैं उसे कुछ भी बना सकता हूं।" इस प्रकार आनुवंशिकतावादियों और पर्यावरणवादियों में आनुवंशिकता और पर्यावरण के महत्व पर खासा वाद–विवाद हुआ है।

परन्तु वास्तव में आनुवंशिकता और पर्यावरण दोनों ही महत्वपूर्ण हैं। मैकाइवर और पेज ने उचित ही लिखा है कि " जीवन की हर घटना दोनों का फल होती है। परिणाम के लिए उनमें से एक भी उतनी आवश्यक है जितनी कि दूसरी कोई भी न तो कभी हटाई जा सकती है और न ही कभी अलग की जा सकती है"।

आनुवांशिकता सम्बन्धी परीक्षणों से यह सिद्ध हुआ है कि मनुष्य के व्यक्तित्व का विकास करने में आनुवंशिकता ही एकमात्र कारक नहीं है। इसी तरह पर्यावरण के सम्बन्ध में परीक्षणों से यह सिद्ध हुआ कि मनुष्य के व्यक्तित्व को अकेला पर्यावरण ही नहीं बनाता है। आल्टेनबर्ग के शब्दों में, '' हर एक लक्षण को अपने विकास के लिए आनुवंशिकता और पर्यावरण दोनों की आवश्यकता होती है।''

समाज में व्यक्ति के विकास पर आनुवंशिकता और पर्यावरण के प्रभाव के उपरोक्त विवेचन से यह स्पष्ट हो गया होगा कि दोनों का ही अपना–अपना महत्व है। कुछ वैज्ञानिकों ने यह निश्चित करने की चेष्टा की है कि इन कारकों में किसका किस अनुपात में महत्व है। कुमारी बर्क्स (Miss Berks) के अनुसार मनुष्य की बुद्वि के विकास में आनुवंशिकता का 80 प्रतिशत और पर्यावरण का 20 प्रतिशत प्रभाव पड़ता है। परन्तु इस प्रकार के निर्णय एकांकी हैं और व्यवहार में कभी खरे नहीं उतरते। इस विषय में केवल इतना भर कहा जा सकता है कि व्यक्ति के विकास में दोनों का हाथ है। लैंडिस के शब्दों में , ''आनुवंशिकता हमें विकसित करने का सामर्थ्य देती है। परन्तु सामर्थ्यो को विकसित करने का अवसर पर्यावरण से ही मिलना चाहिए। आनुवंशिकता हमें हमारी कार्यशील पूंजी देती है और पर्यावरण उसके विनियोग का अवसर देता है''।

आनुवंशिकता बीज रूप में सब कुछ है जो किसी बालक को उसके माता-पिता से प्राप्त होता है। बालक का जन्म माता और पिता दोनों के पैतृक सूत्रों के मिलने से होता है। परन्तु क्या बीज सभी परिस्थितियों में एक सा फलीभूत होगा? उत्तर स्पष्ट है कि नहीं। किसान एक खेत को जोतकर उसमें बीज बिखेर देता है। पत्थर पर पड़ा बीज फूटता नहीं, कठोर जमीन पर पड़ा बीज कठिनता से फूटता है। पानी से दूर बीज फूटकर भी नहीं उगता, पानी की अनुपस्थिति में पौधा सूख जाता है। किसान देखभाल न करे तो जंगली जानवर व पक्षी पौधों को नष्ट कर दें। खाद न मिले तो पौधों की समुचित बढोतरी न हो। अतः केवल बीज बोने मात्र से गेहूं की फसल नहीं काटी जा सकती उसको ठीक समय पर आवश्यक खाद, पानी, निराई, गुड़ाई और जानवरों तथा कीड़ों से रक्षा की आवश्यकता है।

ठीक यही बात मनुष्य के विषय में भी सच है। माना की बालक बहुत से शारीरिक तथा मानसिक गुणों को बीज रूप में लेकर उत्पन्न होता है परन्तु क्या इन गुणों का सभी परिस्थितियों में एक जैसा विकास हो सकता है? समान जुड़वां बच्चों की आनुवंशिकता बिल्कुल एक सी ही होती है। न्यूमैन, फ्रीमैन और होलजिंगर ने 19 समान जुड़वां बच्चों को भिन्न–भिन्न पर्यावरण में पालकर अध्ययन किया जिससे यद्यपि उनके शारीरिक लक्षणों में बहुत कम अन्तर दिखाई पड़ा परन्तु व्यक्तित्व के लक्षणों और विशेषताओं में अत्यधिक अन्तर दिखाई पड़ा। स्पष्ट है कि पर्यावरण के बदलने से आनुवंशिकता का प्रभाव भी बदल

जाता है। इस प्रकार यदि प्रखर से प्रखर बालक को भी प्रतिकूल पर्यावरण में रखा जायेगा तो उसकी प्रतिभा बहुत कुछ कुण्ठित हो जायेगी और साधारण बालक को भी अनुकूल पर्यावरण में रखकर उसके गुणों का समुचित विकास किया जा सकता है।

परन्तु क्या इसका अर्थ यह है कि बीज का कोई महत्व नहीं है? क्या परिवेश बदलने मात्र से किसी को भी कुछ भी बनाया जा सकता है। कीकर के बीज बोकर आम नहीं खाया जा सकता। पर्यावरण आनुवंशिकता से प्राप्त गुणों का विकास करता है परन्तु केवल एक सीमा तक।

संक्षेप में, यह कहा जा सकता है कि आनुवंशिकता बीज है और मनुष्य का पर्यावरण उस बीज के विकास की परिस्थितियाँ हैं। जैसी परिस्थितियाँ होंगी वैसी ही बीज का विकास होगा। जैसा पर्यावरण होगा उसी के अनुसार व्यक्ति के आनुवंशिकता से प्राप्त गुणों का विकास होगा। इस प्रकार आनुवंशिकता पर्यावरण में ही वास्तविकता प्राप्त करती है।

वास्तव में आनुवंशिकता और पर्यावरण एक ही तथ्य के दो पक्ष हैं। डेविस ने ठीक ही लिखा है कि " आनुवंशिकता और पर्यावरण जैसे शब्द किसी मूर्त वस्तु की ओर नहीं बल्कि अमूर्तता (**Abstraction**) की ओर संकेत करते हैं।" मनुष्य के विकास के सम्बन्ध में पर्यावरण और आनुवंशिकता से अलग पर्यावरण की कल्पना भी नहीं की जा सकती। लाइसेन्को (**Lysenco**) ने इस बात को प्रकृति से एक उदाहरण देकर समझाया। गेहूं के बीज से गेहूं का पौधा ही निकल सकता है और सरसों के बीज से सरसों का पौधा ही उग सकता है। परन्तु जब किसान गेहूं बोने का निश्चय करता है तो उसके मस्तिष्क में यह बात रहती है कि उस बीज को प्रस्फुटित होने के लिए किन–किन वस्तुओं की आवश्यकता है और वह इन आवश्यकताओं को कहां तक पूरा कर सकता है। स्पष्ट है कि गेहूं के बीज का फूटना और विकसित होना बीज और पर्यावरण दोनों पर निर्भर है।

टी. पी. नन ने भी व्यक्तित्व के विकास में वंशानुक्रम तथा पर्यावरण दोनों को आवश्यक बतलाया है। उनका कहना है कि " व्यक्ति का शरीर, मस्तिष्क एवं सर्जनात्मक शक्ति वंशानुक्रम की देन है और पर्यावरण इन तत्वों की क्रियाशीलता एवं विकास हेतु समुचित परिस्थितियां प्रदान करता है। इसे प्रकृति तथा पोषण से सम्बोधित किया गया है।"

सामाजिक तथा सांस्कृतिक निर्धारक (Social and Cultural Determinants)

शिक्षा तथा मनोविज्ञान में अनेक शोध–कार्यो से व्यक्तित्व के विकास में सामाजिक तथा सांस्कृतिक कारकों के प्रभाव का अध्ययन किया गया है। इन

अध्ययनों में निम्नांकित विचारों को सम्मिलित किया गया है –

1. घर तथा परिवार की भूमिका
2. विद्यालय अथवा संस्थागत व्यवस्था का प्रभाव
3. माता-पिता की भूमिका एवं प्रभाव
4. शिक्षक तथा कक्षा-शिक्षण वातावरण का प्रभाव, तथा
5. सहयोगियों तथा साथियों की भूमिका एवं प्रभाव

1. परिवार की भूमिका– सामान्य रूप में सभी व्यक्ति भौतिक तथा जैविक पर्यावरण में जन्म लेते हैं तथा उनकी आवश्यकतायें भी समान होती हैं। सामाजिक, सांस्कृतिक तथा मनोवैज्ञानिक पर्यावरण के कारण उनमें अन्तर आता है। मानव के शारीरिक विकास में भौतिक तथा भौगोलिक जलवायु की अहम भूमिका होती है। सामाजिक तथा सांस्कृतिक गुणों के विकास में परिवार, माता–पिता तथा साथियों का सार्थक योगदान होता है। माता–पिता तथा परिवार से बालक का निकट का सम्पर्क होता है। घर के प्रशिक्षण एवं शिक्षा से आचरण तथा नैतिक मूल्यों का विकास होता है। परिवार में माता की भूमिका सबसे महत्वपूर्ण होती है। माँ को सौ शिक्षकों के समान माना जाता है वह बालक के लिए प्रथम शिक्षक होती है। परिवार की नैतिकता बालक में नैतिक मूल्यों का विकास करती है। परिवार का आर्थिक स्तर बालक के व्यक्तित्व विकास को प्रभावित करता है। परिवार की गरीबी का प्रभाव विपरीत पड़ता है तथा समुचित व्यक्तित्व का विकास नहीं हो पाता है।

2. विद्यालय का योगदान– व्यक्ति के जीवन का महत्वपूर्ण भाग विद्यालय तथा महाविद्यालय में व्यतीत होता है। उसके व्यक्तित्व के विकास पर शैक्षिक प्रक्रियाओं का महत्वपूर्ण प्रभाव होता है। शिक्षा विकास की प्रक्रिया है जिसमें शारीरिक, मानसिक, सामाजिक, सांस्कृतिक तथा नैतिक विकास सम्मिलित है। अध्यापकों तथा प्राचार्य द्वारा विकास हेतु समुचित पर्यावरण उत्पन्न करने का प्रयास किया जाता है। रायन ने शिक्षक में अधोलिखित भूमिकाओं का उल्लेख किया है।

1. शिक्षक को प्रजातान्त्रिक शिक्षण-विधियों तथा प्रविधियों जैसे प्रश्नोत्तर विधि, वाद-विवाद योजना विधि का उपयोग करना चाहिए।

2. शिक्षक को कक्षा शिक्षण में भागीदारी के लिए प्रोत्साहित तथा अभिप्रेरित करना चाहिए।

3. शिक्षक को शिक्षण-उद्देश्यों तथा उसके व्यावहारिक रूप का पूर्ण बोध तथा कौशल होना चाहिए।

4. शिक्षक को शिक्षण को अन्तः क्रिया के रूप में सम्पादित करना चाहिए।

शिक्षा के मुख्य तीन उद्देश्य – ज्ञानात्मक, भावात्मक तथा क्रियात्मक है। बहुधा शिक्षा की प्रक्रिया में ज्ञानात्मक पक्ष के विकास को ही विशेष महत्व दिया जाता है। सामाजिक, सांस्कृतिक तथा नैतिक शिक्षा का सम्बन्ध भावात्मक पक्ष से होता है। इसके अन्तर्गत आचरण में परम्पराओं, विचारों, अभिवृत्तियों, अभिरुचियों तथा मूल्यों को सम्मिलित किया जाता है। मनोवैज्ञानिकों तथा शिक्षाविदों ने व्यक्तित्व विकास के चार निर्धारकों का उल्लेख किया है –

1. मानसिक विकास – बुद्धि, मानसिक क्षमतायें, सर्जनात्मकता, प्रवण्ता तथा परिलब्धियाँ।
2. सामाजिक विकास – विचार, विश्वास, अभिवृत्तियाँ, आचरण तथा मूल्य।
3. शारीरिक विकास – ऊंचाई, रंग, मुखाकृति, शारीरिक संरचना आदि।
4. भावात्मक विकास – आवश्यकतायें, आकांक्षा स्तर, स्वभाव, संवेदनायें, अभिप्रेरणा आदि।

पर्यावरण के घटक (Components of Environment)

पर्यावरण एक व्यापक प्रत्यय है। इसका क्षेत्र अन्तः अनुशासनात्मक (Inter-disciplinary) है। इसका अध्ययन के अधिकांश विषयों से सीधा सम्बन्ध होता है। मनोविज्ञान तथा शिक्षा के अन्तर्गत बालक के व्यक्तित्व के विकास में पर्यावरण का महत्वपूर्ण प्रभाव होता है। पर्यावरण बालक के व्यक्तित्व के विकास तक ही सीमित नहीं होता अपितु अन्य जीव प्राणियों तथा पौधों के विकास तथा उत्थान में भी योगदान करता है। पर्यावरण के घटकों को मुख्य रूप से दो वर्गों में विभाजित किया जाता है – भौतिक घटक तथा जैविक घटक। भौतिक घटकों में भूमि, जल तथा वायु को सम्मिलित करते हैं। जैविक घटकों में पौधे, जानवर, जीव जन्तु तथा मनुष्य उनके कार्यकलापों, संस्थाओं एवं व्यवस्थाओं को सम्मिलित किया जाता है। इन घटकों को निम्नलिखित छः वर्गों में विभाजित किया जाता है–

1. भौतिक घटक – भूमि, वायु एवं जल।
2. जैविक घटक – पौधे, जीव-जन्तु, जानवर तथा मनुष्य।
3. सामाजिक घटक – जनसंख्या, सामाजिक प्रणाली, सामाजिक परिवर्तन, सामाजिक सम्बन्ध तथा नगरीकरण आदि
4. सांस्कृतिक घटक – आर्थिक, राजनैतिक, नैतिक, धार्मिक, औद्योगिक तथा अभिवृत्ति एवं मूल्य आदि।
5. मनोवैज्ञानिक घटक – स्व–प्रत्यय, जीवन विस्तार, जीवन लक्ष्य, आकांक्षा स्तर, व्यक्तित्व तथा तथ्य आदि।

6. ऊर्जा घटक – सौर ऊर्जा तथा पृथ्वी शक्ति ऊर्जा आदि।

पर्यावरण तथा समाज का निकट सम्बन्ध है। दोनों एक दूसरे पर निर्भर हैं। विभिन्न सामाजिक समूहों ने सामाजिक स्वरूप जैसे कृषि, उद्योग, राजनीति, धर्म आदि को विकसित किया है। सामाजिक स्वरूप मानव विकास की संचित सांस्कृतिक धरोहर का फल है जो मूल रूप में भौतिक पर्यावरण के अनुभवों पर आधारित हैं। शिक्षा–प्रक्रिया समाज के स्वरूप को विकसित करती है तथा पर्यावरण में गुणवत्ता आ जाती है।

शिक्षा समाज को जन्म देती है और समाज शिक्षा को। समाज का स्वरूप गतिशील होता है जो शिक्षा की प्रक्रिया द्वारा विकसित किया जाता है। शिक्षा की प्रक्रिया स्त्रोतों का उपयोग करती है और सामाजिक स्वरूप का विकास करती है। शिक्षा सामाजिक परिवर्तन का शक्तिशाली यंत्र है। सामाजिक परिवर्तन के प्राकृतिक स्त्रोतों के उपयोग के ढ़ंग पर आश्रित हैं।

पर्यावरण एवं समाज (Environment and Society)

आधुनिक समाज पर्यावरण की समस्याओं के प्रति जागरूक है तथा पर्यावरण की गुणवत्ता के लिए प्रयासरत है। पर्यावरण के विकास हेतु अनेक कार्यक्रम आरम्भ किये गए हैं। डाउनस (1972) ने पर्यावरण के परिवर्तन हेतु सम्पूर्ण कार्यक्रम की शृंखला को निम्नलिखित पांच अवस्थाओं में रखा है जिसे 'समस्या ध्यान–केन्द्रित चक्र' कहते हैं।

1. प्रथम अवस्था :– यह समस्या से पूर्व की अवस्था हैं इसमें समस्या के प्रति जनसाधारण सजग नहीं हैं अपितु कुछ विशेषज्ञ ही समस्या पर ध्यान दे पा रहे हैं।
2. द्वितीय अवस्था :– जनसमूह पर्यावरण की समस्याओं पर ध्यान दे रहा है तथा सचेत है। वह समस्याओं के समाधान हेतु संवेदनशील है, भले ही कितना ही व्यय समाधान हेतु क्यों न करना पड़े।
3. तृतीय अवस्था :– जनसमूह समस्या पर व्यय अथवा विनियोग के प्रति जानकारी रखता है। वह यह भी अनुभव करता है कि तकनीकी का विकास समस्या का उत्तम समाधान नहीं होता है।
4. चतुर्थ अवस्था :– पर्यावरण के विकास तथा समस्याओं के समाधान हेतु व्यय के कारण जनसमूह की रुचि कम होने लगती है क्योंकि अधिक व्यय की आवश्यकता होती है। पर्यावरण समस्याओं के समाधान हेतु मुख्य कठिनाई है।
5. अन्तिम समस्या अवस्था :– पर्यावरण की समस्याओं में व्यय के कारण रुचि कम होने लगती है। परन्तु जब उसके भयंकर परिणामों की जानकारी होती है तब अचानक जनसमूह में समस्या समाधान की रुचि उत्पन्न हो जाती है।

इस प्रकार समाज को पर्यावरण की समस्याओं के परिणाम भुगतने पड़ते हैं। इसलिए समाज पर्यावरण की समस्याओं के समाधान में रुचि लेता है। ऐसी अनेक सामाजिक संस्थाएं हैं जो पर्यावरण के क्षेत्र में महत्वपूर्ण कार्य कर रही हैं।

पर्यावरण तथा राजनीति (Environment and Politics)

समाज तथा पर्यावरण में अन्तः क्रिया मुख्य रूप से सामाजिक तथा राजनैतिक व्यवस्था पर आश्रित होती है। समाजवादी तथा पूंजीवादी व्यवस्थाओं में समस्याओं को समझने तथा देखने का दृष्टिकोण बिल्कुल भिन्न होता है, जबकि प्रत्येक की परिस्थिति की समस्यायें अलग–2 होती हैं क्योंकि प्राकृतिक स्त्रोतों का वितरण भी समान नहीं होता। इस प्रकार प्रत्येक क्षेत्र तथा राष्ट्र का आर्थिक, सामाजिक विकास भी भिन्न होता है।

अध्याय - 2

पर्यावरण शिक्षा
सिद्धान्त और उद्देश्य

पर्यावरण शिक्षा का अर्थ
(Meaning of Environmental Education)

पर्यावरण शिक्षा एक प्रक्रिया है। इसमें छात्रों को ऐसे अधिगम अनुभव प्रदान किये जाते हैं जिससे वह पर्यावरण का ज्ञान, समझ, कौशल तथा जागरूकता प्राप्त करके अपेक्षित अभिवृत्तियों को बिकसित कर सके और प्राकृतिक तथा मानवीय परिस्थितियों में सम्बन्ध स्थापित कर सके। इससे मानवीय पर्यावरण का जनसंख्या, यातायात, तकनीकी, स्रोत नागरीकरण, कृषि तथा योजनाओं से सम्बन्ध स्थापित होता है। पर्यावरण-शिक्षा में विविध प्रकार के पर्यावरण तथा शिक्षा आयामों, शिक्षण विधियों तथा प्रयोगात्मक कार्यों का प्रयोग किया जाता है। इससे छात्रों को कारण एवं प्रभाव सम्बन्ध स्थापित करने में सहायता मिलती है। इससे समस्या–समाधान, आलोचनात्मक चिन्तन तथा कौशल का विकास होता है। पर्यावरण शिक्षा निरन्तर चलने वाली प्रक्रिया है। यह औपचारिक तथा अनौपचारिक दोनों प्रकार से चलती रहती है। इसमें अन्तःअनुशासन आयाम का प्रयोग अधिक किया जाता है। इसका क्षेत्र अधिक व्यापक है।

संक्षेप में, पर्यावरण शिक्षा से तात्पर्य उस प्रक्रिया से है जो विश्व समुदाय को पर्यावरण की समस्याओं के सम्बन्ध में सचेत करे, उसकी समस्याओं को समझकर उनका समाधान खोज सके तथा भावी समस्याओं को भी रोक सके।

पर्यावरण शिक्षा वर्तमान समस्याओं से बचाये रखने तथा भविष्य में सुरक्षित रहने की जागरूकता का प्रशिक्षण देती है।

पर्यावरण शिक्षा की परिभाषायें
(Definitions of Environmental Education)

1. यूनेस्को (1970) कार्य समिति :– 'पर्यावरण शिक्षा' वह प्रक्रिया है जिसके

अन्तर्गत मनुष्य तथा उसके पर्यावरण (सांस्कृतिक तथा भौतिक–जैविक) के पारस्परिक सम्बन्ध तथा निर्भरता को समझने का प्रयास किया जाता है और उसको स्पष्ट करने हेतु कौशल, अभिवृत्ति एवं मूल्यों का विकास करते हैं। यह निर्णय लिया जाता है कि क्या किया जाय जिससे वातावरण की समस्याओं का समाधान किया जा सके और पर्यावरण में गुणवत्ता लाई जा सके।

2. यूनेस्को (1976) जम्मू का सेमीनार :– पर्यावरण– शिक्षा एक ढंग है जिससे पर्यावरण संरक्षण के लक्ष्यों को प्राप्त किया जाना है। वह विज्ञान तथा अध्ययन क्षेत्र की पृथक शाखा नहीं है अपितु जीवनपर्यन्त चलने वाली शिक्षा की एकीकृत प्रक्रिया है।

3. मिश्रा (1993) :– पर्यावरण शिक्षा एक प्रक्रिया है जिसके द्वारा मनुष्यों में पर्यावरण के प्रति जागरूकता, ज्ञान–कौशल, अभिवृत्तियों तथा मूल्यों को विकसित किया जाता है। जिससे पर्यावरण का सुधार किया जा सके।

4. आर. ए. शर्मा (1996) :– पर्यावरण शिक्षा में पर्यावरण के भौतिक सांस्कृतिक पक्षों की जानकारी दी जाती है और जीवन की वास्तविक परिस्थिति के लिए उसकी सार्थकता का अनुभव प्रदान किया जाता है। समस्याओं एवं कठिनाइयों की पहचान की जाती है। पर्यावरण के असन्तुलन में सुधार करके अपेक्षित पर्यावरण का विकास किया जाता है।

5. पी0 के0 गुप्ता :– पर्यावरण शिक्षा के अन्तर्गत जीवन पर्यन्त चलने वाली व्यापक शिक्षा को सम्मिलित करते हैं जो परिवर्तनशील संसार के प्रति अनुक्रिया करती है। इसके द्वारा व्यक्तियों को प्रशिक्षित करके तैयार किया जाता है जिससे वे पर्यावरण सम्बन्धी भौतिक, सामाजिक, आर्थिक, राजनैतिक तथा सांस्कृतिक समस्याओं को समझ सकें। व्यक्तियों में कौशल, अभिवृत्तियों तथा मूल्यों का विकास किया जाता है जिससे वे रचनात्मक योगदान कर सकें और इसके फलस्वरूप उत्तम स्वास्थ्य तथा जीवन में गुणवत्ता ला सकें।

पर्यावरण शिक्षा का लक्ष्य भौतिक तथा सामाजिक पर्यावरण में बालक में जानकारी तथा जागरूकता का विकास करना होता है। पर्यावरण अध्ययन में बालक स्वयं अपने प्राकृतिक एवं सामाजिक पर्यावरण को खोजने तथा जानने का प्रयत्न करता है तथा स्वयं को तैयार करता है जिससे कि वह पर्यावरण की समस्याओं को समाधान करके अपने जीवन का विकास कर सके।

पर्यावरण शिक्षा के सिद्धान्त
(Principles of Environmental Education)

1. सम्पूर्णता (Totality) – भौतिक, सामाजिक, सांस्कृतिक, मनोवैज्ञानिक,

आर्थिक तथा राजनैतिक पर्यावरण पर सम्पूर्ण रूप में विचार किया जाना चाहिये।

2. निरन्तरता (Continuity) – पर्यावरण शिक्षा निरन्तर चलने वाली प्रक्रिया है। इसमें प्राथमिक स्तर से विश्वविद्यालय स्तर तक शिक्षण दिया जाना चाहिए।

3. औपचारिक तथा अनौपचारिक (Formal & Informal) – पर्यावरण शिक्षा औपचारिक तथा अनौपचारिक दोनों ही प्रकार की होती है।

4. अन्तः अनुशासन आयाम (Inter-disciplinary Approach) – पर्यावरण शिक्षा का प्रत्यय अन्तः अनुशासन (Interdisciplinary) आयाम पर आधारित है। पर्यावरण में सभी अध्ययन विषयों को महत्व दिया जाता है।

5. सक्रियता (Participation) – पर्यावरण शिक्षा में सक्रिय भागीदारी पर बल दिया जाता है।

6. व्यापकता (Broad based) – पर्यावरण की समस्याओं का आकलन क्षेत्रीय, राष्ट्रीय तथा स्थानीय दृष्टि से किया जाता है।

7. जटिलता (Complexity) – पर्यावरण समस्याओं की जटिलता को समझना तथा समस्या–समाधान की क्षमता एवं विश्लेषणात्मक चिन्तन का विकास करना आवश्यक है।

8. शिक्षण (Teaching) – विभिन्न पर्यावरण को समझाने तथा स्पष्टीकरण में शिक्षण के विभिन्न आयामों का प्रयोग किया जाना चाहिए।

9. समस्या समाधान (Problem Solving) – समस्याओं के ठोस समाधान हेतु अन्तः अनुशासन आयाम का उपयोग करना चाहिए।

पर्यावरण शिक्षा के उद्देश्य
(Objectives of Environmental Education)

पर्यावरण तथा शिक्षा के सम्बन्ध को दिखाते हुए 'बर्नार्ड' ने बतलाया है कि–

1. विकास की क्रिया विद्यालय तथा कक्षा के अन्तर्गत होती है।
2. कक्षा में शिक्षक तथा छात्रों के मध्य अन्तःक्रिया होती है। शिक्षक कक्षा में अनेक क्रियायें करता है जो शाब्दिक तथा अशाब्दिक होती है। इनसे सामाजिक तथा भावात्मक वातावरण उत्पन्न होता है। इनसे छात्रों को नये अनुभव प्राप्त होते हैं तथा कुछ करने का अवसर मिलता है।
3. इससे वे सीखते है तथा अपेक्षित व्यवहार परिवर्तन होता है। शिक्षा संस्थाओं

की व्यवस्था तथा स्वास्थ्य छात्रों के लिए उपयुक्त वातावरण प्रस्तुत करते हैं। माता-पिता तथा अभिभावक लड़के-लड़कियों को अच्छी शिक्षा संस्थाओं में इसलिए प्रवेश दिलाना चाहते हैं कि उन्हें उत्तम प्रकार का वातावरण मिल सके।

4. इस प्रकार शिक्षा के विकास की प्रक्रिया भौतिक, सामाजिक, सांस्कृतिक तथा मनोवैज्ञानिक वातावरण में सम्पादित होती हैं।
5. पृथ्वी की भौतिक समृद्धि की रक्षा।
6. प्राकृतिक संसाधनों का उपयुक्त प्रयोग।
7. प्रदूषण की रोकथाम।
8. पर्यावरण नियोजन।
9. पर्यावरण सचेतना।
10. सम्मेलनों द्वारा निर्धारित लक्ष्य।
11. शैक्षिक स्तरों के अनुसार उद्देश्य :– प्राथमिक शिक्षा, उच्च माध्यमिक शिक्षा और उच्च शिक्षा।

पर्यावरण शिक्षा की विशेषताएं (Features of Environmental Education)

कुक तथा हैरन (1971) ने पर्यावरण-शिक्षा की निम्नलिखित विशेषताओं का उल्लेख किया है –

(1) पर्यावरण–शिक्षा समस्या केन्द्रित होती है।

(2) पर्यावरण–शिक्षा अन्तः अनुशासन आयाम पर आधारित है

(3) पर्यावरण–शिक्षा में मूल्यों का अभिविन्यास किया जाता है।

(4) पर्यावरण–शिक्षा से समुदाय का भी अभिविन्यास किया जाता है।

(5) पर्यावरण–शिक्षा भविष्य की ओर उन्मुख होती है।

(6) पर्यावरण–शिक्षा में छात्रों के स्व–प्रक्रम, कौशल तथा क्रियाओं को सम्मिलित किया जाता है।

पर्यावरणीय शिक्षा का महत्व (Importance of Environmental Education)

पर्यावरणीय अध्ययन को आज एक नवीन अनुशासन के रूप में अपनाया जा रहा है। इसकी प्रकृति बहु–अनुशासनीय मानी गई है जिसके अन्तर्गत विभिन्न

विषयों के आयामों, संदर्भों, उपगमों तथा प्रक्रियाओं द्वारा पर्यावरणीय अध्ययन के महत्व को और अधिक बढ़ा दिया है, क्योंकि ये सभी विषय इसके लिए समुचित पृष्ठभूमि एवं आधार प्रस्तुत करते हैं।

1. पर्यावरण का प्रभाव मानवीय जीवन के सांस्कृतिक, सामाजिक, मनोवैज्ञानिक, राजनैतिक, आर्थिक आदि सभी क्रियाओं पर प्रत्यक्ष रूप से पड़ता है। साथ ही मानव जीवन की प्रकृति, विकास, जीवों के व्यवहार एवं परिपक्वता आदि को भी प्रभावित कर रहा है।
2. पर्यावरणीय अध्ययन मानव की पर्यावरणीय विभिन्न दशाओं से अवगत करता ह ताकि पर्यावरण सूझ (environment insight) का विकास हो सके।
3. पर्यावरणीय अध्ययन एक ऐसी महत्वपूर्ण प्रक्रिया है जिससे हम अपने पर्यावरण में सुधार लाने के लिये प्रतिबद्ध हो जाते हैं। यह शिक्षा व्यक्ति तथा किसी समुदाय को सुखद रूप से जीवन बिताने के लिये तैयार करती है।
4. पर्यावरणीय अध्ययन वातावरण से सम्बन्धित समस्याओं को समझ सकने में व्यक्ति की सहायता करना है।
5. पर्यावरणीय अध्ययन पर्यावरण को संरक्षित करने तथा उसमें व्याप्त प्रदूषण को दूर करने के लिए व्यक्ति में अभिवृत्ति का विकास करना है।
6. पर्यावरणीय अध्ययन पर्यावरणीय समस्याओं के समाधान हेतु व्यक्तियों में आवश्यक कौशल (skill) उत्पन्न करता है।

अध्याय - 3

पर्यावरण प्रदूषण
प्रकार, कारण और निराकरण

सामाजिक, आर्थिक, जैविक, भौतिक तथा रासायनिक कारक जो मानव के चारों ओर उपस्थित होते हैं उनको वह बनाने तथा बदलने वाला होता है ये सभी मिलकर पर्यावरण कहलाते हैं। मानव के अनियन्त्रित क्रियाकलापों से आज पर्यावरण को खतरा उत्पन्न हो रहा हैं बड़े महानगरों में यह दूषित होता जा रहा है। बिखरा कूड़ाकरकट,चिमनियों तथा कार, ट्रक, बस आदि से निकलता हुआ धुआँ, नालों का गन्दा पानी आदि प्रदूषण फैला रहे हैं। वायु, जल तथा भूमि सभी के साथ जीव समाज भी प्रदूषित होता जा रहा है जिससे प्रकृति के पारिस्थितिक संतुलन को हानि पहुंच रही है।

प्रकृति ने अपने आप में ऐसी व्यवस्था कर रखी है कि एक सीमा तक सूक्ष्मजीव, शैवाल आदि प्रदूषण नियन्त्रण में सहायता करते हैं। परन्तु यदि परिस्थितियां ऐसी बना दी जाएं कि ये सूक्ष्म जीव ही न रह सकें तो प्रदूषण पर नियन्त्रण करना कठिन होगा। प्रकृति में प्रदूषण को नियंत्रित करने के लिए मानव को प्रयासरत रहना चाहिए। कभी–कभी मानव पर्यावरण को इस सीमा तक परिवर्तित कर देता है कि पुनः संतुलन सम्भव नहीं हो पाता है। प्रदूषण फैलाने तथा स्वच्छ करने के मध्य एक समान दूरी रहनी चाहिए यदि प्रदूषण अधिक होगा तो उसे किस प्रकार दूर किया जा सकेगा। किसी दुर्घटना से भी पर्यावरण प्रदूषित होता है, कुछ वर्षों पूर्व टोरी केन्योन नामक विशाल टैंकर से 1,18,000 टन कच्चा तेल इंग्लिश चैनल में फैल गया था। यह तेल पानी से हल्का होने के कारण पानी के ऊपर इसकी पतली परत बन गई। इसे 'आयल स्लिक' कहते हैं। इसके कारण असंख्य मछलियां तथा अन्य समुद्री जीव नष्ट हो गए। तेल को हटाने के लिए करोड़ों गैलन साबुन का वायुयान द्वारा छिड़काव किया गया परन्तु यह क्रिया और भी अधिक हानिकारक सिद्ध हुई।

पर्यावरणीय प्रदूषण अर्थ एवं परिभाषा
(Meaning and Definition of Environmental Pollution)

संयुक्त राष्ट्र संघ द्वारा मानव–पर्यावरण सम्मेलन में इसे इस प्रकार परिभाषित किया गया:

प्रदूषक (Pollutants) वे पदार्थ हैं जो अनुचित स्थान पर, अनुचित समय पर, अनुचित मात्रा में मानव द्वारा विसर्जित किए जाते हैं। इनसे प्रत्यक्ष अथवा परोक्ष रूप से मानव के स्वास्थ्य और उसके संसाधनों को हानि होती है। प्रदूषण मानव की वांछित गतिविधियों का अवांछित प्रभाव है।

दासमान (Dasman) (1975) के मतानुसार, " उस दशा या स्थिति को प्रदूषण कहते हैं, जब मानव द्वारा पर्यावरण में विभिन्न तत्वों एवं ऊर्जा का इतनी अधिक मात्रा में संचय हो जाता है कि वे पारितन्त्र द्वारा आत्मसात करने की क्षमता से अधिक हो जाते हैं"

National Environmental Research Council (NERC) 1976

"मनुष्य के क्रिया–कलापों से उत्पन्न अपशिष्ट उत्पादों के रूप में पदार्थों एवं ऊर्जा के विमोचन से प्राकृतिक पर्यावरण में होने वाले हानिकारक परिवर्तनों को प्रदूषण कहते हैं"।

प्रदूषक (Pollutants)

प्रदूषक उस तत्व को कहते हैं जो अवांछनीय रूप में वस्तुओं के प्रयोग से उत्पन्न होते हैं अर्थात् मानव प्रयोग में आने वाली वस्तुओं की त्याज्य प्रणाली (कचरा, कूड़ा, रसायन,धूल, तेल, गैस आदि) को प्रदूषक कहा जाता है। कुछ प्रदूषक निम्नलिखित हैं–

1. सल्फ्यूरिक अम्ल (Sulphuric acid dorplets)
2. एकत्र त्याज्य सामग्री – कालिख, धुआं, टार, धूल, कड़ेखे।
3. कार्बन-मोनो-आक्साइड गैस
4. हाइड्रोजन सल्फाइड (Hydrogen Sulphide)
5. सल्फर ऑक्साइड (Sulphur Oxide)
6. फ्लोरीन एवं फ्लोराइडस (Flurine and Fluorides)
7. क्लोराइड, ब्रोमाइड एवं आयोडीन
8. धातु –कांसा, लोहा, जिंक, क्रोमियम, एम्बेस्टस के कण
9. कीटनाशक, शाकनाशक, फंगस आदि।
10. प्रकाश जनित रसायन – आक्सीकारक, फोटो केमिकल स्मौग (Photo Chemical Smog), ओजोन (Ozone), पेरोआक्सीसेराइल नाइट्रेटस

(Peroxyacetye Nitrates) , नाइट्रोजन ऑक्साइड (Nitrogen Oxide), अल्डेडाइड्स (Aldehydes) आदि ।

11. कार्बनिक प्रदूषक– बेन्जाइन (Benzine) , बेन्जपे(Benzpy) , ऐसेटिक अम्ल (Acetic Acid) आदि ।

प्रदूषण के प्रकार (Types of Pollution)

1. वायु प्रदूषण (Air Pollution)
2. जल प्रदूषण (Water Pollution)
3. मृदा प्रदूषण (Soil Pollution)
4. सागरीय प्रदूषण (Marine Pollution)
5. ध्वनि प्रदूषण (Noise Pollution)
6. जैव प्रदूषण (Bio Pollution)
7. तापीय प्रदूषण (Thermal Pollution)
8. कूड़े–कचरे से प्रदूषण (Waste Disposal Pollution)
9. न्यूक्लियर प्रदूषण (Nuclear Pollution)

I. वायु प्रदूषण (Air Pollution)

वायु के भौतिक, रासायनिक या जैविक गुणों में ऐसा कोई भी अवांछित परिवर्तन जिसके द्वारा स्वयं मनुष्य के जीवन या अन्य जीवों, जीवन परिस्थितियों तथा हमारी सांस्कृतिक सम्पत्ति को हानि पहुंचे या हमारी प्राकृतिक सम्पदा नष्ट हो, वायु प्रदूषण कहलाता है।

कारखानों व बिजलीघरों की चिमनियों से निकली SO_2 श्वसन पथ की एपिथीलियम में क्षोभ व खराश उत्पन्न करती है। यह फेफड़ों में एकत्रित होती रहती है जिससे टी. बी., कैन्सर नाम घातक रोग उत्पन्न हो जाते हैं। वायु में इसकी 0-8-1ppm (प्रति 10 लाख भाग में) मात्रा बहुत अधिक हानिकारक सिद्ध होती है। मोटर गाड़ियों व चिमनियों से निकली CO भी स्वास्थ्य के लिए बहुत हानिकारक है। कभी–कभी तो यह मृत्यु का कारण भी बन जाती है।

वायुमण्डल में ऑक्सीजन के अतिरिक्त अन्य किसी गैस की वृद्धि जीवन के लिए घातक है। कल कारखानों, ताप–बिजलीघरों, वायुयान व मोटर गाड़ियों की बढ़ती हुई संख्या से भारी मात्रा में कार्बन, सल्फर व नाइट्रोजन के ऑक्साइड, धुआं, धूल व ठोस पदार्थों के सूक्ष्म कण तथा विषैले कार्बनिक पदार्थ वायुमण्डल में मिलकर तेजी से वायु प्रदूषण कर रहे हैं। यह पदार्थ केवल मनुष्य को ही नहीं अपितु समस्त जीव–जन्तुओं व पेड़–पौधों को प्रभावित करते हैं। प्रायः देखा

गया है कि कारखानों आदि के आस–पास पेड़ पौधे व वृक्ष पनप नहीं पाते और शीघ्र ही मर जाते हैं।

भारत के मुम्बई शहर में डीजल व पेट्रोल से चलने वाली 30 लाख तथा दिल्ली शहर में 40 लाख से भी अधिक बसें, मोटर कारें व ट्रक आदि हैं। प्रत्येक गैलन पेट्रोल के जलने पर 3 पौण्ड Co, 15 पौण्ड NO व अन्य गैसें, लैड (Lead)] अदग्ध हाइड्रोकार्बन उत्पन्न होते हैं। ये 8, 00, 000 से 2,00,000 घन फुट वायु को प्रदूषित करने के लिए पर्याप्त हैं। आप स्वयं ही अनुमान लगा सकते हैं कि 40 लाख गाड़ियों से उत्पन्न गैसों का वायुमण्डल पर कितना घातक प्रभाव पड़ेगा।

3 दिसम्बर, 1984 को Union Carbide की भोपाल स्थित फैक्ट्री से गैस रिसने से 2500 नागरिकों की मृत्यु हो गयी तथा हजारों अन्य नागरिकों के स्वास्थ्य पर दूरगामी प्रतिकूल प्रभाव पड़ा। इस गैस से आँखों में जलन होती है तथा मनुष्य अन्धा हो जाता है। फेफड़ों में प्रवेश करने पर श्वसन सम्बन्धी विकारों के फलस्वरूप मृत्यु हो जाती है।

वायु प्रदूषण का केवल जीवित प्राणियों पर ही नहीं अपितु पत्थरों से बनी इमारतों पर भी प्रतिकूल प्रभाव पड़ता है। मथुरा तेल शोधक कारखाने से ताजमहल और भरतपुर के पक्षी–विहार को प्रदूषण का खतरा बना हुआ है। कारखाने से SO_2 गैस के निकलने पर ताज के संगमरमर पर प्रतिकूल प्रभाव पड़े बिना नहीं रह सकता। इससे संगमरमर का क्षरण होने पर यह इमारत कमजोर होकर गिर सकती है। इसे तेल शोधक कारखाने की चिमनियों पर ऐसे फिल्टर लगाकर बचाया जा सकता है जो अम्लीय गैसों को वातावरण में जाने से रोक सकें।

वायु प्रदूषण के कारण (Causes of Air Pollution)

वायु प्रदूषण के विभिन्न कारण एवं उनके प्रभाव निम्नलिखित हैं।

1. स्वचालित वाहन एवं मशीनें (Automobilies and machines) – स्वचालित गाड़ियों जैसे मोटर, ट्रक, बस इत्यादि, विमानों व ट्रैक्टर आदि तथा अन्य प्रकार की अनेक मशीनों में डीजल, पेट्रोल,मिट्टी का तेल आदि जलने से कार्बन डाइऑक्साइड, कार्बन मोनोऑक्साइड, सल्फर डाइऑक्साइड, नाइट्रोजन डाई ऑक्साइडस, अदग्ध हाइड्रोकार्बन, सीसा व अन्य विषैली गैसें वायु में मिलकर उसे प्रदूषित करती हैं। खड़े हुए अथवा तेज गति से चलते हुए वाहनों से निकलने वाली गैसें सामान्य गति से चलने वाली गाड़ियों की अपेक्षा अधिक हानिकारक होती हैं।

2. धुआँ एवं ग्रिट (Smoke and grit) – ताप बिजली घरों, कारखानों की चिमनियों एवं घरेलू ईंधन को जलाने से धुआँ निकलता है। धुएँ में अदग्ध

कार्बन के सूक्ष्म कण, विषैली गैसें तथा हाइड्रोकार्बन, कार्बन डाइऑक्साइड, कार्बन मोनोऑक्साइड, नाइट्रोजन ऑक्साइड इत्यादि होते हैं। अदग्ध हाइड्रोकार्बन में 3, 4 बेन्जपायरीन भी होते हैं। कोयले में कुछ मात्रा में गंधक भी होती है जिसके जलने से SO_2 व SO_3 बनते हैं।

3. कल–कारखाने (Industries and factories) – कारखानों की चिमनियों से निकले धुएँ में सीसा, पारा, जिंक, कॉपर, कैडमियम, आर्सेनिक आदि के सूक्ष्म कण पाए जाते हैं। इनके अतिरिक्त कारखानों की चिमनियों से कार्बन मोनोऑक्साइड, सल्फर डाइऑक्साइड, हाइड्रोजन सल्फाइड, हाइड्रोजन फ्लोराइड व नाइट्रोजन के ऑक्साइड आदि गैसें होती हैं।

अत्यधिक औद्योगिक क्षेत्र बढ़ती हुई जनसंख्या एवं स्वचालित गाड़ियों में तेजी से वृद्धि के कारण बड़े शहरों की वायु में इन प्रदूषक पदार्थों की तेजी से वृद्धि हो रही है। विभिन्न गैसें एवं धातुओं के कण पेड़–पौधों, जन्तुओं व मानव के लिये अत्यधिक घातक सिद्ध हो रहे हैं।

4. धूल (Dust) – लौह अयस्क (iron ore) तथा कोयले की खानों की धूल वहां काम करने वाले खनिकों में कई प्रकार के रोग उत्पन्न करती है।

जेट विमानों तथा रेफ्रीजरेटर इत्यादि से ऐरोसोल का विसर्जन होता है। जो फ्ल्यूरोकार्बन यौगिक हैं जिससे हानि होती हैं।

5. कृषि कार्य (Agricultural Work) – आजकल फसल को नुकसान पहुँचाने वाले कीटों तथा पेस्ट (Pest) का नाश करने के लिये अनेक प्रकार के विषैले कीटनाशक तथा पेस्टनाशी दवाइयों के छिड़काव का बहुत प्रचलन है। पौधों के संक्रामक रोगों और टिड्डी तथा दूसरे कीटों के आक्रमण के समय इन दवाइयों का विस्तृत क्षेत्र में व्यापत हो जाते हैं तथा गम्भीर वायु प्रदूषण का कारण बनते हैं। इसका एक उदाहरण डी. डी. टी. है। सूक्ष्म कणों तथा वाष्प रूप में वायु में व्याप्त इन रसायनों से आँखों तथा श्वसन अंगों को हानि की सम्भावना रहती है। अतः इनका छिड़काव करते समय अत्यधिक सावधानी बरतनी चाहिए।

6. विलायकों का प्रयोग (Use of Chemicals) – स्प्रे पेन्ट तथा फर्नीचर की पॉलिश बनाने में तरह–तरह के विलायकों का प्रयोग किया जाता है। अधिकांश विलायक उड़नशील हाइड्रोकार्बन पदार्थ होते हैं। स्प्रे तथा पेन्टिंग करते समय पदार्थ सूक्ष्म कणों तथा वाष्प के रूप में वायु में मिलकर प्रदूषण फैलाते हैं।

वायु प्रदूषण नियंत्रण के उपाय (Control of Air Pollution)

1. डीजल ईंधन में संयोजी (antitibs) पदार्थों को मिलाकर तथा पेट्रोल से

लेड तथा सल्फर को निकालकर इनके कारण होने वाले प्रदूषण को कम किया जा सकता है।

2. स्वचालित वाहनों से उत्पन्न धुएँ को निर्वात नाल पर छन्ना तथा पश्च–ज्वलक (after burner) इत्यादि लगाकर कम किया जा सकता है।

3. घरों में धुआँ रहित ईंधनों के उपयोग को बढ़ावा दिया जाना चाहिए। लकड़ी, कोयला इत्यादि पारम्परिक ईंधनों के स्थान पर विद्युत हीटर, कुकिंग गैस, कुकिंग रेंज इत्यादि का प्रयोग निश्चित ही घरेलू स्रोतों से होने वाले प्रदूषण के नियंत्रण में सहायक हो सकता है।

4. स्वचालित वाहनों से उत्पन्न होने वाले वायु प्रदूषक पदार्थों की मात्रा उनकी कार्यहीनता (idling), त्वरण, मदद इत्यादि पर निर्भर करती है। अतः इन सबके समुचित नियंत्रण में सहायक द्वारा प्रदूषण नियंत्रण से वांछित उद्देश्य प्राप्त किये जा सकते हैं।

5. वाहनों के आन्तरिक दहन इंजिनों की संरचना में निर्माताओं को कुछ ऐसे सुधार करने चाहिए जिससे ईंधन का सम्पूर्ण दहन हो तथा प्रदूषक पदार्थ कम मात्रा में उत्पन्न हों।

6. कोयले से चालित इंजिनों के स्थान पर विद्युत इंजिनों का रेल यातायात में प्रयोग किया जाना चाहिए।

7. अत्यधिक वायुप्रदूषणकारी पुराने वाहनों के मुख्य मार्गों पर चलने पर पाबंदी तथा अन्य वाहनों से उत्पन्न धुएँ को एक निश्चित स्तर से अधिक होने देने से सम्बन्धित कानूनी नियम बनाना उपयोगी होगा।

8. उद्योगों में कम प्रदूषणकारी प्रौद्योगिकी का उपयोग किया जाना चाहिए।

9. चिमनियों में स्थिर विद्युत अवक्षेपण के प्रयोग द्वारा गैसों से प्रदूषक पदार्थों को पृथक किया जाना चाहिए।

10. कल कारखानों की चिमनियों की ऊँचाई समुचित होनी चाहिए जिससे कि प्रदूषण गैसों से आसपास के स्थानों में कम से कम प्रदूषण हो।

11. नगर के आस-पास समुचित संख्या में पेड़-पौधे लगाने चाहिए जिससे वातावरण शुद्ध हो सके। हरे-पौधे CO_2 को प्रकाश संश्लेषण में उपयोग कर O_2 निकालते हैं। जिससे वृक्ष वातावरण को शुद्ध करने तथा भूमि का संरक्षण भी करते हैं।

12. कल कारखाने नगरों से सुरक्षित दूरी पर होने चाहिए। जिससे शुद्ध वायु पर इनका असर न हो।

13. सफाई का विशेष ध्यान रखना चाहिए। कूड़ा, करकट, व्यर्थ पदार्थों तथा मल आदि के निस्तारण की समुचित व्यवस्था होनी चाहिए।

14. उत्प्रेरक परिवर्तकों के उपयोग से वाहनों से उत्सर्जित होने वाले प्रदूषकों को कम किया जा सकता है।

15. लेड रहित पेट्रोल का प्रयोग करके प्रदूषण कम किया जाता है। आजकल हमारे देश में लेड रहित पेट्रोल सरकार द्वारा उपलब्ध कराया जा रहा है।

II. जल प्रदूषण (Water Pollution)

वह जल जिसमें अनेक प्रकार के खनिज, कार्बनिक तथा अकार्बनिक पदार्थ एवं गैसें एक निश्चित अनुपात से अधिक मात्रा में घुल जाते हैं, प्रदूषित जल कहलाता है।

ग्रोवका के अनुसार जल प्रदूषण का अर्थ है, ''मनुष्य द्वारा बहती नदी में ऊर्जा या ऐसे पदार्थ का निस्तारण, जिससे जल के गुण में ह्रास हो जाए।'' विश्व स्वास्थ्य संगठन (WHO) ने जल प्रदूषण की परिभाषा निम्नलिखित प्रकार से दी है–

''प्राकृतिक या अन्य स्रोतों से उत्पन्न अवांछित बाह्य पदार्थों के कारण जल दूषित हो जाता है तथा वह विषाक्तता एवं सामान्य स्तर से कम ऑक्सीजन के कारण जीवों के लिये घातक हो जाता है तथा संक्रामक रोगों को फैलाने में सहायक होता है।''

सन् 1978 में अलान गिलपिन ने जल प्रदूषण को परिभाषित करते हुए बताया, '' मुख्यतः मानवीय क्रिया–कलापों के द्वारा जब जल के रासायनिक, भौतिक तथा जैविक गुणों में ह्रास पैदा कर दिया जाता है तो जल प्रदूषित हो जाता है।''

जल के प्रदूषण को मापने के लिये जल प्राचलों (parameters) की सहायता ली जाती है उनमें जल का तापमान, रंग, गन्ध, गंदलापन, संचालकता, घनत्व, घुले रसायन तथा ठोस पदार्थों की मात्रा मुख्य है। जल में घुले नमक की मात्रा तथा प्रकृति, जल की कठोरता, अम्लता तथा खारापन, घुली ऑक्सीजन (DO) जैविकीय ऑक्सीजन मांग (BOD), पी–एच मान (pH Value), अमोनिया, नाइट्रेट, नाइट्रेट्स की मात्रा, भारी धात्विक पदार्थों की मात्रा, पारा, सीसा, क्रोमियम, क्लोराइड्स, कीटनाशक, शाकनाशक तथा रोगनाशक रसायन की मात्रा, अपमार्जकों की मात्रा आदि प्राचलों से जल का रासायनिक विश्लेषण किया जाता है। सामान्यतः जल की गुणवत्ता का निर्धारण जैव ऑक्सीजन मांग (BOD), रासायनिक ऑक्सीजन मांग (COD), घुली ऑक्सीजन (DO) तथा pH–मान के आधार पर किया जाता है। जलीय जीवाणु कॉलिफॉर्म (MNP), शैवाल वायरस आदि जैविक प्राचल हैं।

जल जीवन की आवश्यकता है। जल के दो स्रोत हैं –

(क) धरातलीय स्रोत– समुद्र, नदी, झील आदि।

(ख) भूमिगत स्रोत– कुएं, ट्यूबवैल, नल आदि जल प्रदूषण से जीवों के स्वास्थ्य पर हानिकारक प्रभाव पड़ता है। अवांछित पदार्थों के जल में विद्यमान होने से जल के भौतिक, रासायनिक तथा जैविक गुणों में परिवर्तन होता है तथा जल की सामान्य उपयोगिता नष्ट हो जाती है। इसी को जल प्रदूषण कहते हैं।

जल प्रदूषण के मुख्य कारण (Major Causes of Water Pollution)

1. औद्योगिक रसायन (Industrial Chemicals) – विभिन्न उद्योगों से निकलने वाले जल में अनेकों प्रकार के कार्बनिक, अकार्बनिक रसायन हो सकते हैं। इनकी प्रकृति स्रोत पर निर्भर होती है।

2. वाहित मल (Sewage) – नगरों से निकला मल मूत्र, कूड़ा करकट आदि की मात्रा जनसंख्या में वृद्धि के कारण सतत रूप से बढ़ रही है। ये सभी पदार्थ नाले, नालियों द्वारा तालाब या झील में आकर प्रदूषण फैलाते हैं। इनमें मुख्य रूप से कार्बनिक पदार्थ, नाइट्रोजन प्रदूषक, निलम्बित ठोस (suspended solids), भारी धातु (heavy metals), तेलीय पदार्थ हो सकते हैं।

3. घरेलू अपमार्जक (Household detergents) – घर में उपयोग किये जाने वाले अपमार्जक कपड़े धोने, बर्तन साफ करने के लिये प्रयुक्त किये जाते हैं। इनमें विभिन्न प्रकार के साबुन, सर्फ, विम आदि अपमार्जक होते हैं। ये अपमार्जक घरों से नालियों, तालाबों तथा नदियों तक पहुंचकर प्रदूषण फैलाते हैं।

ये पदार्थ निम्न प्रकार के हो सकते हैं –

धूल, कोयला, अम्ल, क्षर, फीनोल, साइनाइड, पारा, जिन्क, कॉपर, फेरस लवण (सल्फाइड, सल्फाइट) कागज, रबड़, रेशे, गरम पानी, तेल आदि। पारा क्लोरीन तथा कास्टिक सोडा उद्योगों के जल से आता है। इसके कारण तन्त्रिका तन्त्र (nervous system) पर हानिकारक प्रभाव पड़ता है। जापान के मिनामाटा खाड़ी (Minamtata bay) में पारे (30-100 ppm तक) से प्रदूषित मछली खाने से अनेकों लोगों की जानें गई। यह दुर्घटना बहुत प्रसिद्ध है।

लेड से मनुष्य का पाचन तन्त्र, तंत्रिका तन्त्र पर हानिकारक प्रभाव पड़ता है। कैडिमिसम, जिंक, क्रोमियम तथा कापर भी जीव जन्तुओं तथा पौधों पर हानिकारक प्रभाव डालते हैं।

4. ईंधनों का जल में मिलना – कोयला, पेट्रोल, डीजल, तेल आदि के जलने से जो गैसें निकलती हैं वे वर्षा के जल में घुलकर नदी, तालाब, झीलों आदि को प्रदूषित करती हैं।

5. कृषि उद्योग के प्रदूषक (Agricultural pollutants) – कृषि की उपज़ बढ़ाने में उपयोगी, शाकनाशी (herbicides), खरपतवारनाशी (weedicides), कीटनाशी (insecticides), पेस्टीसाइड्स (pesticides) आदि का प्रयोग अधिक बढ़ गया है। ये खाद्य शृंखला के माध्यम से मनुष्यों तक सतत रूप से पहुंच रहे हैं। इनका कुप्रभाव मनुष्य तथा पौधों पर निरन्तर पड़ रहा है। जिससे जीवों, पौधों को जीवन को हानि होने की सम्भावना रहती है।

6. रेडियोधर्मी पदार्थ – नाभिकीय विस्फोट, तथा नाभिकीय ऊर्जा प्रक्रम से निकलने वाले विकिरण जल में घुलकर प्रदूषण फैलाते हैं।

7. जल शोधन में – अशुद्ध जल को शुद्ध करने में विभिन्न प्रकार के रसायन उपयोग में लाये जाते हैं। अधिक मात्रा में इनके प्रयोग से जल प्रदूषण की सम्भावना रहती है। जल प्रदूषण को निम्न वर्गो में वर्गीकृत किया जा सकता है।

भौतिक प्रदूषण – इसके निम्न प्रकार होते हैं –

1. स्वाद तथा गंध – शैवाल तथा अन्य रासायनिक पदार्थों के कारण जल का स्वाद अप्रिय हो जाता है तथा कभी–कभी जलाशयों में सड़न के कारण दुर्गन्ध आने लगती है।

2. तापीय प्रदूषण – बिजली घरों से निकलने वाले गर्म जल से तापमान में वृद्धि होती है। जिससे जन्तुओं को हानि होती है, तथा BOD की आवश्यकता बढ़ जाती है।

3. अपमार्जकों के कारण जल में झाग मिलते हैं। झाग युक्त जल में ठोस निलम्बित पदार्थ, जीवाणु आदि हो सकते हैं जिससे जल के विषैला होने की सम्भावना रहती है। कभी–कभी पानी गंदला भी प्रतीत होता है।

4. विभिन्न रसायनों के प्रदूषण की वजह से अशुद्ध जल रंगीन हो सकता है।

रासायनिक प्रदूषण – यह अकार्बनिक तथा कार्बनिक हो सकता है।

1. अकार्बनिक प्रदूषण – अम्ल, क्षार, लवण, कपड़ा तथा चर्म उद्योग से निकलने वाला प्रदूषित जल।

इससे जलीय जीवों की मृत्यु हो सकती है। धातु के पात्रों का संरक्षण सम्भव है।

अघुलनशील लवण – पोटेशियम, सोडियम, कैल्शियम तथा मैग्नीशियम के क्लोराइड, नाइट्रेट, नाइट्राइट, कार्बोनेट, बाइकार्बोनेट, सल्फेट, फास्फेट आदि हानिकारक रसायन जल में विद्यमान हो सकते हैं।

अघुलनशील लवण – कापर, जिंक, लेड, निकिल, केडमियम, पारा, चांदी एल्यूमिनियम, यूरेनियम, थोरियम, आदि के नाइट्रेट, फ्लूआराइड आदि। धातु लेपन उद्योग से साइनाइड भी मिलते हैं। ये सभी पदार्थ जीवों के लिये विषैले हैं।

2. कार्बनिक प्रदूषण – प्रोटीन, कार्बोहाइड्रेट, वसा, वसीय अम्ल, अपमार्जक, पीड़कनाशी आदि। इनके विघटन में अधिक O_2 की आवश्यकता होती है। जिससे जलीय जीवों को O^2 कम मिलती है। ये प्रदूषक खाद्य, शराब चीनी आदि उद्योगों से निकते हैं।

जैविक प्रदूषक – ये जीवाणु, शैवाल, कवक, परजीवी, मृतोपजीवी आदि रूप में मिलते हैं तथा जल को प्रदूषित करते हैं। कभी–कभी जल में अवांछित पौधे या जीव जन्तु भी जल को प्रदूषित करते हैं। यह प्रदूषण वाहित मल, कृषि रसायन या औद्योगिक रसायनों के कारण हो सकता है। प्रदूषित जल से हैजा, टायफाइड, पीलिया आदि बीमारियां होनी सम्भव है।

इसके अलावा बहुत से खरपतवार, कीड़े, मच्छर, मक्खी, परजीवी, वायरस, जीवाणु आदि भी जल को प्रदूषित कर सकते हैं।

हमारे देश की प्रमुख नदियों में अत्यधिक मात्रा में जल प्रदूषक मिलते हैं। इनमें से मुख्य हैं – गंगा, गोदावरी, गोमती, कावेरी, नर्मदा आदि। गंगा में हरिद्वार से कलकत्ता तक के रास्ते में औद्योगिक कारखानों के व्यर्थ रसायन, अध जले मृत शरीर, पैस्टीसाइड्स आदि मिलते रहते हैं जो प्रदूषण को बढ़ाते हैं। दिल्ली के निकट यमुना में मिलने वाले औद्योगिक कारखानों के विषैले रसायन, कूड़ा कचरा आदि के कारण जल बहुत अधिक प्रदूषित है। जल सिंचाई के लिये भी उपयुक्त नहीं है। इस प्रकार का जल यदि पीने व नहाने आदि के लिये उपयोग में लाया जाये तो अनेकों रोग होने की सम्भावना रहती है।

जल शुद्धीकरण के कुछ उपाय

1. पीने के जल को शुद्ध रूप में जलाशयों में एकत्रित करना चाहिए।
2. जल में नीले थोथे के मिलाने से शैवाल नष्ट हो जाते हैं। शैवाल होने पर उनको पृथक कर जल उपयोग में लाना चाहिए।
3. जल को क्लोरीनीकरण द्वारा शुद्ध किया जाना चाहिए।
4. जल की गन्ध एवं स्वाद को दूर करने के लिए सक्रिय चारकोल से गुजरना चाहिए इससे CO_2, H_2S वायु में मुक्त हो जाती है तथा कुछ पदार्थों का अवक्षेपण हो जाता है जिन्हें छानकर पृथक कर दिया जाता है।
5. सूक्ष्मजीवों से मुक्त करने के लिए जल को ओजोन, पराबैंगनी किरणें, कीटाणुनाशक दवाओं का प्रयोग करना चाहिए।

6. जल में उपस्थित कोलॉयडी कणों को स्कन्दन द्वारा पृथक करना चाहिए।
7. आजकल घरों में सेवन करने के लिये जल को शुद्ध किया जाता है। इसके लिये अनेक प्रकार के फिल्टर आदि उपयोग में लाये जाते हैं।

जल प्रदूषण रोकने के उपाय
(Measures to Control Water Pollution)

1. उद्योगों से निकलने वाले प्रदूषकों के निस्तारण की समुचित व्यवस्था।
2. मल मूत्र, कूड़ा–करकट के निस्तारण की उचित व्यवस्था।
3. मृत जीवों को जल में नहीं बहाना चाहिए।
4. जल को कीटाणुरहित बनाने के लिए रसायनों का उचित मात्रा में प्रयोग।
5. कृषि के लिए न्यूनतम मात्रा में रसायनों का प्रयोग करना चाहिए।
6. सीवर की व्यवस्था शहरों, गावों में भली प्रकार होनी चाहिए।
7. जल प्रदूषण को नियन्त्रित करने के लिये नागरिकों में जागृति पैदा करना तथा सहयोग के लिये प्रेरित करना।
8. जल के दुरूपयोग को रोका जाना चाहिए।

III. मृदा प्रदूषण (Soil Pollution)

मृदा से पेड़ पौधों को आवश्यक खनिज लवण, जल आदि मिलते हैं जिससे वे भोज्य पदार्थों का निर्माण करती हैं। इन पदार्थों को प्रत्यक्ष या अप्रत्यक्ष रूप से पौधे ग्रहण करते हैं। अतः यह अति आवश्यक है कि मृदा में प्राकृतिक संतुलन बना रहे अन्यथा इसके प्रदूषण से जीव जन्तुओं तथा पेड़ पौधों को हानि की सम्भावना रहती है।

भारत जैसे देश में जहां जनसंख्या असंतुलित रूप से बढ़ रही है जिसके कारण यहां भूमि प्रदूषण का खतरा बढ़ गया है।

मृदा प्रदूषण के मुख्य कारण (Causes of Soil Pollution)

1. कचरा – यह सूखी साग-भाजी, सूखी घास, धूल, राख, कागज, मछली, सड़ा मांस, धातु, कांच टीन के डिब्बे, प्लास्टिक, अध जली लकड़ी, गोबर आदि हो सकता है। प्रत्येक जगह इस कचरे के निस्तारण की समुचित व्यवस्था न होने के कारण हमारे देश में इसको कहीं भी फेंका जा सकता है। नगरपालिका व महापालिका द्वारा जो प्रयत्न इस सम्बन्ध में किये गये हैं वे पर्याप्त नहीं है।
2. औद्योगिक व्यर्थ पदार्थों का निस्तारण न करना तथा पृथ्वी पर फैंक देना।
3. मनुष्य तथा जीव जन्तुओं के मलमूत्र का उचित निस्तारण न होना।

4. पेड़-पौधों पर पेस्टीसाइड, वीसाइड, इनसेक्टीसाइड आदि को छिड़कते समय इन रसायनों का पृथ्वी पर गिरना।

5. नाभिकीय विस्फोट, अनुसन्धान के फलस्वरूप रेडियोधर्मी पदार्थों का पृथ्वी पर गिरना।

6. जमीन पर कचरा, अस्पतालों के व्यर्थ पदार्थों को एकत्रित करके आग लगाना।

7. निचली जमीन या गड्ढों को कूड़ा-करकट आदि से भरना।

8. कम्पोस्ट खाद को बनाते समय कूड़ा-करकट कचरा आदि को एकत्रित किया जाता है। इससे भी भूमि प्रदूषण का खतरा है।

मृदा प्रदूषण को रोकने के उपाय (Measures to Control Soil Pollution)

1. नियमित रूप से नगर पालिका द्वारा कूड़े, कचरे आदि का अधिक भली प्रकार निस्तारण होना चाहिए।

2. उद्योगों से निकलने वाले पदार्थों का निस्तारण ठीक प्रकार से होना चाहिए। कागज, लकड़ी, कपड़ा तथा रासायनिक पदार्थों को इधर-उधर मृदा में नहीं फेंकना चाहिए। उद्योगों आदि में प्रदूषण निरोधक यन्त्र लगाये जाने चाहिए।

3. प्रदूषित जल मृदा में एकत्रित नहीं करना चाहिए।

4. कांच, धातु के टुकड़ें, टीन आदि के निस्तारण का उचित प्रबन्ध करना चाहिए।

5. कीटनाशी रसायनों का कम से कम प्रयोग होना चाहिए तथा नाभिकीय विस्फोट मृदा में नहीं करने चाहिए।

सागरीय प्रदूषण (Marine Pollution)

सागरीय जल प्रदूषण, जल प्रदूषण का ही एक भाग है जो जल के स्रोत अर्थात् भंडार के आधार पर निर्धारित किया गया है। जब सागर के जल में किसी तत्व के सान्द्रण में वृद्धि हो जाती है तो भयंकर पर्यावरणीय समस्यायें उत्पन्न हो जाती हैं। आमतौर पर सागरीय तट पर स्थापित बस्तियों एवं औद्योगिक इकाईयों से त्याज्य पदार्थों के विसर्जन के कारण यह उत्पन्न होती है।

विश्व में ऐसे अनेक औद्योगिक महानगर हैं जो सागरीय जल को प्रदूषित कर रहे हैं। उदाहरण के लिये जापान में सागरीय तट पर स्थित मिनमाता नगर से पारायुक्त त्याज्य पदार्थ के मिनमाता खाड़ी में एकत्रित हो जाने के कारण खाड़ी का जल विषाक्त हो गया था और नगर के कई लोगों की मृत्यु पारा जहर के कारण हो गयी थी। यह घटना 1950-1960 के दशक की है। हमारे देश के अण्डमान निकोबार द्वीपों के तट के समीप औद्योगिक विषाक्त त्याज्य पदार्थों के

समुद्र में फैंकते रहने से अनेक कोरलों की मृत्यु हो चुकी है। ऐसे विषाक्त सागरीय जल का प्रतिकूल प्रभाव सभी सागरीय जीवों पर पड़ता है।

तेलवाहक जलयानों के समुद्र में दुर्घटनाग्रस्त हो जाने से हजारों मिट्रिक टन खनिज तेल सागरी जल में मिल जाता है। जलयानों (विशेषकर तेलवाहक जलयानों) से खनिज तेल के रिसाव तथा सागरीय तेल के कुओं से सागरीय जल का बड़े पैमाने पर प्रदूषण होता है। औसतन प्रतिवर्ष 300 मिलियन गैलन खनिज तेल का सागरीय जल में रिसाव होता है।

सन् 1991 में खाड़ी युद्ध में ईराक ने लाखों टन खनिज तेल फारस की खाड़ी में उड़ेल दिया था। जिसके कारण उत्तरी खाड़ी का सागरीय जल पूर्णतया प्रदूषित हो गया था। भारत भी इस तरह की घटनाओं से अछूता नहीं है। 1982, 1987 की बॉम्बे हाई के समीप घटने वाली दुर्घटनायें इसका उदाहरण हैं। अतः स्पष्ट है कि तेलवाहक जलयानों से खनिज तेल के रिसाव के कारण सागरीय जल जल्दी प्रदूषित हो जाता है। जिसका सागरीय जीवों पर प्रतिकूल प्रभाव पड़ता है। सागरीय पारिस्थितिकी पूर्णतः असंतुलित हो जाती है।

IV. शोर या ध्वनि प्रदूषण (Noise Pollution)

ध्वनि (Sound) एक विशिष्ट प्रकार की दाब तरंग (pressure wave) होती है, जिसका प्रायः वायु द्वारा संचारण होता है। किसी वस्तु से उत्पन्न आवाज जब कानों की सहन सीमा से अधिक हो जाती है तो वह अप्रिय लगने लगती है। इसे ही शोर (Noise) या अधिक ऊँची आवाज (loud voice) कहते हैं। दूसरे शब्दों में, आवांछित आवाज जिससे मानव के कानों को दर्द व कष्ट हो, ध्वनि प्रदूषण कहलाता है। उच्च तीव्रता वाली ध्वनि को अवांछित आवाज या शोर कहते हैं। संगीतमय लय से रहित आवाज ही शोर है।

बी0 राय (B. Roy) के अनुसार, "अनिच्छापूर्ण ध्वनि जो कि मानवीय सुविधा, स्वास्थ्य तथा गतिशीलता में हस्तक्षेप करती हो अथवा प्रभावित करती हो, ध्वनि प्रदूषण है।"

साइमन्स (I.G. Simmons) के अनुसार, "बिना मूल्य की अथवा अनुपयोगी ध्वनि, ध्वनि प्रदूषण है।"

तीव्रता (Intensity)

शोर, ध्वनि ऊर्जा (sound energy) का वह प्रकार है जिसे जीवधारी सहन नहीं कर पाते। शोर की तीव्रता बेल (Bel) में नापी जाती है। (decibel-1/10bel)। मनुष्य शून्य डेसीबल की तीव्रता पर सुन सकता है। लगभग 25 डेसीबल पर

शान्ति का वातावरण होता है। 65 डेसीबल तक की ध्वनि को शान्त, 75 डेसीबल तक साधारण शोर तथा 76 से अधिक डेसीबल से अत्यधिक शोर हो सकता हैं। 100 डेसीबल की ध्वनि से हानिकारक प्रभाव होते हैं तथा यह कर्कश होती है। शोर प्रदूषण के लिये औद्योगिक संस्थान, मशीनें, टेलीवजन, टेलीफोन, रेडियो, हवाई जहाज, वाहन, घरेलू उपकरण, घास काटने की मशीन इत्यादि मुख्य रूप से उत्तरदायी हैं।

शोर या ध्वनि प्रदूषण का नियंत्रण (Control of Noise Pollution)

शोर प्रदूषण नियंत्रित करने के कुछ उपाय निम्नलिखित हैं –

1. उद्योगों द्वारा उत्पन्न शोर कम करने के लिये विभिन्न तकनीकी व्यवस्थाओं का उपयोग किया जाना चाहिए जैसे कारखानों में शोर शोधक दीवारों तथा मशीनों के चारों ओर मफलरों का कवच लगाकर शोर का स्तर 90 डेसीबेल तक कम किया जा सकता है। इसके अतिरिक्त प्रचलित मशीनों की पुनर्रचना तथा नवीन मशीनों की अभिकल्पना में शोर कम रखने का उद्देश्य ध्यान में रखते हुए मशीन निर्माण से 20 डेसीबल तक 'शोर लाभ' प्राप्त किया जा सकता है।

2. कल–कारखानों को शहर से दूर स्थानों पर स्थापित करना चाहिए।

3. मोटर वाहनों में बहुध्वनि वाले हार्न बजाने पर प्रतिबन्ध लगाना चाहिए।

4. उन उद्योगों में जहां शोर को सीमित करना असम्भव हो वहां श्रमिकों द्वारा कर्ण प्लग (earplugs) तथा कर्ण बन्दकों (earmuffs) का प्रयोग अनिवार्य कर दिया जाना चाहिए। इन दोनों के संयुक्त प्रयोग द्वारा 40से 50 डेसीबेल का शोर लाभ प्राप्त किया जा सकता है।

5. जेट विमानों के इंजिनों को पंखों के नीचे लगाने तथा इंजिन के निर्गम पाइप को ऊपर आकाश की ओर मुड़कर ध्वनि को पृथ्वी की विपरीत दिशा में मोड़कर शोर कम करने की दिशा में प्रयत्न किये जा रहे हैं।

6. हवाई यातायात से उत्पन्न शोर भी गम्भीर चिन्ता का विषय है। विभिन्न देशों में इस दिशा में कई प्रयत्न किए गये हैं। अनेकों अन्तर्राष्ट्रीय हवाई अड्डों पर अधिकतम शोर सीमा निर्धारित की गयी है। उदाहरण के लिये लंदन हवाई अड्डे पर रात्रि में 102 डेसीबेल से अधिक शोर की मनाही है। इसी प्रकार न्यूयॉर्क के केनेडी अन्तर्राष्ट्रीय हवाई अड्डे पर अधिकतम शोर सीमा 112 डेसीबेल निर्धारित की गयी है।

7. विकसित देशों में तो ध्वनिशोषक सड़कों तथा ध्वनिरोधी (sound proof) भवनों का निर्माण करने पर विचार किया जा रहा है।

8. आवास गृहों, कार्यालयों, पुस्तकालयों, चिकित्सालयों आदि में उचित सामग्री आदि में उचित निर्माण सामग्री तथा उपयुक्त बनावट द्वारा शोर का नियंत्रण किया जा सकता है।

9. राष्ट्रीय स्तर के प्रयासों की आवश्यकता– यद्यपि अमेरिका, ब्रिटेन इत्यादि विकसित राष्ट्रों की तुलना में शोर प्रदूषण की समस्या भारत में उतनी गम्भीर नहीं है, परन्तु भविष्य में उद्योगीकरण की वृद्धि के साथ यह समस्या तो सामने आएगी ही। अतः सरकार को जल तथा वायु प्रदूषण के समान शोर नियंत्रण के लिये भी उपयुक्त विधान बनाने तथा जनचेतना जगाने के प्रयास अभी से करने चाहिए। उद्योगों में व्याप्त शोर प्रदूषण को कम करने में मजदूर, मिल मालिकों तथा सरकार तीनों का ही पर्याप्त सहयोग अपेक्षित है, क्योंकि श्रवण ह्वास से न केवल मजदूरों को हानि होती है बल्कि उद्योगों को भी घाटा होता है तथा राष्ट्रीय उत्पादन भी घटता है।

V. जैव प्रदूषण (Bio-Pollution)

जैव प्रदूषण से वनस्पतियाँ, विशेषकर कृषिगत पौधे अपनी नैसर्गिक गुणवत्ता में ह्वास की ओर अग्रसर हैं। इनके उपयोग से मानव के साथ–साथ अनेक जीव मृत्यु या बीमारी का शिकार हो रहे हैं।

जैव प्रदूषण के कारण (Causes of Bio-Pollution)

यह हम सब को ज्ञात है कि वनस्पति जीवन की एक मांग है और मृदा वनस्पति की मांग की पूर्ति है। मृदा में समाहित विषैली रासायनिक क्रिया कर पौधों में प्रवेश कर जाती है सिर्फ इतना ही नहीं उर्वरक के अधिक प्रयोग से नाइट्रोजन, पोटाश और फॉस्फोरस आदि का अंश पौधों में बढ़ता जा रहा है। स्वाभाविक है कि इस दशा में पौधे प्रदूषित होते हैं। इसी प्रकार से विभिन्न प्रकार की कीटनाशक दवाएं भी पौध प्रदूषण को जन्म दे रही हैं। आकाश से जल के साथ आने वाला अम्ल (Acid Rain) भी प्रदूषण का एक कारण है। हवा के प्रदूषण का प्रभाव भी वनस्पतियों पर पड़ रहा है। नगरों और कारखानों से ही निकला कचरा, गन्दा जल और रायायनिक सामग्री को भी ग्रहण कर वनस्पतियां प्रदूषित हो रहीं हैं। एक अध्ययन से पता चला है कि नगरों के करीब खेतों में उत्पन्न साग-सब्जी खाने योग्य नहीं होती क्योंकि उसमें अनेक अवांछनीय रसायन पाये जाते हैं। संयुक्त राज्य अमेरिका में उत्पादित मक्का, गेहूं, फल आदि की बिक्री के पूर्व परीक्षण की व्यवस्था की जाती है।

VI. तापीय प्रदूषण (Thermal Pollution)

तापीय प्रदूषण के कारण (Causes of Thermal Pollution)

इस प्रदूषण का स्रोत मुख्यतः तापीय विद्युत गृह है। इस विद्युत गृह से दो प्रदूषक ही गणना योग्य है और वह दोनों ही बहुत भयानक और दूरगामी हानि पहुंचाने वाले हैं। यह इस प्रकार हैं –

1. विद्युतगृह चिमनी से निकलने वाली राख, जो अधिक ताप के कारण भी हानिकारक है और जहां पर फैलती है वहां की वनस्पति पेड़ पौधे और फसलों को नष्ट कर देती है।

2. सम्पूर्ण प्रक्रिया के बाद बहुत अधिक ताप वाले पानी का निकलना और उसका उसी स्रोत में मिल जाना जहां से विद्युत गृह के संयत्र को चलाने और उसे ठण्डा करने के लिये जल लिया जा रहा हो। इससे उस जल के जलीय जन्तुओं पर प्रतिकूल प्रभाव पड़ता है। अनेक जीव जन्तु समाप्त हो जाते हैं और मछलियां अथवा अन्य जानवरों के लिये यह शून्य स्थल बन जाते हैं

तापीय प्रदूषण के सुरक्षा उपाय (Safety Measures of Thermal Pollution)

इसके उपाय निम्न प्रकार सुझाये गये हैं –

1. संयन्त्र से निकलने वाले उच्च ताप के जल को फव्वारे के रूप में अधिक क्षेत्र में फैलने दिया जाये।
2. ताप सहन स्तर (tolerance level) तक आ जाये तब ही उसे पुनः स्रोत में मिलने दें।
3. राख को अधिक क्षेत्र में बिखरने से रोकने के लिये कुछ कृत्रिम साधन अपनाने होंगे।
4. राख का उपयोग अब इमारत बनाने के लिए ईटों के लिये किया गया है, वह सफल प्रयोग हुआ है।
5. इससे प्रदूषण समस्या भी कम होगी और प्रदूषण का अच्छा उपयोग भी होगा।

VII. कूड़े-कचरे से प्रदूषण (Waste Disposal Pollution)

कारण (Causes)

यह प्रदूषण इस प्रकार की सामग्री से होता है जो घर में अथवा अन्य कार्यस्थल पर बेकार हो गई तथा उपयोग में ले ली गई वस्तुओं से शेष रहीं चीजों को कूड़े

के रूप में फैंक दी जाती हैं। इनमें मुख्यतः शीशियां, क्रांकरी के टुकड़े, प्लास्टिक के डिब्बे, पोलीथीन के बैग्स आदि हैं। इसके अतिरिक्त कागज के टुकड़े, पैकिंग में आये पुट्ठे के कार्टून्स, घरेलू साइकिल के पेयर्स व अन्य लोहे–पत्तियों के टुकड़े आदि भी इस प्रकार कूड़े का भाग बनते हैं। मकानों का मलबा, कृषि कार्यों से बचा अवशेष, फैक्ट्रियों से निकला कचरा व अपशिष्ट और न जाने कितनी प्रकार की चीजें होती हैं, जो किसी काम की नहीं मानकर कूड़े कचरे का भाग बनती हैं। यह अब विश्वव्यापी समस्या हो गई है। अमेरिका जैसा धनाढय देश तो अब मोटरकार जैसी चीज को भी खराब होने पर नष्ट करने के लिये कूड़े में डाल देता है। इससे स्थान की कमी होती है, गन्दगी बढ़ती है तथा इनका कहीं ले जाकर पहुंचाना भी काफी व्यय वाला और सिरदर्द बन जाता है।

सुरक्षा के उपाय (Safety Measures)

इस प्रकार के प्रदूषक संग्रह से बचाव केवल इन सभी को या तो नष्ट करने से अथवा किसी प्रकार के उपयोग लेने से ही सम्भव है। कुछ वस्तुएं जैसे कागज, शीशे के टुकड़े, पुहठे के टुकड़े आदि को नये उपयोग में दोबारा लिया जाने पर बल दिया जाये। इससे उनके द्वारा आर्थिक लाभ हो सकेगा तथा पर्यावरण सम्बन्धी समस्या भी हल हो सकेगी।

VIII. न्यूक्लीयर प्रदूषण (Nuclear Polution)

नाभिकीय ऊर्जा का मानव जीवन में बहुत महत्त्व है। इसको आजकल चिकित्सा, कृषि उद्योग, रक्षा आयोग आदि में उपयोग किया जाने लगा है। परन्तु रेडियोधर्मी प्रदूषण के परिणाम बहुत भयंकर हैं। इससे जल, थल तथा वायु प्रभावित होती है। अमेरिका द्वारा जापान पर द्वितीय विश्व युद्ध में डाला गया परमाणु बम तथा उसके विकिरण से इतना भयानक विनाश हुआ जिसकी कल्पना शायद अमेरिका ने भी उस समय न की हो। आज उससे भी अधिक हानिकारक हथियार मनुष्य ने बनाये हैं। यदि उनका कभी प्रयोग हुआ तो मानव जाति पर रेडियोधर्मी विकिरण से होने वाले हानिकारक प्रभावों की कल्पना करना भी कठिन है।

विकिरण के दो स्रोत हैं – प्राकृतिक एवम् मानव निर्मित

प्राकृतिक स्रोत (Natural Sources)

अन्तरिक्ष किरणें (cosmic rays) तथा पृथ्वी में स्थित रेडियो न्यूक्लाइड्स (radio nucleides) से निकलने वाली किरणें, जैसे रेडियम 224, यूरेनियम 235, थोरियम 232, रेडान 222, आदि।

मानव निर्मित विकिरण (Man made radiations)

प्लसूट्रोनियम तथा थोरियम का खनन, शुद्धिकरण, न्यूक्लियर हथियारों का निर्माण, नाभिकीय ऊर्जा, नाभिकीय विस्फोट अनुसन्धान तथा अस्पतालों में प्रयोग आदि।

1. न्यूक्लीयर शस्त्र (Nuclear Weapons)– इनसे यूरेनियम 235, प्ल्यूटोनियम 239, स्ट्रोन्शियम 90, सेसियम 137 आदि का विकिरण वातावरण में होता है।

2. न्यूक्लीय रियेक्टर तथा ईधन (Nuclear reactors and fuels)– रियेक्टर को ठण्डा करने के लिए उपयोग में अपने वाले शीतलक (Coolant) तथा स्वयं ईधन, दोनों से रेडियोधर्मी प्रदूषण की प्रबल सम्भावना रहती है।

3. अन्य स्त्रोत (Other Sources)– इनमें रेडियोएक्टिव आइसोटोप आते हैं जिनका प्रयोगशाला तथा अनुसन्धानों में प्रयोग होता है।

हानिकारक विकिरण दो प्रकार के होते हैं :–

1. अनायनिक (Non Ionising) जैसे **UV** विकिरण तथा

2. आयनकारी (Ionising) जैसे **X** किरणें, कण। आयनकारी विकिरणों के तीन प्रकार हैं :–

(i) अल्फा कण (Alpha particle)–इससे स्थानीय विकिरण होता है। इसमें दो प्रोटोन तथा दो न्यूट्रान से बना हीलियम न्यूक्लियस होता है।

(ii) बीटा कण (Beta particle)-ये इलेक्ट्रान है जिनकी गति बहुत तीव्र होती है। ये ऊतकों के अन्दर तक प्रवेश कर सकते हैं।

(iii) गामा विकिरण (Gamma radiations)- ये किरणें जीवों में प्रवेश करके बाहर निकल सकती है।

नियंत्रण (Control)

नाभिकीय विस्फोटों पर प्रतिबन्ध होना चाहिए तथा रेडियोधर्मी व्यर्थ पदार्थो का विसर्जन अत्यन्त सावधानी के साथ करना चाहिए। आजकल के प्रगतिशील युग में रेडियोधर्मी पदार्थो के उपयोग पर पूर्ण प्रतिबन्ध असंभव है।

अध्याय - 4

पर्यावरणीय प्रकोप के कारण एवं प्रभाव

पर्यावरणीय प्रकोप का अर्थ एवं परिभाषा (Meaning and Definition of Environmental Hazards)

इसके प्रमुख उदाहरण– भूकम्प तथा ज्वालामुखी का आविर्भाव, लम्बी अवधि तक सूखे की स्थिति, बाढ़, वायुमण्डलीय तूफान (टाइफून, हरिकेन, टारनैटो आदि) आदि। इनके द्वारा उत्पन्न परिवर्तनों के साथ समायोजन कठिन हो जाता है, प्रलयकारी स्थिति उत्पन्न हो जाती है, धन–जन की अपार क्षति होती है। प्राकृतिक या मानव–जनित चरम घटनाओं को, जिनके द्वारा प्रलय एवं विनाश की स्थिति उत्पन्न हो जाती है तथा धन–जन की अपार क्षति होती है, पर्यावरण प्रकोप (Environmental Hazards) कहते हैं।

इनके तीन वैकल्पिक शब्दों के रूप में प्रयोग किया जाता है– **पर्यावरण प्रकोप** (Environmental Hazards),**पर्यावरण आघात** (Environmental Stress) तथा **पर्यावरण विनाश** (Environmental Disaster)।

पर्यावरणीय प्रकोपों के कारण एवं प्रभाव (Causes and Effects of Environmental Hazards)

पर्यावरणीय प्रकोपों अथवा आपदा के कारणों को दो भागों में विभाजित किया गया है–

1. प्राकृतिक कारणों द्वारा प्रकोप (Hazards through Natural Causes)–

प्राकृतिक प्रकोपों के मुख्यतः दो प्रकार के कारण माने जाते हैं। आन्तरिक एवं बाह्य कारणों पर आधारित प्रकोप। यह निम्नलिखित रूपों में दृष्टि गोचर होते हैं–

(i) आन्तरिक कारणों पर आधारित प्रकोप (Hazards based on Internal Causes)

(क) भूकम्प (Earthquake)

(ख) ज्वालामुखी (Volcano)

(ग) भूस्खलन (Land slides)

(ii) बाह्य कारणों पर आधारित प्रकोप (Hazards based on External Causes)

1. चक्रवात एवं प्रतिचक्रवात
2. बाढ़ (Flood)
3. सूखा (Drought)
4. अतिवृष्टि
5. देवी तडित
6. ताप लहर (Heat wave)
7. शीत लहर (Cold wave)

2. **मानवीय (Manmade) कारणों द्वारा प्रकोप**– मानव द्वारा रासायनिक एवं नाभिकीय कार्यो को करने हेतु विभिन्न प्रकार के प्रकोपों को जन्म दिया गया है। यह समाज के लिए अति हानिकारक सिद्ध हो रहे हैं। इनको निम्नलिखित रूपों में स्पष्ट किया गया है।

1. विषायुक्त रसायनों के विमोचन के कारण प्रकोप
2. नाभिकीय विस्फोटों के कारण प्रकोप (Nuclear Hazards)
3. जनसंख्या विस्फोट के कारण प्रकोप

प्राकृतिक कारणों से प्रकोप

प्राकृतिक प्रकोप आन्तरिक (पृथ्वी के अन्दर से उत्पन्न होने वाले) एवं बाह्य (वायुमण्डल से उत्पन्न होने वाले) प्रक्रमों द्वारा उत्पन्न होते हैं तथा मानव समाज को आर्थिक एवं शारीरिक दोनों दृष्टियों से भारी क्षति पहुँचाते हैं। ग्राहीय प्राकृतिक प्रकोप या पार्थिव प्राकृतिक प्रकोप तथा पृथ्व्येतर प्राकृतिक प्रकोप UNDRO (United Nations Diasaster Relief Coordinatior) की एक रिपोर्ट के अनुसार विश्व में घटने वाले समस्त प्राकृतिक प्रकोपों का 90 प्रतिशत विकासशील देशों या तीसरी दुनिया के देशों में घटित होता है। यह विज्ञप्ति पूर्णरूपेण सत्य नहीं है क्योंकि प्राकृतिक प्रकोप किसी भी राजनैतिक या आर्थिक सीमा की परवाह नहीं करते हैं। वास्तव में अधिकांश विकासशील देश उष्ण एवं उपोष्ण प्रदेशों में स्थित हैं जहाँ वायुमण्डलीय प्रक्रमों द्वारा आये दिन कई प्रकार के प्राकृतिक प्रकोपों का आविर्भाव होता रहता है यथा– बाढ़, सूखा, बनाग्नि आदि। नगरीकरण में तेजी से वृद्धि, औद्योगिक विस्तार, कृषि में विकास, जनसंख्या में

वृद्धि तथा सामाजिक विकास के कारण प्राकृतिक प्रकोपों की आवृत्ति तथा परिमाण में दिनोंदिन वृद्धि होती जा रही है। M. Hashizume (1989) के अनुसार विकासशील देश प्रकोपों से प्रायः पीड़ित रहते हैं, वास्तव में वे प्रकोपों के साथ रहते हैं। प्राकृतिक प्रकोपों के कारण विकासशील देशों में इतनी अधिक आर्थिक क्षति होती है कि विकास परियोजनाओं के अनुकूल परिणाम परिलक्षित नहीं हो पाते हैं बल्कि वे मटियामेट हो जाते हैं क्योंकि विकास परियोजनाओं के लिए निर्धारित धनराशि को प्रकोपों से उत्पन्न क्षति की पूर्ति के लिए लगाना पड़ता है। विकासशील देशों में 1960 से 1987 के बीच घटित प्राकृतिक प्रकोपों तथा उनके द्वारा की गयी क्षति का विवरण प्रस्तुत किया गया है।

(क) भूकम्प प्रकोप
(Earthquake Hazards)

भूकम्प का अर्थ एवं परिभाषा
(Meaning and Definition of Earthquake)

आर्थर होम्स (A. Holmes) ने भूकम्पीय लहरों की तुलना तालाब की लहरों से की है। उसके अनुसार "जब किसी तालाब में कोई पत्थर फैंका जाता है तो चारों दिशाओं की ओर लहरों की एक शृंखला आरम्भ हो जाती है। इसी प्रकार चट्टानों के आकस्मिक विक्षोभ (Disturbed) द्वारा विक्षोभ-स्थल से सभी दिशाओं की ओर (Vibrations) आरम्भ हो जाते हैं। इन कम्पनों का संक्रमण (passage) ही भूकम्प कहलाता है।"

मेकलबेन (J.B. Macelwane) के शब्दों में "भूकम्प पृथ्वी के धरातल के कम्पन अथवा दोलन हैं जो भूपृष्ठ या उसके नीचे चट्टानों के प्रत्यस्थ (लचीलेपन) या गुरुत्वीय सन्तुलन में क्षणिक विक्षोभ द्वारा उत्पन्न होते हैं।"

("An earthquake is a vibration or oscillation of the surface of the earth caused by a transient disturbance of the elastic or gravitational equilibrium of the rocks at or beneath the surface". Macelwane, J.B. (1935) Seismology physics of the Earth, VI National Reasearch Council, P.1).

उपर्युक्त परिभाषाओं के आधार पर भूकम्प की शुद्ध परिभाषा आर. एस. पवार द्वारा दी गई परिभाषा यह कही जा सकती है कि भूकम्प पृथ्वी के आन्तरिक भाग से सम्बन्धित व धरातलीय कम्पन हैं, जो प्रकृति द्वारा उत्पन्न होते हैं। ("An earthquake is a surfacial vibration related to the earth's interior, which originates naturally"- Pawar, R.S.)

भूकम्प की उत्पत्ति के कारण (Causes of Earthquakes)

भूकम्प की उत्पत्ति को जानने का सर्वप्रथम प्रयास अरस्तु (Aristotle : 384-322 ई.) ने किया था। अरस्तु के अनुसार भूमिगत हवा बाहर निकलने का प्रयास करती है जिससे भूकम्प की उत्पत्ति होती है। प्रसिद्ध जर्मन विद्वान हमबोल्ट (Humboldt : 1769-1859) का मत था कि जिस कारण पर्वतों से ज्वाला निकलती है वही भूकम्प का कारण है। प्राचीन काल में लोग भूकम्प को दैवीय प्रकोप मानते थे। विश्व के प्रायः प्रत्येक देश में भूकम्पों की उत्पत्ति के बारे में विभिन्न धार्मिक अवधारणाएं प्रचलित थीं। अधिकांश देशों में लोगों की कल्पना थी कि पृथ्वी को कोई जीव उठाये हुए है (भारत में शेषनाग, उत्तरी अमेरिका में कछुआ, ईरान में कैंकड़ा, तिब्बत में मेंढक आदि) तथा उस जीव के हिलने से पृथ्वी में कम्पन होता है। आधुनिक युग में पृथ्वी के भूकम्पों के सूक्ष्म प्रेक्षण तथा गहन विश्लेषण करने के पश्चात् यह निष्कर्ष निकलता है कि चट्टानों की प्रतिरोधक क्षमता से अधिक आकस्मिक विक्षोभ होने से भूकम्प की उत्पत्ति होती है। चट्टानों के आकस्मिक विक्षोभ के निम्न प्रमुख कारण हैं–

1. प्लेट विवर्तनिकी (Plate Tectonics)
2. भूपटल का सिकुड़ना (Contraction of the Crust)
3. एकत्रित जल का भार (Pressure due to accumulation of Water)
4. समस्थितिक समायोजन (Isostatic Adjustment)
5. वितलीय कारण (Plutonic Causes)
6. अन्य कारण (Other Causes)
7. विवर्तनिकता (Tectonism)
8. ज्वालामुखी क्रिया (Volcanism)

1. प्लेट विवर्तनिकी (Plate Tectonics)– प्लेट विवर्तनिकी एक आधुनिक संकल्पना है। इसके अनुसार स्थलमण्डल कठोर भू प्लेटों से निर्मित है। ये भू प्लेटें सदैव गतिशील रहती हैं। कहीं दो भू प्लेटें विपरीत दिशा में जाती हैं तो कहीं परस्पर टकराती हैं। दोनों ही अवस्थाओं में भूकम्पों की उत्पत्ति होती है। भूप्लेटों की एक तीसरी स्थिति (संरक्षी प्लेट सीमान्त) भी होती है जिसमें दो प्लेट एक दूसरे के अगल–बगल सरक जाती हैं जिससे रूपान्तर भ्रंस (ट्रांसफॉर्स फाल्ट) बनता है। इस स्थिति में भी भूकम्प पैदा होते हैं।

भूकम्प के समस्त कारणों का जन्म पृथ्वी के गर्भ में होता है। कालान्तर में भूकम्प जैसे आकस्मिक घटनाओं के रूप में पृथ्वी के धरातल पर प्रस्फुटित होती हैं। ऐसी घटनाओं से पृथ्वी में कम्पन होता है। पृथ्वी के गर्भ में तथा पृथ्वी के तल के ऊपर चट्टानों में हलचल से काफी जन–धन की हानि होती है। विश्व में

प्रतिवर्ष दर्जनों भर भूकम्प जैसी क्रियायें होती हैं। ऐसे अनेक भूकम्पीय उदाहरण हैं। जिनसे अनेकों लोगों की जान गयी है। उदाहरण के लिये सन् 1970 में पेरू (दक्षिणी अमेरिका) में आये भूकम्प से लगभग दो लाख लोग प्रभावित हुए थे और सड़सठ हजार मौतें हुई थीं। भारतवर्ष का हिमालयी क्षेत्र और समीपवर्ती मैदानी भाग भूकम्प सम्भावित क्षेत्रों के अन्तर्गत आता है। 1928 का कश्मीर भूकम्प, 1933 व 34 में बिहार का भूकम्प, 1869, 1887 एवं 1950 में आसाम का भूकम्प, 1993 महाराष्ट्र के लातूर क्षेत्र में आया भूकम्प, गुजरात का भूकम्प, भारत के इतिहास में भयावह घटनाओं के रूप में याद किये जाते हैं।

भूकम्प प्राकृतिक आपदाओं में से एक है। जिसका मूल सम्बन्ध पृथ्वी के गर्भ में घटित होने वाली विवर्तनिकी घटनाओं से है। विश्व का अधिकांश भाग जो प्रायः कमजोर भू–गर्भित चट्टानों से निर्मित है। भूकम्प सम्भावित क्षेत्रों के अन्तर्गत आता है।

1. ऐसा क्षेत्र जो समुद्र तटवर्ती है। इसके अन्तर्गत प्रशान्त महासागरीय एवं अटलांटिक महासागरीय तटीय मेखलाओं के क्षेत्र आते हैं।

2. इसके अन्तर्गत मध्य एशिया की मोड़दार पर्वत शृंखलाओं का क्षेत्र जिसमें भारत, बर्मा, चीन, रूस, यूरोपीय समूह के देश आते हैं।

यहाँ यह उल्लेख करना आवश्यक है कि सन् 1967 में आया कोयना का भूकम्प तथा 1993 में लातूर क्षेत्र का भूकम्प यह सोचने के लिए विवश करता है कि दक्षिणी भौतिक पठारी क्षेत्र को भूकम्प रहित अथवा सुरक्षित कहना गलत है।

2. भूपटल का सिकुड़ना (Contraction of The Crust) – इस तथ्य से सभी विद्वान सहमत हैं कि पृथ्वी अपनी आरम्भिक अवस्था में अत्यन्त तप्त थी। ताप के विकिरण के कारण धीरे–धीरे इसका बाह्य आवरण ठण्डा हुआ है। कुछ विद्वानों के अनुसार भूगर्भ में रेडियोधर्मी तत्वों के कारण सदैव ताप की अधिकता रहती है। अतः संकुचन की कल्पना सत्य नहीं है। भूगर्भ में ठण्डे होने की प्रक्रिया आज भी चालू है। ठण्डे होने से चट्टानें सिकुड़ती हैं। जिसका प्रभाव भूपटल पर पड़ता है, फलतः भूकम्प की उत्पत्ति होती है। इसी सिकुड़न के कारण कुछ विद्वानों ने पर्वत श्रेणियों की उत्पत्ति की क्रिया को स्वीकार किया है।

3. एकत्रित जल का भार (Pressure due to accumulation of Water– एकत्रित जल का तात्पर्य जल के कृत्रिम भण्डारण से है। इस असन्तुलन को दूर करने की प्रक्रिया में भूकम्प उत्पन्न होते हैं भारत के भूकम्प रहित क्षेत्र में कोयना बाँध के कारण सन् 1967 व 1975 में भूकम्पों प्रादुर्भाव हुआ। भूपटन पर पाये जाने वाले प्राकृतिक जलाशय, यथा–सागर, झील, तालाब, आदि; तो समस्थितिक समायोजन की स्थिति में होते हैं, किन्तु मानव निर्मित जल के कृत्रिम भण्डारण (जलाशय एवं बाँध) से असन्तुलन बिगड़ जाता है।

4. **समस्थितिक समायोजन (Isostatic Adjustment):** बहिर्जात शक्तियाँ (Exogenetic Forces) धरातल की काट–छाँट कर इस सन्तुलन को सदैव नष्ट करने में संलग्न रहती है, इस सन्दर्भ में नदियों का कार्य अति महत्वपूर्ण है। भूपटल पर विभिन्न प्रकार की स्थलाकृति (पर्वत, पठार, मैदान, समुद्रीय तलहटी आदि) के मध्य सदैव सन्तुलन पाया जाता है। धरातल अपरदित कर नदियाँ अवसाद को सागर की तलहटी में निरन्तर जमा करती रहती हैं। फलतः सागर की तलहटी अवसादों के भार के कारण नीचे की ओर खिसकती है। पृथ्वी के इस असन्तुलन को दूर करने के लिये उच्च स्थलीय भागों का उत्थान होता है। इस प्रकार पृथ्वी जब पुनः सन्तुलन स्थापित करती है, यह 'समस्थितिक समायोजन' कहलाता है इस समायोजन के समय जिन क्षेत्रों में अवतलन एवं उत्थान होता है वहाँ भूकम्प आते हैं। हिमालय पर्वतीय क्षेत्र में भूकम्प आने का यही कारण है।

5. **वितलीय कारण (Plutionic Causes)** – इतनी अधिक गहराई में अत्यधिक भार के कारण चट्टानों का आकस्मिक विभंग (Fractures) सम्भव नहीं लगता है। ये भूकम्प अपेक्षाकृत कर आते हैं। कुछ विद्वान इन्हें विवर्तनिक भूकम्प के अन्तर्गत ही रखते हैं। वतलीय कारण पृथ्वी की अत्यधिक गहराई से सम्बन्धित होते हैं। सामान्यतः 250 से 700 किमी० की गहराई में जिन भूकम्पों का उद्‌गम केन्द्र (Focus) होता है उन्हें वितलीय भूकम्प कहते हैं। इनकी उत्पत्ति के बारे में अभी तक अधिक जानकारी प्राप्त नहीं है।

6. **अन्य कारण (Other Causes)**– भूकम्पों की उत्पत्ति के उपर्युक्त मुख्य–कारणों के अतिरिक्त अनेक गौण कारण हैं। इनमें प्रमुख समुद्र तटीय क्षेत्र में क्लिफ का टूटकर समुद्र में गिरना, हिमनदियों का टूटकर गिरना, पर्वततीय क्षेत्रों में आकस्मिक भूस्खलन, चूने के प्रदेश कन्दराओं की छतों का अकस्मात गिरना, तटवर्ती क्षेत्र में सागर की लहरों का तट से टकराना आदि है। इन कारणों से अत्यन्त क्षीण भूकम्प आते हैं जिनका प्रभाव स्थानीय होता है।

7. **विवर्तनिकता (Tectonism)** – इन शक्तियों के द्वारा किसी क्षेत्र का उत्थान या अवतलन अथवा वहाँ की चट्टानों का चटकन या भ्रंशन, संवलन या चलन सम्भव है। इस प्रकार विवर्तनिक क्रियाओं द्वारा चट्टानों में जो विक्षोभ पैदा होता है वह भूकम्प की उत्पति का प्रमुख कारण है। भूपटल पर भूकम्प की उत्पत्ति का सबसे महत्त्वपूर्ण कारण विवर्तनिकता है। इसके अन्तर्गत पृथ्वी की सभी आन्तरिक शक्तियाँ समाहित हैं। चाहे वे महाद्वीप निर्माणकारी (ऊर्ध्वाधर) शक्तियाँ हो या पर्वत निर्माणकारी (क्षैतिज), दोनों ही पृथ्वी की चट्टानों में विक्षोभ पैदा करती हैं।

8. ज्वालामुखी क्रिया (Volcanism)– जब ज्वालामुखी का उद्धार होता है तो भूगर्भ का लावा तथा गैसें बाहर निकलने के लिये कठोर भूपटल पर प्रघात करते हैं जिससे भूकम्प की उत्पति उत्पन्न होती है। इन भूकम्पों की तीव्रता ज्वालामुखी उद्धार की तीव्रता पर निर्भर होती है। इनका प्रभाव अपेक्षाकृत सीमित क्षेत्र में होता है तथा ज्वालामुखी के निकटवर्ती क्षेत्रों में ही इसकी तीव्रता अधिक होती है। चट्टानों के आकस्मिक विक्षोभ तथा भूकम्प की उत्पत्ति का दूसरा प्रमुख कारण ज्वालामुखी क्रिया है। हालांकि यह क्रिया विवर्तनिकता के अन्तर्गत ही आती है किन्तु इसकी प्रमुखता के कारण इसे पृथक वर्ग में रखा गया है। प्रायः प्रत्येक ज्वालामुखी उद्गार के पूर्व या उद्गार के साथ–साथ भूकम्प आते हैं। ज्वालामुखी भूकम्पों में प्रघात केन्द्रीय होता है जब तक विवर्तनिक भूकम्प, में प्रघात रेखीय विभंग के अनुरूप होता है।

भूकम्प के कारण (Causes of Earthquake)

1. ज्वालामुखी द्वारा, भंहस (तनाव), वलन (संपीडन) मानव निर्मित जलाशयों के जल दबाव द्वारा।
2. भूकम्पों का सम्बन्ध पृथ्वी के गर्भ में घटित होने वाली विवृतनिक घटनाओं के कारण होता है।
3. प्लेट संचलन आदि द्वारा।
4. प्लेट विवर्तनिक सिद्धान्त के माध्यम से भूकम्प का उत्पन्न होना।
5. इसके अनुसार पृथ्वी की रचना छः प्रमुख स्थानों से हुई प्लेटो और उपरोक्त छः प्लेटो के अंतर्गत यूरोपियन प्लेट, अमेरिकन प्लेट, अफ्रीकन प्लेट तथा अटलांटिक प्लेट आती हैं। इनके अतिरिक्त बीस गोड प्लेट भी हैं।
6. पृथ्वी के गर्भ में उत्पन्न होने वाली तापीय संवाहन तरंगों द्वारा ये प्लेट प्रभावित होकर गतिशील होती रहती है।
7. समस्त विवर्तनिक घटनायें इन्हीं प्लेटों के किनारे घटित होती हैं।

भूकम्प प्रकोप के प्रभाव (Effects of Earthquake Hazard)– भूकम्पों की तीव्रता (intensity) के प्रभावों का निर्धारण भूकम्पीय तीव्रता के परिमाण के आधार पर नहीं किया जाता है वरन् किसी खास क्षेत्र में धन–जन की क्षति की मात्रा के आधार पर किया जाता है। कोई भी भूकम्प आपदा तथा प्रकोप उस समय ही होता है जब वह किसी घने आबाद क्षेत्र में आता है। भूकम्प के प्रत्यक्ष एवं अप्रत्यक्ष आपदापन्न (disastrous), प्रभावों के अन्तर्गत निम्न को सम्मिलित किया जाता है– धरातलीय सतह में विरूपण (deformation), मानव कृत संरचनाओं (यथा– भवन, रेल, सड़क, पुल, बाँध, कारखाना आदि) की क्षति तथा

विनाश, नगरों एवं शहरों का विनाश, मनुष्यों एवं जन्तुओं की मृत्यु, भीषण अग्निकांड, भूमिस्खलन, बाढ़, भूमिगत जल की स्थितियों अर्थात् जलभराव (aquifers) में व्यवधान एवं अव्यवस्था। भूकम्प द्वारा उत्पन्न कुछ विनाशी प्रभावों का विवरण प्रस्तुत किया जा रहा है।

1. **मानव द्वारा संरचनाओं की क्षति**– भूकम्पीय झटकों से मानवकृत संरचनाओं, यथा– भवन, रेल, सड़क, पुल, बाँध, कारखाना आदि को भारी क्षति होती है। इस तरह भूकम्पों द्वारा मानव सम्पत्ति का भारी नुकसान होता है।

2. **शहरों एवं नगरों की क्षति**– भूकम्प का सर्वाधिक विनाशकारी प्रभाव नगरों एवं कस्बों पर पड़ता है क्योंकि वहाँ पर भवनों का घनत्व बहुत अधिक होता है तथा मानव जनसंख्या का जमघट (agglomeration) होता है। अधिक परिमाण वाले भूकम्पीय झटकों के कारण बड़े-बड़े भवन गिरकर ध्वस्त हो जाते हैं, नर-नारी ध्वस्त भवनों के मलबे के ढेर में दब कर दम तोड़ देते हैं, भूमिगत जल आपूर्ति की पाइपें मुड़ जाती हैं, टूट जाती हैं तथाजल की आपूर्ति पूर्णतया भंग हो जाती है, बिजली तथा दूरभाष (टेलीफोन) के खम्भे उखड़ जाते हैं जिस कारण बिजली तथा जल की आपूर्ति एवं दूरसंचार की व्यवस्था अस्तव्यस्त एवं भंग हो जाती है।

3. **ढाल-अस्थिरता, ढाल-विफलता तथा भूमिस्खलन (Slope-Instability, Slope failure and Landslides)**– जिन पर्वतीय क्षेत्रों में कमजोर शैलें पायी जाती हैं तथा जो पर्वतीय क्षेत्र वर्तनिक दृष्टिकोण से नाजुक ,कमजोर तथा अस्थिर होता हैं वहाँ पर भूकम्प के तेज झटकों के कारण ढाल में अस्थिरता उत्पन्न हो जाती है परिणामस्वरूप चट्टानें टूट कर भूमिस्खलन के रूप में नीचे गिरने लगती हैं। पहाड़ी ढाल के निचले भाग में स्थित बस्तियाँ तथा उनके परिवहन तंत्र इस भूमिस्खलन तथा मलवापात (debris fails) के कारण विनष्ट हो जाते हैं। 1970 में पेरू का यंगे नगर भूकम्प के कारण जनिक भूमिस्खलन तथा मलवापात के कारण बुरी तरह तबाह हो गया था।

4. **मानव जीवन तथा सम्पत्ति की क्षति**– सामान्य रूप से किसी भी भूकम्प द्वारा हुए विध्वंस तथा विनाश का आकलन एवं निर्धारण मृत व्यक्तियों की संख्या के आधार पर किया जाता है। घने आबाद क्षेत्रों में भूकम्पीय झटकों के कारण भवनों के गिरने से भारी तादाद में लोगों की मृत्यु हो जाती है।

5. **धरातलीय सतह में विरूपण**– भीषण भूकम्पों के उत्पन्न झटकों एवं कम्पनों के कारण धरातलीय सतह में उभार तथा अवतलन एवं भ्रंशन के कारण विरूपण हो जाता है। उदाहरण के लिए अलास्का (संयुक्त राज्य अमेरिका) के 1964 के भूकम्प के कारण धरातलीय सतह में 10 से 15 मीटर तक विस्थापन (displacement) हो गया था।

6. अग्निकाण्ड– भूकम्प के झटकों के कारण भवनों में कम्पन्न होने के कारण रसोई घर में खाना पकाने की गैस के सिलिण्डर उलट जाते हैं, बिजली के तार आपस में सट जाते हैं, लौह–इस्पात के कारखानों में लोहा गलाने की भट्टियाँ नाचने लगती हैं, तथा बिजली एवं आग से सम्बन्धित अन्य सामग्रियाँ विस्थापित हो जाती हैं।

7. सुनामिस तरंगों की उत्पत्ति– समुद्री जल से गुजरने वाली तरंगें उच्च सागरीय तरंगों को जन्म देती हैं। इन्हें सुनामिस कहते हैं। इन सुनामिस द्वारा प्रभावित सागरतटीय भागों में अपार धन-जन की हानि होती है। प्रशान्त महासागरीय तटों पर सुनामिस का सर्वाधिक जोर रहता है क्योंकि यह भाग भूकम्पों एवं ज्वालामुखियों की सर्वप्रमुख मेखलाओं से घिरा है।

8. बांधों की क्षति तथा अचानक बाढ़ का आना– प्रबल भूकम्पों के तेज झटकों के कारण नदियों पर निर्मित बांधों में दरारें पड़ जाने से वे टूट जाते हैं तथा नदियों में अपार जलराशि के विसर्जन के कारण अचानक भीषण बाढ़ आ जाती है। संयुक्त राज्य अमेरिका के लांस एन्जेलेस नगर के उत्तर–पश्चिम में स्थित फरनाण्डो घाटी में निर्मित वान नारमन बांध में 9 फरवरी 1971 के भूकम्प के काण दरार पड़ गयी परन्तु स्थानीय अधिकारियों के द्वारा की गयी शीघ्र कार्यवाही के फलस्वरूप अचानक भीषण बाढ़ का खतरा टल गया।

(ख) ज्वालामुखी प्रकोप
(Volcano Hazards)

ज्वालामुखी का उद्‌गार भी आपदापन्न प्राकृतिक पार्थिव प्रकोप का महत्‌वपूर्ण उदाहरण है परन्तु ज्वालामुखी भूकम्प प्रकोप के विपरीत प्रकोप तथा आपदा भी होता है और साथ ही साथ मानव समाज के लिए वरदान भी होता है क्योंकि एक तरफ तो ज्वालामुखी के अचानक प्रचण्ड उद्‌गार तथा उससे निस्सृत तत्प आवा के कारण बस्तियाँ, कृषि क्षेत्र, मानव सम्पत्ति आदि विनष्ट हो जाती हैं तथा कितने ही लोग मर जाते हैं तो दूसरी तरफ ज्वालामुखी लावा के कारण उर्वर मिट्टियों (काली मिट्टी) का निर्माण भी होता है।

उद्‌गार के प्रारूप के आधार पर ज्वालामुखी को दो वृहद् वर्गों में विभाजित किया जाता है– (i) विस्फोटक प्रकार के उद्‌गार वाले ज्वालामुखी– इनका उद्‌गार धरातल के नीचे से ऊपर उठने वाली विस्फोटक गैसों के कारण धरातलीय सतह के टूटने से एक संकरे छिद्र के सहारे होता है इस तरह के ज्वालामुखी सर्वाधिक विध्वंशक होते हैं। इन विस्फोटक ज्वालामुखियों की पुनः 5 उपप्रकारों में विभक्त किया जाता है– (i) हवाई तुल्य ज्वालामुखी, (ii) स्ट्राम्बोली तुल्य

ज्वालामुखी, (iii) वैलकैनियन तुल्य ज्वालामुखी, (iv) पिलीयन तुल्य ज्वालामुखी तथा (v) विसूवियस तुल्य ज्वालामुखी। ज्ञातव्य है कि विस्फोटक ज्वालामुखियों का यह वर्गीकरण उद्गार की तीव्रता एवं उद्गार के विशिष्ट उदाहरण के आधार पर किया गया है। (2) दरारी उद्गार वाले ज्वालामुखी– इस तरह के ज्वालामुखियों का उदगार लम्बी दरारों के सहारे शान्त रूप में होता है तथा भारी मात्रा में लावा के आगे बढ़ने तथा फैलने की गति, लावा की प्रकृति, लावा के आयतन, उसके तापमान तथा घनत्व एवं धरातलीय सतह के ढाल पर निर्भर करती है।

ज्वालामुखी–उद्गार की बुनियादी विधियाँ– ज्वालामुखियों के भावी उद्गारों के विषय में भविष्यवाणी के लिये विगत ज्वालामुखी–उद्गारों के पर्यवेक्षण एवं अध्ययन से प्राप्त संकेतों से ही मदद मिलती है। ज्वालामुखियों के भावी उद्गारों के विषय में थोड़ी–बहुत भविष्यवाणी केवल उन्हीं क्षेत्रों में की जा सकती हैं जहाँ पर पहले भी ज्वालामुखी का उद्गार हो चुका हो। ज्वालामुखियों के उद्गार हेतु बुनियादी विधियाँ इस प्रकार है–

(1) सम्भावित उद्गार वाले क्षेत्रों में भूकम्पीय घटनाओं के नियमित मापन से प्राप्त संकेतों से ज्वालामुखी के भावी उद्गार के विषय में कुछ जानकारी अवश्य मिल जाती है। यह विधा इस संकल्पना पर आधारित है कि जब प्रबल गैसों के प्रभाव में मैगमा ऊपर उठता है तो उस स्थान पर कम्पन्न होने लगती है तथा ज्वालामुखी उद्गार के पूर्व भूकम्पीय कम्पनों की आवृत्ति तथा तीव्रता में वृद्धि हो जाती है।

(2) क्रैटर झीलों, गर्म जलस्त्रोतों, गेसरों तथा धुंआरों (fumaroles) के जल के तापमान के नियमित मापन से प्राप्त सूचनाओं के आधार पर भावी ज्वालामुखी उद्गार के कुछ संकेत मिल जाते हैं क्योंकि सम्भावित उद्गार के पहले तापमान के वृद्धि होने लगती है।

(3) सम्भावित क्षेत्रों में धरातलीय सतह के नियमित मापन खासकर टिल्टमीटर यंत्र की सह।यता से धरातलीय सतह में झुकाव के नियमित मापन के भावी उदगार के विषय में कुछ संकेत मिल जाते हैं।

(4) स्थानीय गुरुत्व (gravity) तथा चुम्बकीय क्षेत्र (magnetic field) के मापन से प्राप्त परिणामों से सम्भावित ज्वालामुखी के उदगार के पूर्वकथन (prediction) में सहायता मिलती है।

(5) इसी तरह क्रैटर झीलों, गसरों, धुंआरू तथा गर्म जलस्त्रोतों से निकलने वाली गैसों के नियमित मानीटरिंग से भी भावी उद्गार के विषय में कुछ संकेत मिल जाते हैं।

ज्वालामुखी प्रकोप के विनाशकारी प्रभाव– ज्वालामुखी उद्‌गार द्वारा मानव समाज की भारी धन–जन की हानि होती है। विस्फोटक उद्‌गार, तप्त लावा के प्रवाह, विखण्डित पदार्थों के नीचे गिरने, अग्निकाण्ड, विषाक्त गैसों की निर्मुक्ति द्वारा मानवकृत संरचनाओं यथा– भवनों, कारखानों, रेलों, सड़कों, हवाई अड्ड़ों, बांधों, जलाशयों आदि, वनों, मानव–सम्पत्ति, जन्तुओं तथा मानव जीवन की अपार क्षति होती है।

1. ज्वालामुखी–उदगार के समय निस्सृत तप्त एवं तरल लावा की अपार राशि के तीव्र गति से धरातलीय सतह पर प्रवाहित होने (अब तक लावा प्रवाह की अंकित सर्वाधिक तेज गति 48 किमी० प्रति घण्टा है) से मानवकृत संरचनायें लावा के नीचे दब कर नष्ट हो जाती हैं, मनुष्य एवं जन्तु मर जाते हैं, कृषि के फार्म तथा चरागाह नष्ट हो जाते हैं, मनुष्य एवं जन्तु मर जाते हैं, नदियाँ तथा झीलें लावा से भर जाती हैं, जंगल जल कर विनष्ट हो जाते हैं आदि। हवाई द्वीप पर स्थित माउण्ट लाओ ज्वालामुखी के प्रचण्ड उद्‌गार से निस्सृत लावा की राशि इतनी अधिक थी कि लोआ पर्वत पर लावा 53 किलोमीटर की दूरी तक फैल गया।

2. सभी प्रकार के ज्वालामुखी का उद्‌गार, यदि उनकी समय रहते भविष्यवाणी नहीं हो पाती है, बेशकीमती मानव–जीवन की भारी अपूरणीय क्षति करते हैं विस्फोटक केन्द्रीय प्रकार के ज्वालामुखियों का उद्‌गार इतना अचानक एवं प्रचण्ड होता है कि लोगों को अन्यत्र सुरक्षित स्थान पर जाने का समय ही नहीं मिल पाता है।

3. विस्फोटक केन्द्रीय ज्वालामुखी के उद्‌गार के समय विखण्डित पदार्थों, धूल, राख आदि के नीचे गिरने के कारण फसलें, सब्जियाँ, फलों के बाग, मानव बस्तियाँ आदि क्षतिग्रस्त हो जाती है, प्राकृतिक उपवाह तंत्र (drainage) अव्यवस्थित हो जाते हैं, जहरीली गैसों के कारण मानव स्वास्थ्य कुप्रभावित होता है तथा अम्लवृष्टि के कारण फसलें तथा वन विनष्ट हो जाते हैं।

(ग) भूस्खलन
(Land Slides)

"भूकम्प के प्रभाव से, ज्वालामुखी के उदगार से कभी भूमि भी सरक सकती है। जब कभी भी भूमि पृथ्वी की बहिर्जात या बाह्य शक्तियों द्वारा भू या पृथ्वी का कोई भाग सरकता है, तो वह भू–सरकन कहलाता है।"

ये वे शक्तियाँ हैं जिनका सम्बन्ध वायुमण्डल से है तथा ये पृथ्वी के बाहरी भाग में क्रियाशील होकर भू–पटल को परिवर्तित करती हैं। वस्तुतः आन्तरिक

तथा बाहरी शक्तियां एक–दूसरे की पूरक होती हैं। आन्तरिक शक्तियों द्वारा धरातल पर पर्वत, पठार, मैदान आदि स्थलाकृतियों का सृजन होता है जो बाहरी शक्तियां हैं, आन्तरिक शक्तियों के द्वारा निर्मित स्थलरूपों की काँट–छाँट करती हुई नई स्थलाकृतियों को जन्म देता है तथा कालान्तर धरातल का निम्नीकरण करता है।

मोन्क हाउस ने अनाच्छादन के विषय में कहा है, "अनाच्छादन में उन समस्त साधनों के कार्य सम्मिलित हैं जिनसे पृथ्वी के तल के किसी भी भाग का अत्यधिक विनाश, अपव्यय तथा हानि होती है।"

वायुमण्डलीय या बाह्य प्राकृतिक प्रकोप

वायुमण्डलीय प्रकोप तथा आपदायें मौसम तथा जलवायु की चरम घटनाओं से सम्बन्धित होती हैं। इन पर्यावरणीय प्राकृतिक प्रकोपों की उत्पत्ति वायुमण्डलीय प्रक्रमों द्वारा होती है, अतः इन्हें बाह्य प्राकृतिक प्रकोप भी कहते हैं। इन पर्यावरणीय प्रक्रमों को दो वर्गों में विभाजित किया जाता है –

(i) असामान्य तथा आकस्मिक घटनायें एवं प्रकोप (Abnormal and infrequent events and hazards) यथा–उष्ण कटिबन्धी तूफान एवं चक्रवात (टाइफून, हरिकेन तथा टारनैडो) एवं प्रचण्ड वायुमण्डलीय बिजली (severe atmospheric lightning) तथा अग्निकाण्ड।

(ii) दीर्घकालिक घटनायें तथा प्रकोप या संचयी प्रभाव वाले प्रकोप यथा – बाढ़, सूखा, ताप लहर, शीत लहर आदि।

उष्ण कटिबन्धी चक्रवात तथा स्थानीय तूफान

उष्ण कटिबन्धी चक्रवात सर्वाधिक शक्तिशाली, विध्वंसक, खतरनाक तथा प्राणघातक वायुमण्डलीय चक्रवात होते हैं। इनकी औसत व्यास 650 किमी० तक होती है। विभिन्न प्रदेशों में इन्हें विभिन्न नामों से जाना जाता है यथा– उत्तरी अटलाण्टिक महासागर खासकर कैरेबियन सागर एवं दक्षिणी संयुक्त राज्य अमेरिका में हरिकेन, उत्तरी प्रशान्त महासागर खासकर चीन सागर, चीन के पूर्वी तथा दक्षिणी तटीय भाग, जापान तथा फिलीपाइन्स में टाइफून, बंगलादेश तथा भारत के पूर्वी तटीय भाग में चक्रवात तथा आस्ट्रेलिया में विली विली।

उष्ण कटिबन्धी चक्रवात अपने उच्च वेग (180 से 400 किमी० प्रति घण्टा), उच्च स्तरीय तरंग, उच्च जलवर्षा की तीव्रता (अब तक फिलीपाइन्स में 2,000 मिलीमीटर प्रतिदिन के उच्चतम जलवर्षा का अभिलेखन किया जा चुका है), अत्यधिक न्यून वायु दाब (जिस कारण सागर तल में उभार होता है) तथा एक

स्थान पर कई दिन तक स्थाई रहने के कारण प्रचण्ड आपदापन्न प्राकृतिक प्रकोप बन जाते हैं। तीव्र गति वाली हवाओं, मूसलाधार वृष्टि तथा सागरीय जल के तटीय स्थलीय भाग पर अतिक्रमण आदि का सकल संचयी प्रभाव इतना अधिक हो जाता है कि ये चक्रवात प्रभावित क्षेत्रों में महाप्रलय का ताण्डव नृत्य उपस्थित कर देते हैं जिस कारण अपार धन–जन की हानि होती है।

(1) चक्रवात प्रकोप (Cyclone Hazards)

अस्थायी पवनों के रूप में चक्रवातों एवं प्रतिचक्रवातों का विकास होता है। वायुमण्डल में वायु दाब के अन्तर के कारण वायु में गति उत्पन्न होती है और वायु की दशा अस्थिर पाई जाती है। वायु दाब में अन्तर पर जल और थल की उपस्थिति, अक्षांशीय स्थिति, नियतवाही हवाओं का परिक्रमण मार्ग, सूर्यताप प्राप्ति की मात्रा आदि बातों का प्रभाव पड़ता है। इनके कारण दो स्थानों के तापमान में अन्तर आ जाने से वायु के तापमान में भी अन्तर आ जाता है। चक्रवातों को विभिन्न विद्वानों ने निम्न तरह से परिभाषित किया है–

1. चक्रवात वह कम दाब का क्षेत्र है; जो चारों ओर से बन्द समदाब रेखाओं द्वारा घिरा रहता है, जो कम या अधिक तौर पर अण्डाकार रूप ग्रहण कर लेती है।

2. चक्रवात निम्न दाब वाले तूफान हैं, जो गर्त अथवा निम्न के नाम से भी पहचाने जाते हैं।

चक्रवात वास्तव में दो विभिन्न वायुराशियों के मिलन के परिणाम हैं। मध्य अक्षांशों में इस प्रकार का सम्मिलन विशेष रूप से देखने में आता है। चक्रवात जिस स्थान से होकर गुजरते हैं, वहां की ऋतु को विशेष रूप से प्रभावित करते हैं इसमें हवाएँ चारों ओर से केन्द्र की ओर आकर्षित होती हैं, जिसके फलस्वरूप केन्द्रीय भाग (cyclone) के आगमन से मेघों की गर्जन तथ विद्युत चमक (lightening) के साथ तेज वर्षा शुरू हो जाती है। वक्रवात सदैव पूर्वी अथवा उत्तरी पूर्वी दिशा से चलते हैं यह अन्तर अधिक होने पर हवाओं को तेज गति से चलने को प्रेरित करता है। जल की अपेक्षा थल शीघ्र गर्म हो जाता है। गर्म थल पर स्थित वायु हल्की होकर ऊपर की ओर उठती है, इसका स्थान ग्रहण करने के लिये जल भागों की ओर से हवाएं चलने लगती हैं। थल पर कम वायु दाब का केन्द्र होता है, जबकि उसके चारों ओर दूर जाने पर वायु दाब बढ़ता जाता है। वायु दाब अथवा भार के वितरण की यही स्थिति चक्रवात की उपस्थिति बताती है। इसमें सम दाब रेखायें वृत्ताकार अथवा अण्डाकार रूप ग्रहण कर लेती हैं।

पक्षाभ मेघ (cirrus) आकाश पर चक्रवात के आगमन का संदेश लाते हैं।

इसके साथ-साथ चक्रवात के पूर्व साधारण तापमान बढ़ जाता है। धीरे-धीरे पक्षाभ मेघ स्तरी मेघों व वर्षी मेघों (Cirro-stratus or Nimbus) में बदल जाते हैं और वर्षा होने लगती है। इन मेघों में निकल जाने पर पक्षाभ मेघों का पुनः आगमन चक्रवात की समाप्ति की सूचना देता है। कभी–कभी कई चक्रवात विशेष रूप से शीतोष्ण कटिबन्धों में एक साथ चलते हैं।

चक्रवातों की विशेषतायें एवं कारण– भूमण्डल पर विभिन्न कटिबन्धों के बीच होने वाले ताप विनिमय की अत्यधिक जटिल प्रक्रियाओं को सम्पादित करने में वायुमण्डलीय विक्षोभों (Atmospheric disturbances) का विशेष योगदान होता है। इन सब विशेषताओं को निम्न प्रकार से व्यक्त किया जा सकता है।

1. चक्रवात सदैव स्थायी हवाओं की दिशा में बहते हैं, जैसे उष्ण कटिबन्ध में व्यापारिक हवाओं और शीतोष्ण कटिबन्ध में पछुआ हवाओं के साथ यह आगे बढ़ते हैं।
2. ट्रिवार्थी के अनुसार वायुमण्डलीय विक्षोभ उन विस्तृत तरंगों, भूमलों (eddies) तथा वायु आवर्तो (whirls of air) को कहते हैं, जो पृथ्वी के प्रमुख पवन तन्त्रों में अन्तः स्थापित होते हैं।
3. चक्रवात ताप विनिमय में सहायक होते हैं। वायर्स के अनुसार इन विक्षोभों (disturbances) को ताप विनिमय में सहायक प्राथमिक परिसंचरण के विशाल चक्र के भीतर स्थित छोटा चक्र माना जाता है।
4. चक्रवातों और प्रतिचक्रवातों को मौसम का एक ऐसा क्रियाशील घटक माना जाता है, जिसे जलवायु से कदापि अलग नहीं किया जा सकता। इनका किसी प्रदेश की जलवायु पर बहमुखी प्रभाव पड़ता है। मध्य अक्षांशीय प्रदेशों तथा उष्ण कटिबन्ध के तटवर्ती क्षेत्रों पर इनका प्रभाव विशेष रूप से देखने में आता है।
5. उष्ण कटिबन्ध में चक्रवातों को भिन्न-भिन्न स्थानीय नामों से पुकारा जाता है।
6. उष्ण कटिबन्ध में चक्रवातों की गति अत्यन्त तीव्र होती है तथा इनके कार्य अत्यधिक विनाशकारी होते हैं।
7. चक्रवातों में वर्षा उसके अग्र भागों में होती है।
8. चक्रवातों में हवाएँ चारों ओर से केन्द्र की ओर चलती हैं। इन हवाओं की गति सम दाब-रेखाओं के फैलाव अर्थात् वायु दाब प्रवणता (pressure gradient) पर निर्भर करती है।
9. चक्रवातों का आगे बढ़ना और उनका स्थायित्व कम वायु दाब की

तीव्रता और अधिकता पर निर्भर करता है।

10. उत्तरी गोलार्द्ध चक्रवातों में चलने वाली हवा की गति एवं दिशा घड़ी की सुईयों के विपरीत (Anticlock wise) तथा दक्षिणी गोलार्द्ध में घड़ी की सुईयों के अनुकूल दिशा (clock-wise) के अनुसार होती है।

(2) ट्रैसी चक्रवात– ट्रैसी चक्रवात का उत्तरी आस्ट्रेलिया के तटीय डार्विन नगर पर सन् 1974 के क्रिसमस के दिन आगमन हुआ था। इस चक्रवात के कारण 49 व्यक्तियों की मृत्यु हो गयी तथा 16 व्यक्ति गायब हो गये।

(3) हरिकेन (Hurricane)– हरिकेन प्रायःसंयुक्त राज्य अमेरिका के दक्षिणी तथा दक्षिणी–पूर्वी तटवर्ती भागों को प्रभावित करते हैं। खाड़ी तटीय प्रदेश (लूसियाना, टेक्सस, अलाबामा तथा फ्लोरिडा) हरिकेन से सर्वाधिक पीड़ित क्षेत्र हैं। गाल्वेस्टन (टेक्सस प्रान्त) का 8 सितम्बर सन् 1900 का विनाशकारी हरिकेन वायुमण्डलीय तूफानों को विनाशलीला की कहानी भलीभाँति कह देता है। इस विकराल हरिकेन के कारण इतनी प्रबल तूफान तरंगों का आविर्भाव हुआ कि तटीय स्थलीय भागों पर 3 से 45 मीटर गहरी जलराशि का विस्तार हो गया जिस कारण 6000 व्यक्ति डूबकर मर गये तथा 300 मकान विनष्ट हो गये।

(4) स्थानीय तूफान (Local Storms)- स्थानीय प्रचण्ड तथा विनाशकारी तूफानों के अन्तर्गत टारनैडो तथा तड़ितझंझा (thunderstorms) को सम्मिलित किया जाता है। टारनैडो मुख्य रूप से दक्षिणी एवं पूर्वी संयुक्त राज्य अमेरिका को प्रभावित करते हैं। यद्यपि टारनैडो अन्य सभी वायुमण्डलीय विनाशकारी प्रचण्ड तूफानों में सबसे छोटे होते हैं परन्तु मानव जीवन एवं सम्पत्ति की क्षति के दृष्टिकोण से सर्वाधिक घातक तथा खतरनाक होते हैं।

बाढ़ प्रकोप (Flood Hazards)

अर्थ एवं परिभाषा– बाढ़ का सामान्य अर्थ होता है विस्तृत स्थलीय भाग का लगातार कई दिनों तक जलमग्न रहना। सामान्य तौर पर लोग बाढ़ का सम्बन्ध नदी से जोड़ते हैं। लोगों के अनुसार बाढ़ की स्थिति उस समय होती है जब जल नदी के किनारों के ऊपर से प्रवाहित होकर उस नदी के समीपी भागों को जलमग्न कर देता है। वास्तव में बाढ़ प्राकृतिक पर्यावरण का एक गुण है तथा अपवाह बेसिन (drainage basin) के जलीय चक्र का एक संघटक है। उल्लेखनीय है कि बाढ़ एक प्राकृतिक घटना है तथा अति जलवर्षा का परिणाम है। यह मात्र उस समय प्रकोप बन जाती है जब इसके द्वारा अपार धन-जन की क्षति होती है। ज्ञातव्य है कि मानव क्रियाकलापों द्वारा बाढ़ के परिमाण, आवृत्ति तथा विस्तार में वृद्धि हो जाती है अतः बाढ़ प्रकोप दोनों प्राकृतिक एवं मानव-

जनित है। अधिकतर बाढ़ का सम्बन्ध विस्तृत जलोढ़ मैदानों में प्रवाहित होने वाली जलोढ़ नदियों (alluvial rivers) से होता है। विश्व के समस्त भौगोलिक क्षेत्रफल के लगभग 3.5 प्रतिशत क्षेत्र पर बाढ़ मैदानों (flood plains) का विस्तार है जिसमें विश्व की लगभग 16.5 प्रतिशत जनसंख्या निवास करती है। विध्वंसक बाढ़ एवं उनसे उत्पन्न प्राकृतिक पर्यावरण को क्षति तथा धन-जन की हानि के सन्दर्भ में कुख्यात नदियों में प्रमुख हैं गंगा तथा उसकी सहायक नदियाँ (यथा–यमुना, रामगंगा, घाघरा, गोमती, गंडक, कोसी, दामोदर आदि सभी उत्तरी भारत में), ब्रह्मपुत्र (उ० पू. भारत), कृष्णा, गोदावरी, महानदी, नर्मदा, ताप्ती, आदि नदियों के डेल्टाई भाग (सभी भारत में), मिसीसिपी तथा मिसौरी (संयुक्त राज्य अमेरिका), यांगटिसी क्यांग तथा यलो (चीन), इरावदी (मयांमार), सिंध (पाकिस्तान), नाइजर (नाइजीरिया), पो (इटली), दजला तथा फरात (ईराक) आदि।

बाढ़ के कारण (Causes of Floods)

बाढ़ सामान्यतया एक प्राकृतिक घटना है लेकिन जब यह दुर्घटना के रूप में प्रकट होती है तो इसके कारण और निवारण पर विचार करना आवश्यक हो जाता है। अतः बाढ़ के कारणों को निम्नलिखित रूप में प्रस्तुत किया जा सकता है–

1. **वर्षा की अनिश्चितता**– वर्षा की अनिश्चितता भी बाढ़ का एक कारण है। अनेक शुष्क एवं अर्द्ध शुष्क भागों में वर्षा कम होने से अपवाह मार्ग अवरुद्ध हो जाते हैं और जब अधिक वर्षा हो जाती है तो उसका निकास कठिन हो जाता है। राजस्थान में आने वाली बाढ़ उसी प्रकार की है जिससे अपार क्षति होती है। पर्यावरण परिवर्तन के रूप में वर्षा की अनिश्चितता प्रमुख कारण है।

2. **वनस्पति विनाश**– भारत आज संकट के कगार पर खड़ा है क्योंकि कुछ क्षेत्रों में 10 प्रतिशत भूक्षेत्र से कम भूमि पर प्राकृतिक वनस्पति का विस्तार बच पाया है। हिमालय का वनस्पति विहीन होना उत्तरी भाग में बाढ़ के प्रकोपों का सबसे बड़ा कारण है क्योंकि अधिकांश नदियाँ यहीं से निकलती हैं। अधिक तीव्र ढाल के कारण हिमालय क्षेत्र का वर्षा जल तेजी से नदियों में पहुँचता है जिसे प्रवाहित करना उनके लिए कठिन हो जाता है।

3. **नदी धारा में परिवर्तन**– धरातल में कम ढाल और वर्षा काल में जल दबाव के कारण नदी अपनी प्रोढ़ावस्था में सर्पाकार बहती है और बाढ़ में धारा परिवर्तन कर लेती है। ऐसी दशा में बाढ़ की घटनाएं बढ़ जाती हैं। क्योंकि सर्पाकार नदी की बहाव क्षमता घट जाती है। जिससे जल बाढ़ में फैल जाता है और जब धारा परिवर्तन होता है तो छाड़न धारा और तालों के माध्यम से विस्तृत

क्षेत्र बाढ़ की चपेट में आ जाता है। जल प्लावन में वर्षा के जलनिकास न होने के कारण विस्तृत क्षेत्र जल से भरा रहता है जन-धन की काफी हानि होती है।

4. **नदी जल पर मलबे का अधिक जमाव**– नदियों के अपरदन, परिवहन और निक्षेपण की एक प्राकृतिक व्यवस्था है। नदी अपने सामान्य प्रक्रिया में जितना काटती है उसे ढोती जाती है। लेकिन जब धरातल बंजर हो, धारा मे भूमि स्खलन से अधिक मलबा नदी तल पर जमा हो जाता है जो नदी की अपवाह क्षमता को घटा देता है। फलतः थोड़ी अधिक वर्षा होने पर नदी का जल फैलकर बाढ़ उत्पन्न करता है। उत्तर भारत की लगभग सभी नदियाँ इससे प्रभावित हैं।

5. **तटस्थ और तटीय अधिवास**– बाढ़ रोकने के लिए बनाए गए तटबन्ध बाढ़ के कारण बनते जा रहे हैं क्योंकि इससे एक क्षेत्र या स्थान पर बाढ़ से राहत मिल जाती है लेकिन अन्य क्षेत्रों को इसका कष्ट भुगतना पड़ता है। तटबन्ध एक प्रकार से प्रवाह में अवरोध उत्पन्न करते हैं। फलस्वरूप बाढ़ की विभीषिका के कारण भारत के कुछ क्षेत्र गरीबी से उबरने में असफल हैं। उत्तर-पूर्वी भारत इसका सबसे बड़ा उदाहरण है।

6. **नदी भाग में मानव निर्मित व्यवधान**– मानव के विविध उपयोगों के कारण नदी धारा में व्यवधान आज सभी नदियों के संदर्भ में देखा जा सकता है। रेल और सड़क, जलाशय बांध, क्रीड़ा–केन्द्र, बिजली घर आदि के कारण नदी का स्वाभाविक अपवाह बाधित हुआ है। छोटे नालों में कृषि आदि के कारण बाधा खड़ी हो गई है। इन व्यवधानों के कारण बाढ़ प्रकोप तेजी से बढ़ा है।

भारत में प्रति वर्ष लगभग 40 करोड़ हेक्टेयर भूमि एवं 30 करोड़ व्यक्ति बाढ़ से प्रभावित होते हैं तथा अरबों की सम्पत्ति नष्ट होती है। वर्ष 1976–77 में 176 लाख हेक्टेयर भूमि कृषिगत थी जिससे भारी क्षति हुई थी। इस प्रकार लगभग एक प्रतिशत कुल राष्ट्रीय आय का नुकसान बाढ़ से होता है। बाढ़ से न केवल फसलों का नुकसान होता है अपितु गृह, मवेशी यातायात के साधन और भूक्षरण से प्रभावित कर जीवन को संकटमय बना देती है।

वर्ष 1953 से 1975 के मध्य बाढ़ से होने वाली क्षति का अनुमान लगाया गया है। जिसके अनुसार औसतन 74 लाख हेक्टेयर भूमि प्रति वर्ष प्रभावित होती है जिसमें से 31 लाख हेक्टेयर भूमि बोई गई होती है। औसतन 8 लाख मकान और 50 हजार पालतू पशुओं का नुकसान होता है। मरने वालों की औसत संख्या 742 आंकी गई है और फसल नुकसान 2 अरब रुपए से अधिक आंका गया है। कभी-कभी एक साल में यह नुकसान 9 अरब रुपए तक पहुँच जाता है। इस क्षतिपूर्ति के लिए सरकार को भारी रकम खर्च करनी पड़ती है। उत्तर भारत की नदियाँ विशेषकर उत्तर प्रदेश और बिहार में प्रति वर्ष बाढ़ का तांडव करने लगी हैं। वर्षा

काल शुरू होते ही बाढ़ बचाव कार्य में प्रशासन जुट जाता है ओर वर्षाकाल समाप्त होते ही राहत की सांस लेता है।

बाढ़ नियन्त्रण के उपाय (Measures of Flood Control)

बाढ़ नियन्त्रण के लिए दो तरह के उपाय किए जाते हैं–

1. **व्यवहारगत (Behavioral)** – बाढ़ विपदा का मनुष्य को सामना करना ही पड़ता है तथा हानि को स्वीकार करना पड़ता है क्योंकि यह एक प्राकृतिक संकट है। यह संकट मानव जन्य भी है। इससे निपटने के लिए आर्थिक सहायता देना आवश्यक होता है।

2. **संरचनात्मक (Structural)**– संरचनात्मक उपायों के अन्तर्गत निम्नलिखित हैं–

1. बाढ़ के मैदानों को काल प्रखण्डों में बांटकर उनका नियोजन करते हैं जैसे प्रति वर्ष, पांचवें वर्ष, प्रति बीस वर्ष वाले बाढ़ के क्षेत्र आदि को बाढ़ क्षेत्र नियोजक (Flood plain Zoning) विधि कहते हैं।
2. बाढ़ से राहत हेतु छमक (Spill over channel) नालियों का निर्माण करना होता है।
3. नदियों के मार्ग को गहरा करना।
4. तटबंध बनाना।
5. बाँध बनाना।

यमुना, ब्रह्मपुत्र, कोसी, गोमती, घाघरा, गण्डक आदि नदियों के किनारे बाढ़ आना सामान्य घटना है इन क्षेत्रों में लगभग प्रति वर्ष बाढ़ें आती हैं। बाढ़ आपदा की लगभग 60% हानि केवल गंगा बेसिन क्षेत्र में मिलती है। बिहार, पश्चिम बंगाल, पूर्वी उत्तर प्रदेश तथा असम की नदियों में बाढ़ें अक्सर आती रहती हैं। उड़ीसा, आन्ध्र प्रदेश, राजस्थान व पंजाब में आने वाली बाढ़ों की बारम्बारता कम रहती है। 1976–78 ई. के मध्य आन्ध्र प्रदेश, राजस्थान, गुजरात और हरियाणा बाढ़ों से सर्वाधिक प्रभावित हुए। 1993 ई० में पंजाब, हरियाणा और हिमाचल प्रदेश 423 व्यक्तियों तथा 20,000 पशुओं की मृत्यु बाढ़ों से हुई। बाढ़ से लगभग 27 लाख एकड़ भूमि की लहलहाती फसलें नष्ट हो गई। इस बाढ़ द्वारा तीनों राज्यों की 40 लाख से भी अधिक आबादी बुरी तरह प्रभावित हुई। 1996 ई० की बाढ़ में हरियाणा में 4 लाख हेक्टेयर क्षेत्र की फसलें नष्ट हो गई थीं।

पहाड़ी भागों में भू–स्खलन से बाढ़ें आ जाती हैं। 1992 ई0 में टूटने पर सम्पूर्ण अलकनन्दा घाटी में बाढ़ आ गई 1970 ई० की बाढ़ द्वारा श्रीनगर (गढ़वाल)

का बहुत–सा हिस्सा बाढ़ से प्रभावित हुआ।

तटबन्धों व बाँधों के टूटने से भी बाढ़ें आ जाती हैं। बैराज से अधिक पानी छोड़े जाने के कारण अचानक जो बाढ़ें आती हैं उन्हें फ्लैश (flash flood) कहते हैं। 1978 ई० में सौराष्ट्र में बाँध टूटने से मोरवी शहर तहस–नहस हो गया था। 1984 ई० में पूर्वी कोसी तटबन्ध के टूटने से 100 से अधिक व्यक्ति मरे तथा 4–5 लाख व्यक्ति बेघर हो गए। 1978 ई० में उत्तरी बिहार के तटबन्धों में 245, 1985 ई० में 150 तथा 1986 ई० में 197 स्थानों पर कटाव होने से बाढ़ों की विभीषिका आई। पश्चिम बंगाल में दामोदर नदी बाढ़ों के लिए कुख्यात रहीं है। इसे 'बंगाल का शोक' (Sorrow of Bengal) तथा चीन में ह्वांगहो नदी में बाढ़ें आने से ह्वांग को 'चीन का शोक' (Sorrow of China) कहा जाता है।

बाँधों व जलाशयों की तली में गाद या सिल्ट (silt) के एकत्रित होने से नदियाँ व जलाशय छिछले हो जाते हैं। यही कारण है कि 1993 ई० में नैनीताल झील वर्षा के पानी को नहीं रोक सकी और बाढ़ का कारण बनी। इस झील की बाढ़ से नैनीताल व हल्द्वानी शहर तथा उत्तर प्रदेश के तराई क्षेत्र में धन–जन की व्यापक हानि हुई।

सूखा प्रकोप (Drought Hazards)

सूखा अत्यधिक घातक प्राकृतिक प्रकोप है क्योंकि इनका किसी भी प्रकार के जीवन-रूप के अस्तित्व के लिए आवश्यक तीन वस्तुओं (जल, वायु तथा आहार) में से एक (जल) से सीधा तथा दूसरे (आहार) से अप्रत्यक्ष रूप से गहरा सम्बन्ध है क्योंकि फसलें, पौधे तथा अन्य खाद्य जन्तु जल पर पूर्णतया आश्रित होते हैं। सूखे का अविर्भाव जल के अभाव व संचयी प्रभाव से होता है तथा इस प्राकृतिक प्रकोप के कारण कृषि तथा प्राकृतिक वनस्पति को भारी क्षति होती है तथा अकाल की स्थिति उत्पन्न हो जाती है।

सूखे के कारण (Drought Hazards)– जलवर्षा सूखे का प्रमुख निर्धारक सूचक है तथापि सूखे की परिभाषाओं एवं सूचकांकों में अन्य विचारों को भी सम्मिलित किया जाता है यथा– वाष्पीकरण, आर्द्रता, तापमान, सौर्यिक विकिरण, वायु, मृदा-आर्द्रता, सरिता-प्रवाह वनस्पति आदि। वर्षा के विचारों पर आधारित सूखे के कारणों का उल्लेख इस प्रकार है–

1. BRO (British Rainfall Organization, 1936) –ने सूखे को तीन प्रकारों में विभक्त किया है– (अ) निरपेक्ष सूखा (absolute drought) – जबकि लगातार कम से कम 15 दिनों तक प्रतिदिन 01 इंच से कम वर्षा हो, (ब) आंशिक सूखा (partial drought)– जब कम से कम 29 दिनों तक लगातार

औसत वर्षा 01 इंच या उससे कम हो तथा (स) शुष्क दौर (dry spell) जब कि लगातार 15 दिनों तक दैनिक वर्षा 0.04 इंच से कम होती है।

2. सूखे की स्थिति उस समय उत्पन्न होती जबकि वार्षिक वर्षा सामान्य वार्षिक वर्षा की 75 प्रतिशत या उससे कम तथा मासिक वर्षा सामान्य मासिक वर्षा की 60 प्रतिशत या उससे कम होती है।

3. मार्च से सितम्बर के बीच जब लगातार 20 दिनों तक दैनिक वर्षा 0.25 इंच से कम होती है तो सूखा उत्पन्न हो जाता है।

4. सूखे की दशा उस समय उत्पन्न होती है जबकि वार्षिक एव मासिक वर्षा सामान्य वर्षा के 85 प्रतिशत से कम होती है।

5. सूखे की स्थिति उस समय उत्पन्न होती है जबकि 21 दिनों तक वर्षा सामान्य वर्षा की 30 प्रतिशत या उससे कम होती है। यदि 21 दिनों तक प्राप्त होने वाली वर्षा सामान्य वर्षा के 10 प्रतिशत से कम होती है चरम सूखे (extreme drought) की स्थिति उत्पन्न हो जाती है। -A.J. Henry, 1960

7. सूखे के समय एक सप्ताह तक वर्षा सामान्य की आधी या उससे कम होती है। -D.A. Ramadas, 1950

सूखे का प्रभाव (Effects of Drought) – सूखे का जीवमण्डल पारिस्थितिक तंत्र के सभी जीवन–रूपों पर प्रतिकूल प्रभाव पड़ता है क्योंकि जन्तु तथा पौधे दोनों प्रत्यक्ष रूप से जल पर निर्भर करते हैं। वास्तव में दीर्घकालिक सूखे का पारिस्थितिकीय आर्थिक, जनांकिकीय (demographic) तथा राजनैतिक पक्षों पर प्रभाव पड़ता हे। दीर्घकालिक सूखे के कारण प्रदेश विशेष के प्राकृतिक पारिस्थितिक तंत्र के जैविक संघटक में परिवर्तन हो जाता है क्योंकि–

1. पौधों तथा जन्तुओं की कतिपय जातियाँ समाप्त हो जाती हैं क्योंकि वे कठोर सूखे को बर्दाश्त नहीं कर पाती हैं,

2. कुछ जानवर भूखमरी के कारण मर जाते हैं।

3. कुछ जन्तु अन्य स्थानों को भ्रमण कर जाते हैं, इस प्रकार प्रबजन के कारण कुछ जन्तुओं की संख्या में भारी कमी हो जाती है।

4. सूखे के कारण आहार में कमी हो जाने के कारण जानवरों में आहार के लिए कड़ा संघर्ष प्रारम्भ हो जाता है जिस कारण कुछ कमजोर जानवर समाप्त हो जाते हैं।

5. सूखे के कारण उत्पन्न जनांकिकीय प्रभावों के अन्तर्गत क्षेत्र विशेष में मनुष्यों तथा जन्तुओं की संख्या में कमी एवं उनके अस्थायी प्रबजन को सम्मिलित किया जाता है। उदाहरण के लिए स्थायी सूखे की स्थिति के कारण उष्ण कटिबन्धी अफ्रीका के पहले प्रदेश से अधिकांश लोग अन्यत्र चले गये।

6. सूखे के आर्थिक प्रभावों के अन्तर्गत कृषि उत्पादन, पशु उत्पादन तथा

जल के अभाव में औद्योगिक उत्पादन में कमी के कारण जनित आर्थिक क्षति को सम्मिलित करते हैं

7. भारत के सूखा-ग्रसित प्रान्तों यथा–राजस्थान, गुजरात, महाराष्ट्र एवं आन्ध्र प्रदेश से लोगों का प्रायः प्रतिवर्ष प्रबजन होता ही रहता है।

8. गुजरात एवं राजस्थान में लगातार चार वर्षों (1984 से 1987) में प्रचण्ड सूखे के कारण काफी संख्या में लोग अपने पशुओं के साथ अधिकांश लोगों ने चारे के अभाव में अपने मवेशियों को बेच दिया था।

9. उत्तर प्रदेश एवं बिहार प्रान्तों में अस्थायी रूप से प्रबजन कर गये थे। कभी-कभी प्रचण्ड सूखे के कारण देश विशेष में इतनी अधिक राजनीतिक उथल-पुथल होती है कि सरकार का ही तख्ता पलट जाता है।

सूखा नियंत्रण के उपाय– भूमि में जलवर्षा के जल के अन्तः स्पन्दन (infiltration) आद में वृद्धि के लिए वनरोपण करना सूखाग्रस्त क्षेत्रों में कृषि की जलवर्षा पर निर्भरता को कम करने के लिए शुष्क कृषि (dry farming) की विधियों का प्रयोग रेगिस्तानीकरण तथा रेगिस्तान प्रसार पर नियंत्रण करना; जल-संरक्षण उपायों पर सख्ती से अमल करना; (Drought Prone Area Programmes (DPAP) को फिर से कार्यान्वित करना; जलभण्डारों का निर्माण; कुओं का निर्माण आदि। राजस्थान में इन्दिरा नहर के निर्माण से हरियाली छा गयी है तथा सिंचित क्षेत्रों मे कृषि में विस्तार एवं विकास के कारण लोगों में खुशहाली आ गयी है परन्तु जगह–जगह पर जलभराव के कारण क्षारीकरण (salinization) की पर्यावरणी समस्यायें भी उत्पन्न हो गयी हैं।

मानव-जनित प्रकोप (Human Hazards)

मानव द्वारा जनित कोई भी पर्यावरण-अवनयन आपदापन्न प्रकोप उस समय हो जाता है जब वह खतरनाक स्थिति को प्राप्त हो जाता है तथा उससे मानव समाज को असाध्य क्षति होती है। मानव-जनित पर्यावरणीय प्रकोप को तीन प्रमुख वर्गो मे विभाजित किया जाता है–

1. नाभिकीय परीक्षण तथा विस्फोट, बड़े-बड़े जलभण्डारों में अपार जलराशि के संग्रह आदि, द्वारा भी बड़े परिमाण वाले खतरनाक भूकम्पों की उत्पत्ति होती है। विश्व में कई भूकम्पीय घटनाओं तथा बांधों एवं जलभण्डारों में गहरा-सम्बन्ध स्थापित किया जा चुका है।

2. तेल वाहक जहाजों से खनिज तेल के अधिक मात्रा में रिसाव के कारण सागरीय जल की सतह पर तेल की पतली परतें (oil slicks) बन जाती हैं जो जल की सतह पर तेज गति से फैलती हैं। इनके कारण प्रभावित सागरीय क्षेत्रों

में सागरीय जीव मर जाते हैं जिस कारण तटीय क्षेत्रों में मानव समुदाय के लिए आहार-आपूर्ति का अभाव हो जाता है।

3. किसी क्षेत्र में जमीन के नीचे जहरीले रासायनिक तत्वों का जमाव (dumping) उसे क्षेत्र में बाद में होने वाले मानव अधिवास के लिए प्राणघातक प्रकोप हो सकता है। उदाहरण के लिए नियाग्राफाल्स नगर के पास लोव नहर के लिए 1892 में खोदी गयी खाई को बाद में परित्यक्त कर दिया गया। आगे चलकर इस परित्यक्त खाई का प्रयोग कारखानों से निकले अपशिष्ट पदार्थो खासकर जहरीले रासायनिक तत्वों के जमाव (डम्पिंग) के लए किया जाने लगा। 80 से अधिक जहरीले रासायनिक तत्वों की इस खाई में डम्पिंग 1953 तक चलती रही जिस कारण यह खाई इन तत्वों से भर गयी। बम विस्फोट की तैयारी कर रहा है। 1976-77 में अत्यधिक जलवृष्टि के कारण इस मानव-जनित रासायनिक समय बम का अचानक विस्फोट हो गया जिस कारण घातक स्वास्थ्य प्रकोप का आविर्भाव हो गया। इस नये बसे उपनगर की महिलाओं में गर्भपात की दर अत्यधिक वृद्धि हो गयी, रक्त एवं जिगर (liver) की विसंगतियाँ (abnormalities), जन्म-विकार (birth defects) आदि कई प्रकार की शारीरिक विकृतियाँ उत्पन्न हो गयीं।

4. भोपाल–स्थित अमेरिकन यूनियन कार्बाइड कारखाने की दिसम्बर सन् 1984 में घटित भोपाल गैस त्रासदी मनुष्य की लापरवाही तथा लोलुपता के कारण उत्पन्न होने वाले भयंकर प्राणघातक प्रकोप का ज्वलंत उदाहरण है।

5. नाभिकीय संस्थानों (Nuclear Establishments) में अचानक गड़बड़ी हो जाने से प्राणघातक प्रकोप उत्पन्न हो जाते हैं। इस तरह की दुर्घटनाओं का प्रभावित क्षेत्रों के पौधों तथा जन्तुओं (मानव सहित) पर न केवल तात्कालिक दुष्प्रभाव होता है वरन् इनका दुष्प्रभाव वर्षो तक बना रहता है। यहाँ तक कि मनुष्य जाति की कई भावी पीढ़ियाँ रेडियोएक्टिव तत्वों से दुष्प्रभावित होती रहती हैं। सोवियत रूस में चरनाबिल में स्थित नाभिकीय संयत्र की 1989 की दुर्घटना तथा त्रासदी मानव जनित प्रकोप तथा विनाश का जीता जागता उदाहरण हैं।

6. मनुष्य द्वारा युद्व के समय रासायनिक एवं जीवीय शस्त्रों (Chemical and Biological Weapons) के प्रयोग से भी खतरनाक एवं जानलेवा पर्यावरणीय प्रकोप उत्पन्न हो जाते हैं।

जनसंख्या विस्फोट के कारण प्रकोप (Population Explosion Hazard)

(i) जनसंख्या विस्फोट का अर्थ– जनसंख्या एवं पर्यावरण का अटूट

सम्बन्ध है। पर्यावरण पर पड़ने वाला प्रभाव जनसंख्या का समानुपाती होता हैं। बढ़ती हुई जनसंख्या प्राकृतिक संसाधनों पर अतिरिक्त भार डालती हैं। बढ़ती हुआ जनसंख्या आकार और तदनुसार बढ़ती हुई उपभोग की माँग अधिकाधिक उत्पादन करने वाली तीव्र गति की प्रौद्योगिकी को बढ़ावा देती है। पर्यावरण प्रदूषण इन्हीं तीन कारकों– जनसंख्या आकार, प्रतिव्यक्ति उपभोक्ता प्रति इकाई उत्पादन का परिणाम होता है। इहरलिच (Ehrlich) ने इसे सूत्र से समझाय है–

pe = sp × Cpc × Ppu

pe = Environmental Pollution

Sp = Population Size जनसंख्या आकार

Ppu = Per unit Production प्रति इकाई उत्पादन

जनसंख्या प्रदूषण का मुख्य कारक विगत चार–पाँच दशकों में विश्व जनसंख्या से आशातीत वृद्धि है। इसे जनसंख्या विस्फोट ;(Population Explosion) कहते हैं।

जनसंख्या विस्फोट (Population Explosion)– विगत चार–पाँच दशकों में कृषि उत्पादन, चिकित्सा सुविधाओं तथा अन्तर्राष्ट्रीय व्यापार में वृद्धि के साथ–साथ मृत्युदर में ह्रास तथा जन्मदर में वृद्धि के कारण विश्व की जनसंख्या में अत्यन्त तीव्रगति से वृद्धि हुई हैं जिसे 'जनसंख्या विस्फोट' की संज्ञा दी गई है सन् 1800 ई० में अनुमानतः विश्व की जनसंख्या 1 बिलियन थी जो 1930 में 130 वर्ष पश्चात् दुगुनी अर्थात् 2 बिलियन हो गई। 1960 में बढ़कर यह जनसंख्या 3 बिलियन हो गई। इस वृद्धि में 30 वर्ष का समय लगा। लेकिन 1960 के पश्चात् तो विस्फोट दर में वृद्धि हुई। 1975 में केवल 15 वर्ष की अवधि में विश्व की जनसंख्या 3 बिलियन से 4 बिलियन हो गई। 1987 में 5 बिलियन तथा 1988 में 6 बलियन होने जा रही है। सन् 2010 में यह 7 बिलियन होगी। जनसंख्या के इस विस्फोट के निम्न कारण हैं–

1. कृषि उत्पादनों में हरित क्रान्ति से व्यापक वृद्धि।
2. न्यून मृत्युदर– सन् 1945 के पश्चात् मृत्यु दर में कमी हुई है अतः जनसंख्या मे तीव्र वृद्धि हुई है न्यून मृत्युदर के निम्नलिखित कारण हैं–
   (क) चेचक, पोलियो, डिपथीरिया, टेटनस जैसी जानलेवा बीमारियों के टीकों का विकास।
   (ख) चिकित्सा सुविधाओं का विकास एवं व्यापक प्रसार।
   (ग) शिक्षा का प्रसार।
3. स्थिर जन्म दर।

4. अन्तर्राष्ट्रीय परिवहन के साधनों और व्यापार में वृद्धि।

जनसंख्या विस्फोट से जनसंख्या का घनत्व सम्पूर्ण विश्व में बढ़ गया है। विकासशील राष्ट्रों में विशेष रूप से एशिया महाद्वीप में जनसंख्या का घनत्व अपेक्षाकृत अधिक है लेकिन यूरोप में जनसंख्या वृद्धि अत्यन्त मंद है। विगत कुछ दशकों में विश्व के सभी महानगरों की जनसंख्या बहुत तेजी से बढ़ी है। ग्रामीण क्षेत्रों से रोजगार की तलाश में भारी संख्या में प्रवर्जन होता है। अतः नगरों की जनसंख्या में भी विस्फोटक वृद्धि हुई है। इस प्रक्रिया में प्रवर्जन होता है। इस प्रक्रिया को 'जनसंख्या अनुस्फोट' (population implosion) कहते हैं। सन् 1930 में लन्दन नगर की जनसंख्या 1.04 लाख थी जो 1950 में बढ़कर 100 लाख हो गई।

(ii) जनसंख्या का गुणात्मक प्रदूषण अथवा नैतिक प्रदूषण– नैतिक मूल्यों में गिरावट जनसंख्या के गुणात्मक पक्ष का प्रदूषण है। बालश्रम का शोषण, भिक्षाटन, साम्प्रदायिक तनाव, वेश्यावृत्ति एवं भ्रष्टाचार नैतिक प्रदूषण के उदाहरण हैं।

1. **भिक्षावृत्ति (Begging)**– भिक्षावृत्ति भारत की गंभीर समस्या है। बच्चे, बूढ़े, स्त्री, पुरुष, युवक और युवतियाँ भिक्षावृत्ति में संलग्न देखे जा सकते हैं। भारत में भिक्षावृत्ति एक प्रकार का व्यवसाय बन गया है। बहुत से भिक्षार्थी साधुओं या फकीरों के वेश में भिक्षाटन करते हैं। भारत में नगरों, गाँवों, तीर्थस्थलों, मन्दिरों, मस्जिदों के पास अधिक संख्या में भिक्षुक देखे जा सकते हैं। भिक्षावृत्ति के मुख्य कारण निर्धनता, व्यवसायहीनता तथा कामचोरी है।

2. **बाल श्रमिकों का शोषण (Exploitaion of Child Labour)**– भारत में बाल श्रमिकों के शोषण की समस्या विश्व में सबसे गंभीर है। यहाँ एक करोड़ पैंसठ लाख बाल श्रमिक हैं। पाँच से चौदह वर्ष के श्रमिक बच्चे बाल श्रमिक की श्रेणी में हैं। बाल श्रमिक भवन निर्माण, सड़क, पुल, बीड़ी निर्माण, चूड़ी उद्योग, कालीन उद्योग, बर्तन उद्योग तथा होटलों में बड़ी संख्या में लगे हुए हैं। इनके साथ अमानवीय व्यवहार किया जाता है। उनसे 8 से 12 घंटे तक काम लिया जाता है।

3. **वेश्यावृत्ति (Prostitution)**– वेश्यावृत्ति महानगरों का अभिशाप है। भारत में देवदासी प्रथा ने इस अभिशाप को पनपने में सहयोग दिया है। आज न केवल भारत के बल्कि विश्व के अनेक देशों में वेश्यावृत्ति व्यवसाय बन गया है। देश के बड़े नगर इस नैतिक पतन के शिकार हैं। नगर के ऐसे क्षेत्रों में समाज विरोधी तत्वों, लड़ाई-झगडों तथा हत्या जैसे अपराधों को बढ़ावा मिलता है। इस अभिशाप को समाप्त करने के लिए नारी निकेतन खोले जाने चाहिए तथा कठोर प्रशासनिक एवं कानूनी उपाय किये जाने चाहिए।

4. साम्प्रदायिक तनाव एवं दंगे (Communal Tensions and Riots)– भारत अनेक भाषाओं, धर्म, प्रजातियों एवं संस्कृतियों का देश है। इसमें हिन्दू, मुस्लिम, सिख, ईसाई, जैन, बौद्ध आदि अत्यन्त सद्भाव से रहते हैं लेकिन कभी-कभी ऐतिहासिक त्रुटियाँ प्रभावशाली हो जाती हैं जिससे साम्प्रदायिक दंगे उत्पन्न हो जाते हैं। दंगों के नाम पर भारत में हिन्दू मुस्लिम दंगे अधिक होते हैं। कभी-कभी लूटपाट और हत्याओं के विरूद्ध भी दंगे होते हैं। कभी-कभी ऐसे दंगों को राजनैतिक रंग भी दे दिया जाता है। अयोध्या का राम जन्म भूमि और बाबरी मस्जिद ऐसा ही प्रकरण बन गया। भारत के महानगरों में दंगों के दौरान तोड़–फोड़ और अन्य गंभीर अपराध होते हैं।

5. भ्रष्टाचार (Corruption) – भ्रष्टाचार नैतिक गिरावट की विश्व व्यापी समस्या है। सरकारी कार्यालयों से लेकर धार्मिक स्थलों, व्यापारिक संस्थानों, धर्मशालाओं, होटलों, सेवाओं आदि में भ्रष्टाचार की जड़ें दूर-दूर तक फैल गई हैं। प्रशासन पंगु हो गया है। जन सुरक्षा खतरे में पड़ गई है। स्मगलिंग जैसे अपराधों को भ्रष्टाचार से बढ़ावा मिलता है।

सामाजिक प्रदूषण (Social pollution)– औद्योगीकरण तथा नगरीकरण की प्रवृत्तियों के कारण सामाजिक प्रदूषण एक गंभीर समस्या बन गई है। औद्योगीकरण तथा नगरीकरण की प्रवृत्तियों के कारण ग्रामीण क्षेत्रों से रोजगार की तलाश में बड़े पैमाने पर नगरों की ओर प्रवर्जन हुआ है अतः सड़कों तथा रेलवे लाइनों के किनारे गंदी बस्तियों तथा झुग्गी झोंपड़ियों का विकास हो गया है। इन मलिन बस्तियों में अनेक प्रकार के अपराध, शराब खोरी, वेश्यावृति, नालियों तथा खुले क्षेत्रों को पाखाने के रूप में प्रयोग, कूड़ा करकट एवं अपशिष्ट का नस्तारण गंभीर समस्यायें बन गई हैं।

मलिन बस्तियाँ (Slums)

विकासशील देशों में मलिन बस्तियाँ नगरीय अनुस्फोट एवं औद्योगीकरण का परिणाम हैं। अनेक समाजशास्त्रियों, पर्यावरणविदों, भूगोलवेत्ताओं और नगर नियोजकों ने गंदी बस्तियों को पारिभाषित करने तथा उनके लक्षणों को स्पष्ट करने का प्रयास किया है– जिस्टस और हालबर्ट ने मलिन बस्तियों की परिभाषा इस प्रकार की है–

'A Slum is an area of poor houses and poor people. it is an area of transition and decadence, a disorganised area occupied by humuman derelicts, a catch all for criminals for the defective, the down and out.'

'एक मलिन बस्ती निर्धन लोगों तथा मकानों का क्षेत्र है। यह संक्रमण एवं

गिरावट का क्षेत्र है। यह असंगठित क्षेत्र होता है जो मानव अपशिष्ट से परिपूर्ण होता है। यह अपराधियों, दोषयुक्त, निम्न एवं त्यक्त लोगों के लिए सुविधाजनक क्षेत्र है।'

डिकिन्सन (Dickinson) के शब्दों में 'मलिन बस्ती अत्यन्त दयनीय दशा का द्योतक है जिसमें मकानों की दशा ऐसी अनुपयुक्त होती है जो स्वास्थ्य एवं नैतिक मूल्यों के लिए खतरा उत्पन्न करती है।'

(Slum connotes an extreme condition or blight in which the housing is so unfit as to constitute menace to the health and morals).

मलिन बस्तियों के कारण (Causes of Slums)– गंदी बस्तियों के विकास के निम्न कारण हैं–

1. तीव्र औद्योगीकरण के कारण अधिक संख्या में श्रमिको की आवश्यकता।
2. गाँवों से भारी संख्या में लोगों का नगरों की ओर प्रवाह।
3. नगरों में आवासों का अभाव।
4. संसाधनों का अभाव।
5. नगरों का अनियोजित विकास।

मलिन बस्तियों के प्रकार (Types of Slums)– स्वामित्व के आधार पर गंदी बस्तियों को 5 वर्गों में विभक्त कर सकते हैं–

(i) वे झुग्गी झोपड़ियाँ जिन पर स्वामित्व किसी अन्य व्यक्ति का है तथा किराये पर उठी हुई हैं।

(ii) नज़रूल की जमीन पर दिल्ली की झुग्गियाँ, मद्रास की चेरी, बम्बई की झोंपड़पट्टी और खोलियाँ।

(iii) ये अधिवास जिनका पट्टा तथा संरचना वैध है लेकिन वे कई इकाइयों में उपविभाजित हैं। बम्बई तथा अहमदाबाद के चाल इसी श्रेणी में हैं।

(iv) वे झुग्गी झोंपड़ियाँ जो नेताओं के प्रभाव से अचानक बन जाती हैं।

(v) किराये के उद्देश्य से बनाये गये भवन जिनमें कलकत्ता की बस्ती और कानपुर के उदाहरण सम्मिलित हैं।

मलिन बस्तियों की समस्याएं (Problems of Slums)– मलिन बस्तियों की अनेक समस्यायें हैं–

1. यह संक्रमण क्षेत्र है। इसमें ग्रामीण क्षेत्रों की फूहड़ सामाजिक पद्धतियाँ तनाव एवं संघर्ष के तत्त्व मौजूद रहते हैं। नगरीय परिवेश में समायोजन इस क्षेत्र की मुख्य समस्या है।
2. ये समाज विरोधी तत्त्वों तथा जुआ, शराब, वेश्यावृत्ति, बाल अपराध आदि के क्षेत्र होते हैं।
3. मलिन बस्तियों का समाज असंगठित होता है।

4. जातीय संघर्ष, तनाव, आतंक आदि समस्यायें मलिन बस्तियों की सामान्य समस्यायें हैं।

5. मलिन बस्तियों में पुरुषों की संख्या अधिक तथा स्त्रियों की संख्या कम होती है अतः इस क्षेत्र में व्याभिचार और वेश्यावृत्ति भी पनप जाती है।

6. ये दुर्व्यवस्था के क्षेत्र हैं।

मलिन बस्तियों का सुधार एवं नियोजन (Improvement and Planning of Slums)– प्रथम पंचवर्षीय योजना में मलिन बस्तियाँ नियोजकों का ध्यान आकृष्ट न कर सकीं। सर्वप्रथम 1957 में मलिन बस्ती उन्मूलन एवं सुधार योजना (Slum Clearance and Improvement Scheme) प्रारम्भ हुई। 1972 में भारत सरकार ने मलिन बस्तियों में पर्यावरण सुधार हेतु केन्द्रीय योजना बनाई तथा आठ लाख से अधिक जनसंख्या वाले नगरों– कलकत्ता, बम्बई, दिल्ली, मद्रास, हैदराबाद, बंगलौर, अहमदाबाद, कानपुर, पूना, नागपुर, लखनऊ जैसे नगरों में लागू की गई।

मलिन बस्ती विकास नीति (Development Strategies of Slums)– **(i)** मलिन बस्तियों के सुधार कार्यक्रम में आवासीय समस्या का निदान सर्वोच्च प्राथमिकता का विषय है। मलिन बस्तियों का विकास एक जटिल समस्या है। इसके अन्तर्गत मलिन बस्ती के प्रसार को रोकना, संरक्षण करना एवं पुनर्वास सम्मिलित हैं। नगर के प्राचीन क्षेत्रों में मकानों को गिरा कर सुविधा जनक मकान बनाना, जन सुविधायें जुटाना, सड़क, सीवर, प्रकाश, मनोरंजन आदि की व्यवस्था करना सम्मिलित हैं। कुछ मलिन बस्तियों में निम्न आय वर्ग के मकान बनाना, प्रकाश व्यवस्था को चुस्त बनाना, सड़कों को चौड़ा करना, तटबन्ध बनाना भी आवश्यक होते हैं।

(ii) अपराध– विविध प्रकार के अपराध सामाजिक प्रदूषण के अंग हैं। अपराध मलिन क्षेत्रों में अधिक होते हैं। मलिन क्षेत्रों का पर्यावरण कुण्ठाप्रद होता है। इनके निकट कसाई घर, शराब ठेके, कब्रगाह, गंदगी आदि होती है। पशु और सूअर इसे और भी गंदा कर देते हैं। कमरों में भीड़ होने के कारण पारिवारिक टकराव, तनाव, बाल अपराध, शराब, जुआ इस क्षेत्र के सामान्य अपराध होते हैं।

आपदाओं पर नियंत्रण (Control on Hazards)

प्राकृतिक प्रकोप तथा आपदाओं एवं पर्यावरणीय दशाओं में विश्व व्यापक परिवर्तनों का मापन तथा मानीटरिंग प्रकोप एवं आपदा प्रबन्धन (Disaster Management) के अत्यधिक महत्वपूर्ण पक्ष हैं। इस कार्य के अन्तर्गत प्रकोप से प्रभावित होने वाले क्षेत्रों का विभिन्न स्तरों (विश्व स्तर, प्रादेशिक स्तर तथा स्थानीय स्तर) पर गहन अध्ययन किया जाता है। ICSU (International Council of Scienctific Unions) तथा अन्य कई संगठनों ने मनुष्य द्वारा

पर्यावरण में किये गये परिवर्तनों तथा प्राकृतिक प्रकोपों के अध्ययन के लिए कई शोध कार्यक्रम प्रारम्भ किये हैं। इन कार्यक्रमों के अन्तर्गत प्राकृतिक प्रकोपों तथा आपदाओं की उत्पति की क्रियाविधि, उनकी मानीटरिंग तथा उनके प्रभावों को कम करने के लिए उपयुक्त उपायों तथा तरीकों का अध्ययन किया जाता है। प्रकोपों तथा आपदाओं के शोध से सम्बन्धित तथा प्रकोपों से उत्पन्न प्रभावों को कम करने के लिए चलाये गये निम्नलिखित कार्य किये गये हैं–

1. **IGBP** (International Geosphere Bosphere Programme)– ICSU ने पर्यावरणीय विषयों एवं समस्याओं के अध्ययन के लिए IGBP नामक एक और अन्तर्राष्ट्रीय शोध कार्यक्रम का अभियान अक्टूबर 1988 में चलाया। इस शोध कार्यक्रम के अन्तर्गत भौतिक पर्यावरण के स्थलमण्डली, सागरीय एवं वायुमण्डलीय संघटकों के अध्ययन पर अधिक बल दिया जाता है। इस कार्य के लिए उपग्रहों तथा रिमोट सेन्सिंग तकनीकों, पर्यावरण मानीटरिंग एवं GIS (Geographic Information Systems) से प्राप्त सूचनाओं से सहायता ली जाती है।

2. **IDNDR** (International Decade for Natural Disaster Reduction) – संयुक्त राष्ट्र संघ (UNO) ने प्रमुख प्राकृतिक प्रकोपों तथा आपदाओं के अध्ययन तथा उनके मानव समाज पर पड़ने वाले विनाशकारी प्रभावों को कम करने के लिए उपायों एवं तरीकों का पता करने के लिए 1990–2000 दशक को IDNDR घोषित किया। इस IDNDR कार्यक्रम का प्रमुख उद्देश्य प्राकृतिक प्रकोपों एवं आपदाओं द्वारा जन हानि, सम्पत्ति हानि, सामाजिक एवं आर्थिक स्थितियों में गिरावट को कम करना है। इस कार्यक्रम के अन्तर्गत केवल अल्पकालिक त्वरित प्रक्रमों तथा घटनाओं, यथा– भूकम्प, ज्वालामुखी-उदभेदन, भूमिस्खलन, सुनामिस, बाढ़, चक्रवात, वनों में अग्निकाण्ड, टिड्डियों के झुण्ड का जनन तथा सूखा के अध्ययन को सम्मिलित किया गया है।

3. **HDGC** (Human Dimension of Global Change)– पर्यावरणीय समस्याओं एवं प्राकृतिक प्रकोपों के अध्ययन के लिए सामाजिक विज्ञानियों ने HDGC नामक समानान्तर शोध कार्यक्रम को UNU (United Nations University), ISSC (International Social Science Council) तथा IFIAS (International Federation of Institutes for Advanced Studies) नामक संगठनों से आर्थिक सहायता दी जाती हे।

4. **SCOPE** (Scientific Committee on Problems of the Environment)– ICSU ने सन् 1969 में SCOPE नामक समिति का निम्न उद्देश्यों की पूर्ति के लिए स्थापना की– (अ) पर्यावरण द्वारा मनुष्यों पर पर्यावरण के प्रभावों से सम्बन्धित जानकारी में वृद्धि करना तथा (ब) सरकारी एवं गैर सरकारी संगठनों को पर्यावरणीय समस्याओं से सम्बन्धित वैज्ञानिक सूचनाएं

एवं राय देना SCOPE निम्न संगठनों की भी सहायता करती है– UNEP (United Nations Environment Programme), MAB (Man and Biosphere Programme-UNESCO द्वारा स्थापित) तथा WCP (World Climate Programme-WMO द्वारा स्थापित) की गई।

प्राकृतिक प्रकोपों एवं आपदाओं के प्रभावों को घटाने के लिये किये जाने वाले प्रकोप शोध के अन्तर्गत प्राकृतिक प्रकोपों एवं आपदाओं के लिये उत्तरदायी कारकों एवं उनकी क्रियाविधि के अध्ययन, प्रकोपों एवं आपदाओं के अभिनिर्धारण एवं वर्गीकरण, पारिस्थितिक तंत्र के भौतिक संघटकों (यथा– आधार शैल, धरातलीय सतह के भूपदार्थ, मिट्टी, जल संसाधन तथा भूमि का उपयोग) तथा सांस्कृतिक संघटकों (यथा–मानव जनसंख्या का घनत्व; जनसंख्या का वितरण; परिवहन एवं संचार प्रणाली; खाद्य पदार्थ, जल एवं स्वास्थ्य सम्बन्धी संविधा तथा प्रशासनिक व्यवस्था, जैसे पुलिस तथा सेना) के मापन तथा उनसे सम्बन्धित सूचनाओं एवं आँकड़ों के जनन की प्रक्रियाओं को सम्मिलित किया जाता है। इस प्रकार के शोध कार्यक्रम के अन्तर्गत रिमोट सेन्सिंग, इन्जीनीयरिंग एवं इलेक्ट्रानिक्स उपकरणों एवं तकनीकों के आधार पर टिरेन रिस्क क्षेत्रों का अभिनिर्धारण किया जाता है।

प्रकोप न्यूनीकरण कार्यक्रम में प्रकोप से सम्बन्धित शिक्षा का पर्याप्त महत्त्व होता है। प्रकोपों से सम्बन्धित शिक्षा का प्रसार वैज्ञानिकों, अभियन्ताओं, नीति निर्धारकों, प्रशासकों तथा आम जनता तक होना चाहिए। प्रकोपों से सम्बन्धित शोध कार्यों से प्राप्त निष्कर्षों एवं विवरणों से समाचार पत्रों, रेडियो, टेलीविजन, पोस्टरों, वृत्त चलचित्रों (documentary films) आदि माध्यमों द्वारा आम जनता को अवगत कराना चाहिए।

प्राकृतिक प्रकोप एवं शिक्षा – मानव समुदाय द्वारा प्राकृतिक प्रकोपों एवं आपदाओं के साथ समायोजन (adjustments with natural hazards and disasters) के अन्तर्गत अग्रलिखित शैक्षिक कार्यों पर बल देना चाहिए–

(1) प्राकृतिक प्रकोपों एवं आपदाओं के प्रति आम जनता की जागरूकता में वृद्धि।

(2) प्राकृतिक प्रकोपों एवं आपदाओं की समय रहते चेतावनी की व्यवस्था।

(3) भूमि उपयोग नियोजन (यथा – प्रकोप–प्रभावित क्षेत्रों का अभिनिर्धारण तथा सीमांकन करना एवं लोगों को उन क्षेत्रों में बसने के लिए निरूत्साहित करना)।

(4) प्राकृतिक प्रकोपों एवं आपदाओं के विषय में व्यक्तियों, मानव समाज तथा संस्थाओं की मनः स्थिति तथा प्रत्यक्षीकरण एवं बोध (Perception) में परिवर्तन।

(5) प्राकृतिक प्रकोपों तथा आपदाओं के संकट से निपटने के लिये तैयारी की व्यवस्था आदि।

(6) बीमा की योजनाओं द्वारा मानव–जीवन एवं सम्पत्ति की क्षति के लिए मुआवजे (compensation) की व्यवस्था ताकि सम्भावित प्रकोपों की चेतावनी मिलने पर लोग अपने गाँवों, कस्बों तथा ग्रामों को खाली करके सुरक्षित स्थानों पर जाने के लिए तैयार हो सकें।

अध्याय - 5

विश्व एवं स्थानीय स्तर पर प्रदूषण

विश्व स्तर पर नगरीकरण की प्रवृत्ति बढ़ी है। अनुमान था कि सन् 2000 में विश्व की आधी जनसंख्या नगरों में विकास कर रही होगी। आर्थिक विकास की गति बनाये रखने तथा बढ़ रही उपभोक्तावादी संस्कृति के पोषण के लिए औद्योगिकरण की गति को तीव्र करने के अतिरिक्त अन्य कोई विकल्प विश्व के समक्ष नहीं होगा। परिणामतः वायु, जल, मृदा और ध्वनि प्रदूषण, संकीर्णता, गंदी बस्तियाँ, बीमारियाँ और अपराध स्थानीय, राष्ट्रीय तथा अन्तर्राष्ट्रीय स्तर पर बढ़ेंगे। पाश्चात्य विकसित राष्ट्र पहले ही इन समस्याओं से ग्रस्त हैं, विकासशील राष्ट्र भी उसी दिशा की ओर बढ़ रहे हैं। अतः प्रदूषण की समस्या गंभीर हो सकती है।

पर्यावरण प्रदूषण आज विश्व व्यापी समस्या बन गई है। वर्तमान जनसंख्या विस्फोट, तीव्र औद्योगीकरण एवं नगरीकरण जन स्वास्थ्य, स्वच्छता तथा प्राकृतिक सन्तुलन से जुड़ी हुई समस्यायें चिन्ता का विषय बन गई हैं। इन सभी समस्याओं का सामूहिक नाम प्रदूषण है। प्रदूषण एक घातक समस्या है जो न केवल पर्यावरण सन्तुलन बिगाड़ती है एवं स्वास्थ्य संकट उत्पन्न करती है, बल्कि राष्ट्रीय अर्थव्यवस्था को भी अनेक प्रकार से क्षति पहुँचाती है। विशेष चिन्ता का विषय तो यह है कि प्राकृतिक संसाधनों पर जनसंख्या के बढ़ते दबाव के कारण पर्यावरण का जीवन पोषकतंत्र (Life Supporting System) कमजोर हो रहा हे और हमारी सम्विकास की संकल्पना (Concept of Sustainable Development) को गहरा आघात लग रहा है।

पर्यावरण प्रदूषण की समस्या आधुनिक उत्पति की है। सन् 1800 ई० तक के विगत 2 से 5 मिलियन वर्ष के काल में जनसंख्या वृद्धि अत्यन्त मंद गति से हुई है। सन् 1800 में विश्व की जनसंख्या 1 बिलियन (एक अरब) आंकी गई। 1930 में केवल 130 वर्ष की कालावधि में 2 अरब हो गई, 1960 में 30 वर्ष की कालावधि में 3 अरब, 1975 में 15 वर्ष की अवधि में 4 अरब, 1987 में 12 वर्ष की अवधि में 5 अरब तथा 1998 में 11 वर्ष की अवधि में 6 अरब हो जायेगी। इसी प्रकार से

नगरीय जनसंख्या में भी आधुनिक काल में तीव्र वृद्धि हुई है। 1801 में नगरीय जनसंख्या कुल जनसंख्या की 3% थी जो 1950 तक बढ़कर 29% हो गई। 1986 में 42% तथा सन् 2000 में 50% से अधिक होने का अनुमान था। विश्व जनसंख्या और जागरीकरण की बढ़ती हुई प्रवृत्ति के कारण पर्यावरण के संसाधनों पर दबाव बढ़ा है परिणामतः पर्यावरण की गुणवत्ता नष्ट हो गई है और प्रदूषण की समस्या विकराल रूप धारण करती जा रही है। पर्यावरण प्रदूषण के सामान्य कारण निम्नलिखित हैं–

'पर्यावरण एवं विकास' पर संयुक्त राष्ट्र रियो सम्मेलनः 3-14 जून, 1992 (U.N. Conference on 'Environment and Development' Rio Conference :3-14 June 1992)

इसे संयुक्त राष्ट्र द्वारा 'पर्यावरण एवं विकास सम्मेलन' नाम दिया गया। इसकी महत्ता के कारण इसे 'पृथ्वी सम्मेलन' (Earth's Summit) के नाम से भी पुकारने लगे हैं। इस ऐतिहासिक सम्मेलन में विश्व के 170 राष्ट्राध्यक्षों व शासनाध्यक्षों ने भाग लिया।

इस सम्मेलन में विभिन्न समस्याओं पर बल दिया गया– (1) बढ़ती जनसंख्या, (2) प्रदूषण की रोकथाम, (3) वन क्षेत्र की निरन्तर कमी, (4) शीत उपकरणों में क्लोरोफ्लोरोकार्बन्स के स्थान पर नई टैक्नोलोजी, (5) ग्रीन हाउस का बढ़ता प्रभाव, (6) ईंधन की कमी, (7) ओजोन पर्त का विघटन आदि पर चर्चायें हुई, वहीं जैव-विविध्ता तथा स्वच्छ टैक्नोलोजी के हस्तान्तरण पर भी विशेष बल दिया गया।

1. लौस–एंजिल्स 1940 अमेरिकी शहर की एक शाम और सारा शहर धुएँ के बादलों से ढँक गया। पहले थोड़ी बेचैनी, फिर घबराहट और बाद में साँस लेने की कठिनाई। अनुमान है कि इस अप्रत्याशित धुएँ के आवरण ने उस रात कई हजार लोगों की जानें लीं।

2. जापान में मिनीमाटा एक कारखाने से निकलने वाले जल उच्छिष्ट में एल्काइल मरकरी कम्पाउण्ड की भारी मात्रा खाड़ी के पानी में मिल गई। इस जहरीले पदार्थ से खाड़ी का पानी प्रदूषित हुआ और पानी में रहने वाले अनेक जीव मारे गये। यही नहीं बल्कि इस खाड़ी से निकलने वाली मछलियों और जानवरों के भोजन से वहाँ के लोगों को एक खास प्रकार का चकत्ते वाला रोग हुआ, जिसे 'मिनीमाटा रोग' कहा गया। प्रभावित लोग लकवा, हाथ-पैर की जकड़न, मस्तिष्क विकृति, बहरापन, दृष्टिदोष आदि अनेक बीमारियों के शिकार हुए।

3. लंदन 1952 में हुए इसी प्रकार के घटनाक्रम में लगभग 5,000 व्यक्तियों की जानें गई। इसे London Episode of SMOG अथवा स्मोग घटना' के नाम से जाना जाता है। एक शाम उद्योगों और कारखानों से निकलते धुएँ तथा वायुमण्डल के पानी की आर्द्रता से कुहरे की पर्त पूरे लंदन शहर पर छा गई और वहीं घबराहट और बेचैनी तथा श्वाँस अवरोध ने अनेक जीवन लीलाएँ समाप्त की।

इस प्रकार अनेक घटनाएँ हुई होंगी जिनका स्थानीय उल्लेख रहा होगा (भारत की भोपाल गैस दुर्घटना जिसमें लाखों लोग प्रभावित हुए, हजारों मरे, कोई कम खतरनाक उदाहरण नहीं है) लेकिन इन कुछ या अनेक घटनाओं ने संयुक्त राष्ट्र संघ को इस बात के लिए विवश कर दिया कि इस समस्या को सामूहिक रूप से विश्व हित में सुलझाया जाये। इसके परिणाम स्वरूप 1972 में 'मानव पर्यावरण' पर अन्तर्राष्ट्रीय कॉन्फ्रेन्स का आयोजन स्टाकहोम (मेग्नाकार्टा) घोषित किया गया–.

संयुक्त राष्ट्र 'मानव पर्यावरण' पर आयोजित अन्तर्राष्ट्रीय सम्मेलन की घोषणाएँ : 5-16 जून, 1972
(Declarations Made at the International Conference on 'Human Environment' organised by U.N.: 5-16 June, 1972)

1. मानव पर्यावरण की सुरक्षा तथा सुधार ऐसे प्रमुख विषय हैं जिनसे पूरे विश्व के लोगों के हित तथा उनके आर्थिक विकास पर प्रभाव पड़ता है। यही पूरे विश्व के लोगों की आवश्यक आकांक्षा और सभी सरकारों का कर्त्तव्य भी है।

2. मनुष्य अपने पर्यावरण का रचयिता तथा उसे ढालने वाला दोनों ही है जिससे उसे भौतिक स्थिरता तथा बौद्धिक, नैतिक सामाजिक और आत्मिक वृद्धि के अवसर मिलते हैं। मानव जाति की लम्बी और टेढ़ी-मेढ़ी विकास यात्रा में अब इस ग्रह (पृथ्वी) पर ऐसी स्थिति आ गई है जब मनुष्य ने विज्ञान एवं प्रौद्योगिकी की तेज गति के साथ अपने पर्यावरण को अनेक प्रकार से और अपूर्व ढंग से बदलने की शक्ति अर्जित कर ली है। प्रकृतिदत्त तथा मानवकृत दोनों ही प्रकार के पर्यावरण मनुष्य के स्वयं के रख-रखाव, मानव-अधिकार और स्वयं के जीवन अधिकर के उपभोग के लिए आवश्यक हैं।

3. मनुष्य को अपने अनुभवों को लगातार संगृहीत करते रहना है और साथ ही उन्हें खोज, आविष्कार और नये-नये विचारों से समृद्ध भी करते रहना है। अपने समय में यदि मनुष्य, जिसमें अपने पर्यावरण में परिवर्तन करने की योग्यता है, अपनी बुद्धिमत्ता से उसका उपयोग करता है तो इससे लोगों को

विकास के लाभ तथा जीवन की गुणवत्ता में वृद्धि के अवसर मिल सकते हैं। इसके विपरीत गलत और अविवेक रूप से उपयोग करने पर वही शक्ति मानव तथा मानव पर्यावरण को अपार क्षति पहुँचा सकती है। हमारे सामने पृथ्वी के कई भागों में मानवकृत हानि के ऐसे कई उदाहरण हैं, जैसे– वायु, जल, भूमि और प्राणियों (जीव–जन्तुओं तथा पौधों) में भयानक स्तर पर प्रदूषण, जीव-मण्डल पर पारिस्थिति का सन्तुलन में भारी तथा अनचाही बाधायें, पुनः उत्पन्न न हो सकने वाले अनेक संसाधनों की कमी तथा उनका विनाश, मानवकृत पर्यावरण, विशेषकर जैविक और क्रियाशील पर्यावरण में मनुष्य के भौतिक, मानसिक और सामाजिक स्वास्थ्य की भारी गिरावट।

4. सामान्य जनसंख्या वृद्धि ने पर्यावरण की सुरक्षा के लिए कई समस्याएँ उत्पन्न की हैं, इन समस्याओं को दूर करने के लए उचित योजनाएँ और उपाय लागू किये जाने चाहिए। विश्व की कुल वस्तुओं में मनुष्य सबसे अधिक मूल्यवान है। वह मनुष्य ही है, जो सामाजिक प्रगति को आगे बढ़ाता है, सामाजिक परम्पराओं की संरचना करता है, विज्ञान एवं प्रौद्योगकी में वृद्धि करता है और अपने कठिन परिश्रम से लगातार मानव पर्यावरण को परिवर्तित करता रहता है। सामाजिक प्रगति और विज्ञान एवं प्रौद्योगिकी तथा उत्पादकता की वृद्धि से मनुष्य दिन-प्रतिदन पर्यावरण सुधारने में कार्यरत है।

5. विकासशील देशों में बहुत-सी पर्यावरणीय समस्याएँ उनके विकसित नहीं होने के कारण हैं। लाखों लोग अच्छे जीवन के लिए अपेक्षित न्यूनतम स्तर से नीचे स्तर पर रहते हैं, जिनमें पर्याप्त भोजन और कपड़े, आवास और शिक्षा स्वास्थ्य और सफाई की कमी सम्मिलित हैं इसलिए विकासशील देशों को अपने विकास के प्रयासों को लोगों की आवश्यकता की प्राथमिकताओं और पर्यावरण सुधार को दृष्टिगत रखते हुए नियंत्रित करना चाहिए। इसी उद्देश्य से उद्योग प्रमुख देशों को विकासशील देशों के मध्य आ रहे ऐसे अन्तर को कम करना चाहिए। उद्योग प्रमुख देशों में पर्यावरणीय समस्याएँ विशेषतः औद्योगिक तथा तकनीकी विकास सम्बन्धी होती हैं।

6. इस पर्यावरणीय लक्ष्य को प्राप्त करने के लिए हर स्तर पर नागरिकों और समुदायों तथा सभी संस्थानों और संस्थाओं द्वारा सार्वजनिक प्रयासों में न्यायसंगत भागीदारी के उत्तरदायित्व को स्वीकार करना होगा। प्रत्येक क्षेत्र और प्रत्येक संस्थान में कार्यरत को अपनी मान्यताओं और कार्यो से विश्व के भावी पर्यावरण को बदलना होगा। स्थानीय राज्य स्तरीय सरकारों तथा राष्ट्रीय स्तर सरकार के शासन मण्डलों को व्यापक पर्यावरणीय नीति और अपने अधिकार क्षेत्र में कार्य योजना तैयार करने का भारी भार वहन करना होगा। विकासशील

देशों को इस क्षेत्र में अपने उत्तरदायित्व वहन करने को आवश्यक संसाधन जुटाने के लिए अन्तर्राष्ट्रीय सहयोग की भी आवश्यकता रहेगी। बहुत-सी पर्यावरणीय समस्याओं को, क्योंकि वे क्षेत्रीय अथवा सार्वभौमिक विस्तार की हैं या वे अन्तर्राष्ट्रीय स्तर तक प्रभावशील हैं, परस्पर विभिन्न राष्ट्रों के विस्तीर्ण सहयोग तथा अन्तराष्ट्रीय संस्थाओं की क्रियाओं की आवश्यकता रहेगी। यह कॉन्फ्रेन्स राज्यों और लोगों से सभी लोगों तथा उनकी सन्ततियों की भलाई के लिए मानव पर्यावरण की सुरक्षा और सुधार हेतु व्यापक प्रयास करने का आग्रह करती है।

7. अब वह ऐतिहासिक क्षण आ गया है जब हम विश्व स्तर पर पर्यावरणीय परिणामों की दृष्टि से अपने क्रियाकलापों में विवेकपूर्ण परिवर्तन लाये। अपनी अज्ञानता और उपेक्षा से हम पृथ्वी के पर्यावरण को, जिस पर प्राणी मात्र और उनके हित अवलम्बित हैं, बहुत भारी और अपरिवर्तनीय हानि पहुँचा सकते हैं।इसके विपरीत पूरी जानकारी और बुद्धिमत्ताओं के अनूरूप तथा आशानुकूल एक अच्छे जीवन के लिए एक अच्छा पर्यावरण भी बना सकते हैं। अच्छा जीवन जीने और पर्यावरणीय गुणवत्ता में वृद्धि के कुछ मोटे सिद्धान्त हैं। आवश्यकता है शांतिपूर्ण मन से सोचने और गम्भीतापूर्ण तरीके से कार्य करने की। प्रकृति के संसार में स्वतन्त्रतापूर्वक रहने के लिए मनुष्य को प्रकृति के साथ मिलकर एक अच्छा वातावरण बनाने की योग्यता को उपयोग में लाना चाहिए। वर्तमान तथा भावी पीढ़ियों के लिए मानव पर्यावरण की सुरक्षा और सुधार ही अब मनुष्य मात्र का आवश्यक लक्ष्य बन गया है; ऐसा लक्ष्य जो विश्वव्यापी आर्थिक और सामाजिक विकास तथा मौलिक और स्थिर शांति के लक्ष्य के साथ समन्वय बैठा सके।

26 सूत्र घोषणायें

अतः उपरोक्त घोषणाओं पर कॉन्फ्रेन्स ने निम्नलिखित 26 सूत्र बहुमत से जारी किये। यह इस प्रकार थे–

1. सतर्कतापूर्ण उचित योजना अथवा व्यवस्था से पृथ्वी के प्राकृतिक संसाधनों, वायु, जल, भूमि, पेड़-पौधे और जीव-जन्तु तथा विशेष रूप से प्राकृतिक परिस्थितिकी तन्त्र को वर्तमान तथा भावी पीढ़ी की भलाई के लिए सुरक्षित रखना चाहिए।

2. मानव को ऐसे पर्यावरण में, जिसमें वह सुखी और मर्यादापूर्ण जीवन जी सके तथा जहाँ स्वतन्त्रता, समानता और रहन–सहन की पर्याप्त सुविधा उपलब्ध हो, जीने का मूलभूत अधिकर है और साथ ही उसका वर्तमान तथा भावी पीढ़ी के लिए सुरक्षित और सुधारे हुए पर्यावरण को उपलब्ध कराने का महत्त्वपूर्ण

दायित्व है। इस सन्दर्भ में रंग-भेद, जातीय पृथक्कीकरण, भेदभाव, उपनिवेशवादी अथवा अन्य प्रकार की प्रभुसत्ता के प्रकार के रंग-ढंग की किसी भी नीति की निन्दा नहीं करनी चाहिए तथा उसे दूर कर देना चाहिए।

3. मनुष्य पर वन्य प्राणियों एवं उनके आश्रय–स्थलों की सुरक्षा और विवेकपूर्ण व्यवस्था का उत्तरदायित्व है, जिन्हें अनेक कारणों से भारी खतरा हो गया है। अतः आर्थिक विकास की योजना बनाते समय प्राकृतिक संरक्षण (वन्य जीव सहित) को उचित महत्त्व दिया जाना चाहिए।

4. पृथ्वी के संसाधनों को पुनर्निमित किये जा सकने वाली उत्पादन क्षमता को बनाये रखना चाहिए और जहाँ तक व्यावहारिक हो, वहाँ उसे पुनर्स्थापित किया जाना चाहिए।

5. विषैले तथा अन्य ऐसे ही पदार्थों तथा ऊष्मा का उत्सर्जन, जो पर्यावरण को न हानि पहुँचाने की सीमा से अधिक हो, को रोका जाना चाहिए, ताकि पारिस्थितिकी तन्त्र पर कोई गम्भीर आघात न हो। प्रदूषण को रोकने के लिए सभी देशों के लोगों के न्यायोचित संघर्ष को समर्थन मिलना चाहिए।

6. पुनर्नवीनकरण न हो सकने वाले पृथ्वी के संसाधनों का इस प्रकार उपयोग किया जाना चाहिए जिससे वह बिल्कुल समाप्त न हो जायें; साथ ही इस बात से भी आश्वस्त होना चाहिए कि उनका लाभ समस्त मानव जाति को मिले।

7. मनुष्य के अच्छे जीवन स्तर और कार्य करने के पर्यावरण की आवश्यकता हेतु तथा पृथ्वी पर ऐसी स्थिति बनाने के लिए जिससे जीवन की गुणवत्ता में सुधार हो, आर्थिक तथा सामाजिक प्रगति आवश्यक हैं।

8. राज्यों को समुद्रों के प्रदूषण को रोकने के लिए ऐसे सभी पदार्थों पर जिनसे मानव स्वास्थ्य को हानि पहुँचती है, जो प्राणी तथा समुद्री जीव-जन्तुओं को हानिकारक हों और जिनसे समुद्री उपयोग तथा उसकी रम्यता में बाधा आये, सभी आवश्यक कदम उठाने चाहिए।

9. पर्यावरणीय व्यवस्था हेतु विकासशील देशों के लिए मूल्यों में स्थिरता तथा प्राथमिकता वाली वस्तुओं और कच्चे माल का सही मूल्य मिलना बहुत आवश्यक है क्योंकि पर्यावरणीय गतिविधियाँ और आर्थिक पक्ष दोनों ही इससे सम्बन्धित हैं।

10. कम विकास तथा प्राकृतिक प्रकोपों से होने वाली पर्यावरणीय क्षति को दूर करने के लिए विकासशील देशों को, उनके अपने प्रयासों के अतिरिक्त, समुचित वित्तीय तथा तकनीकी सहायता यथा समय तथा आवश्यकतानुसार उपलब्ध होनी चाहिए।

11. विकासशील देशों को उनकी स्थिति तथा विशिष्ट आवश्यकताओं के

अनुरूप पर्यावरणीय सुरक्षा और सुधार के कार्यों के लिए साधन-सुविधायें उपलब्ध करानी चाहिए तथा उनकी प्रार्थना पर ही उन्हें अन्तर्राष्ट्रीय तकनीकी और वित्तीय सहायता भी उपलब्ध होनी चाहिए, जिससे वे अपनी विकास योजना बनाते समय पर्यावरणीय सुरक्षा को उचित स्थान दे सकें।

12. सभी राज्यों की पर्यावरण नीति उन्नतशील होनी चाहिए। न तो उनसे विकासशील देशों के वर्तमान अथवा भविष्य की विकास सम्भावनाओं पर विपरीत प्रभाव पड़ना चाहिए और न ही उनसे सभी लोगों के अच्छे रहन-सहन को कोई आघात पहुँचना चाहिए। राज्य तथा अन्तर्राष्ट्रीय संस्थाओं को कुछ ऐसे कदम उठाये जाने चाहिए, जिनसे पर्यावरणीय गतिविधियों के कार्यों के संचालन से होने वाले राष्ट्रीय तथा अन्तर्राष्ट्रीय आर्थिक परिणामों की पूर्ति हेतु आपसी समझौता हो सके।

13. पर्यावरणीय सुधार के अन्तर्गत संसाधनों का विवेकपूर्ण प्रबन्ध हो सके, इस हेतु राज्यों को अपनी विकास योजनाओं के निर्माण करते समय ऐसी समग्र और व्यापक दिशा रखनी चाहिए, जिससे लोगों के लाभ के लिए बनाये जाने वाले मानव पर्यावरण के सुरक्षा और सुधार कार्यक्रमों तथा विकास के बीच समुचित तालमेल रह सके।

14. विकास और पर्यावरणीय सुरक्षा और सुधार की आवश्यकताओं के मध्य होने वाले किसी भी विवाद को विवेकपूर्ण तरीके से सुलझाया जा सकता है।

15. उन स्थानों में जहाँ अधिक आबादी पर्यावरण अथवा विकास पर विपरीत प्रभाव डालती हो अथवा जहाँ कम आबादी विकास और पर्यावरणीय सुधार को रोकती है, वहाँ मूल मानव अधिकरों के लिए बिना पक्षपात वाली डैमोग्राफर्स द्वारा सुझाई गई नीति राज्यों द्वारा अपनाई जानी चाहिए।

16. मानव आबादी और शहरीकरण के लिए इस प्रकार की योजना तैय्यार की जानी चाहिए जिससे पर्यावरण को हानि पहुँचाये बिना सभी को अधिकतम सामाजिक, आर्थिक और पर्यावरणीय लाभ मिल सके। इस सन्दर्भ में उपनिवेशवादी और जातिवादी श्रेणी के लिए तैय्यार किये गये कार्यक्रमों को छोड़ देना चाहिए।

17. आर्थिक और सामाजिक विकास में योगदान देने वाली विज्ञान एवं प्रौद्योगिकी को पर्यावरणीय संकटों के निदान, बचाव और नियन्त्रण तथा पर्यावरणीय समस्याओं के हल जानने और लोगों की भलाई के लिए उपयोग में लाना चाहिए।

18. पर्यावरणीण गुणवत्ता में वृद्धि को ध्यान में रखते हुए पर्यावरणीय संसाधनों

की योजना, व्यवस्था और नियन्त्रण कार्य का उत्तरदायित्व-राज्यों को किसी राष्ट्र स्तरीय संस्था को सौंप देना चाहिए।

19. सभी देशों में विशेषतः विकासशील देशों, में राष्ट्रीय तथा बहुराष्ट्रीय पर्यावरणीय समस्याओं के सन्दर्भ में वैज्ञानिक शोध और अनुसंधान किये जाने चाहिए। इस सन्दर्भ में पर्यावरणीय समस्याओं के समाधानों की सुविधा के लिए नवीनतम वैज्ञाानिक जानकारी और अनुभवों की उपलब्धता बनी रहनी चाहिए। विकासशील देशों को बना किसी वित्तीय भार के पर्यावरणीय तकनीकी जानकारी इस आधार पर उपलब्ध करानी चाहिए कि वे और अधिक उत्साह से उसका अन्य क्षेत्रों में प्रसार कर सकें।

20. मानव हित में पर्यावरणीय सुरक्षा और सुधार के लिए विभिन्न व्यक्तियों तथा संस्थाओं में विस्तृत दृष्टिकोण बनाने के लिए बच्चे, बड़े और उन सभी को जिन्हें सुविधाओं का अभाव है, पर्यावरणीय शिक्षा बहुत आवश्यक है। साथ ही यह भी आवश्यक है कि संचार माध्यमों द्वारा बिगड़ते पर्यावरण की पुष्टि करने का कार्य रोका जाये और इसके विपरीत इस प्रकार से पर्यावरणीय सुरक्षा तथा सुधार की आवश्यकता पर शैक्षिक जानकारी फैलाई जाये जिससे मनुष्य को हर तरह से उन्नत होने का अवसर मिल सके।

21. राज्यों से यह अपेक्षा है, कि वे अपने क्षेत्र में हो रही गतिविधियों के कारण दूसरे बाहरी क्षेत्र में हो रहे प्रदूषण के शिकार लोगों के दायित्व तथा मुआवजा तय करने के लिए बनाये जाने वाले अन्तर्राष्ट्रीय कानून के निर्माण में सहयोग करें।

22. संयुक्त राष्ट्र के घोषणा पत्र तथा अन्तर्राष्ट्रीय कानून के आधार पर किसी भी राज्य को अपने अधीन क्षेत्र के संसाधनों को अपनी पर्यावरण नीति के अन्तर्गत बिना किसी अन्य देश को हानि पहुँचाए, उपभोग (दोहन) करने का पूरा अधिकार है।

23. छोटे व बड़े देशों के पर्यावरण की सुरक्षा और सुधार के अन्तर्राष्ट्रीय स्तर के सभी प्रकरण समान रूप से सहयोग के आधार पर निपटाने चाहिए। साथ ही बहुपक्षीय अथवा द्विपक्षीय व्यवस्थाओं के सहयोग से या अन्य किसी भी प्रकार चहुँ ओर हो रहे विविध कार्यो के फलस्वरूप पर्यावरण के नियन्त्रण, रोकथाम, कम करने अथवा दूर करने के लिए उचित व्यवस्थायें की जानी भी आवश्यक है। यह सब इस प्रकार होना चाहिए जिससे अन्य राज्यों की सार्वभैमिकता और हितों की सुरक्षा रहे।

24. अन्तर्राष्ट्रीय समुदायों द्वारा स्वीकार किये गये अथवा राष्ट्रीय स्तर पर निर्धारित मानकों को लागू करने से पूर्व विभिन्न देशों की प्रचलित सामाजिक

व्यवस्थाओं और उनकी उपयुक्तता सीमा को ध्यान में रखना होगा, क्योंकि जो मानक विकसित देशों के लिए वैध हों, वही विकासशील देशों के लिए अनुपयुक्त तथा सामाजिक मूल्यों के विपरीत भी हो सकते हैं।

25. राज्य यह सुनिश्चित करेंगे की अन्तर्राष्ट्रीय संगठन पर्यावरण की सुरक्षा तथा सुधार के लिए एक समन्वित, श्रेष्ठ (कुशल) और गतिशील भूमिका का निर्वाह करते हैं।

इस महाधिकार-पत्र (मैग्नाकार्टा) की अभिशंसाओं के आधार पर यूनेस्को के अन्तर्गत 'संयुक्त राष्ट्र पर्यावरण कार्यक्रम (UNEP)' कमेटी का निर्माण हुआ जिसमें 50 सदस्य थे। इसी अभिकरण द्वारा सन् 1975 में 'अन्तर्राष्ट्रीय पर्यावरणीय शिक्षा कार्यक्रम (IEEP)' के अन्तर्गत 'बेलग्रेड कान्फ्रेन्स' का आयोजन किया गया। सादी पर्यावरण को सन्तुलित करने हेतु देश में उपलब्ध भूमि भाग में 33 प्रतिशत वन क्षेत्र की अनिवार्यता पर बल दिया गया।

'मानव पर्यावरण' पर नैरोबी (केन्या) सम्मेलनः 10-18 जून, 1982

[Nairobi (Kenya) Conference on 'Human Environment' : 10-18 June' 1982]

विश्व के राष्ट्राध्यक्ष पुनः नैरोबी (अफ्रीका) में 'मानव पर्यावरण कॉन्फ्रेन्स की दसवीं वर्षगाँठ' मनाने एकत्रित हुए 10 जून से 18 जून, 1982 तक चलने वाले इस सम्मेलन में 105 देशों के प्रतिनिधियों ने भाग लिया तथा वहाँ एक विशेष चार्टर जारी किया गया, जिसे 'नैरोबी घोषणा–पत्र' के नाम से जाना गया। इस चार्टर में यह विशेष जोर दिया गया कि जो घोषणा-पत्र स्टाकहोम कॉन्फ्रेन्स में सन् 1972 में जारी किया गया था, वहीं स्थिति आज भी है; अतः पूर्व की योजनानुसार ही कार्य करके पर्यावरण सुरक्षा और सुधार के कार्यक्रमों को और प्रभावी बनाया जाये।

ग्लोबीय स्तर पर कार्यरत विभिन्न अभिकरण
(Different Working agencies at Global Level)

पर्यावरण के क्षेत्र में विश्व स्तर पर जो विभिन्न अभिकरण कार्यरत हैं यह इस प्रकार हैं–

1. **Earth Scan : अर्थ स्कैन**– संयुक्त राष्ट्र द्वारा 1976 में UNEP के मार्गदर्शन में यह संस्था बनाई गई है, जिसका मुख्य उद्देश्य पर्यावरण सम्बंधी साहित्य तैयार कर उसे विश्व के हर कोने तक पहुँचाना है। इसका मुख्यालय लन्दन (यू० के०) में है।

2. IEEP : इन्टरनेशनल एनवायरमेन्टल एजूकेशन प्रोग्राम– वस्तुतः यह एक कार्यक्रम है जो स्टाकहोम में 1972 में आयोजित 'मानव पर्यावरण' सम्मेलन की अभिशंसाओं के आधार पर 'यूनेस्को' तथा 'यूएनईपी' (UNESCO-UNEP) ने मिलकर तैयार किया है। इसका प्रारम्भ 1975 से हुआ है तथा केन्द्रीय मुख्यालय यूनेस्को सैकोट्रियेट-पेरिस में है। विश्व के सभी देशों को 5 क्षेत्रों (1) अफ्रीका, (2) अरब राज्य, (3) एशिया एवं पेस्फिक, (4) यूरोप और उत्तरी अमेरिका और (5) लेटिन अमेरिका तथा कैरिबियन में विभाजित कर उनमें पर्यावरण शिक्षा का कार्य संचालन की योजना बनाकर उन्हें मार्गदर्शन देता है।

3. IAEA : इन्टरनेशनल एटोमिक एनर्जी एजेन्सी– संयुक्त राष्ट्र की अणुशक्ति के सभी पक्षों/पहलुओं से सम्बन्धित एक अन्तर्राष्ट्रीय संस्था है। इसका जन्म 29 जुलाई, 1957 को हुआ था। 150 देश इस संस्था के सदस्य हैं तथा इसका मुख्यालय वियना (आस्ट्रिया) में है।

4. FAO : फूड एण्ड एग्रीकल्चर ऑर्गेनाइजेशन– विश्व में खाद्यान्न की समस्या सुलझाने तथा जरूरत वाले देशों को खाद्यान्न की पूर्ति हेतु इस संस्था का गठन 16 अक्टूबर, 1945 को हुआ। इसका मुख्यालय रोम (इटली) में है।

5. UNDP : यूनाइटेड नेशन्स डवलपमेन्ट प्रोग्राम– यह अन्तर्राष्ट्रीय स्तर पर संयुक्त राष्ट्र की सबसे बड़ी एजेन्सी है जो विश्व के उन देशों को, जिन्हें अपने आर्थिक, सामाजिक, पर्यावरणीय अथवा राष्ट्रीय महत्त्व के कार्यक्रमों को चलाने में आर्थिक कठिनाई आती है, आवश्यकतानुसार धनराशि उपलब्ध कराती है। इससे विश्व के लगभग 150 देश जुड़े हैं और अपनी प्राथमिकता के आधार पर सहयोग पाते हैं।

6. IUCN : इन्टरनेशनल यूनियन फॉर कन्जरवेशन ऑफ नेचर एण्ड नेचुरल रिसोर्सेज– एक स्वतन्त्र अन्तर्राष्ट्रीय स्तर की संस्था, जिसका मुख्यालय मोर्गेस (स्विटजरलैण्ड) में है, की स्थापना सन् 1948 में हुई। प्रकृति संतुलन तथा प्राकृतिक संसाधनों के संरक्षण हेतु बनाई गई संस्था ने पिछले कुछ समय से विश्व वन्य कोष' संस्था से सहयोग कर वन्य जीव संरक्षण की दिशा में भी अपना कार्य–क्षेत्र बढ़ाया है। वन्य जीवों की खालों व अन्य सामान/सामग्री की तस्करी रोकने में भी इन दिनों यह संस्था अत्यन्त सक्रिय योगदान देकर राष्ट्रहित में कार्य कर रही है।

7. UNESCO : यूनाइटेड नेशन्स एजूकेशनल, साइन्टिफक एण्ड कल्चरल ऑग्रेनाइजेशन– संयुक्त राष्ट्र द्वारा इस एजेन्सी को सन् 1945 में स्थापित किया गया था। इस एजेन्सी का मुख्य कार्य विभिन्न देशों में शैक्षिक,

वैज्ञानिक तथा सांस्कृतिक क्षेत्र में सहयोग करना है तथा उनके द्वारा राष्ट्रहित में बनाई गई योजनाओं में आर्थिक व तकनीकी पक्ष में सहायता देना है। इसका मुख्यालय पेरिस (फ्रांस) में है। इस सन्दर्भ में यह एजेन्सी सम्मेलनों का आयोजन, ज्ञानोपयोगी साहित्य का प्रकाशन व उसका वितरण तथा तकनीकी रायों का आदान-प्रदान जैसे महत्त्वपूर्ण कार्यों का निष्पादन करती है।

8. **UNEP : यूनाइटेड नेशन्स एनवायरनमेन्ट प्रोग्राम**– संयुक्त राष्ट्र द्वारा सन् 1972 में विश्व में अन्तर्राष्ट्रीय स्तर पर पर्यावरण के क्षेत्र में विविध योजनाएँ बनाने तथा देशों द्वारा पर्यावरण के क्षेत्र में किये जा रहे कार्यों को मार्गदर्शन देने हेतु यह संस्था स्थापित की गई। पर्यावरण के क्षेत्र में अन्तर्राष्ट्रीय स्तर पर समस्त कार्य UNEP द्वारा किया जाता है और इसका मुख्यालय नैरोबी (केन्या) में है। EARTHWATCH प्रोग्राम द्वारा पूरे विश्व के देशों की पर्यावरण स्थिति का आकलन तथा EARTHSCAN द्वारा सभी देशों को साहित्य सामग्री की उपलब्धि का कार्य यहीं से होता है। IEEP द्वारा पर्यावरण शिक्षा का कार्य संचालन यद्यपि पेरिस (फ्रांस) से होता है पर उसका अन्तिम लेखा-जोखा UNEP द्वारा ही किया जाता है। पर्यावरण के क्षेत्र में अन्य कोई भी महत्त्वपूर्ण कार्य, योजना अथवा प्रायोजना भी इसी संस्था से संचालित होती है। विश्व स्तर के सम्मेलन के मूल आयोजन में भी इसी संस्था से मार्गदर्शन, सहयोग तथा वित्तीय सहयोग मिलता है।

9. **UNICEF : यूनाइटेड नेशन्स इन्टरनेशनल चिन्ड्रन्स इमरजैन्सी फन्ड**– संयुक्त राष्ट्र द्वारा इस एजेन्सी का निर्माण सन् 1946 में बच्चों को किसी भी आपात काल में वित्तीय सहायता की आवश्यकताओं की पूर्ति हेतु किया गया था। वर्तमान में यह बच्चों के विकास, शिक्षा तथा उनके जीवन की गुणवत्ता को सुधारने में सहयोग करता है। विकासशील देश इस एजेन्सी की प्राथमिकता है।

10. **UNEPA : यूनाइटेड नेशन्स फन्ड फॉर पोपूलेशन एक्टीविटीज**– इस एजेन्सी द्वारा विकासशील एवं अविकसित देशों की परिवार कल्याण की समस्याओं के निवारण हेतु धनराशि उपलब्ध कराई जाती है। जनसंख्या वृद्धि को रोकने हेतु देशों में किये जा रहे अनेक प्रयोग, जिनमें 'जनसंख्या शिक्षा' भी सम्मिलित है भी इससे सहायता प्राप्त करते हैं। लगभग 130 देशों को इससे वर्तमान में सहयोग मिल रहा है और विश्व की 25% तक की माँग को यह एजेन्सी पूरा कर रही है।

11. **WHO : वर्ल्ड हैल्थ ऑर्गेनाइजेशन**– विश्व स्तर पर बनी यह अन्तर्राष्ट्रीय संस्था विश्वभर में लोगों के स्वास्थ्य सम्बन्धी कार्यों के लिए है। रोगों से बचाव, खाद्यान्न तथा आवश्यक पोषणाहार की पूर्ति हेतु भी इस संस्था

का उत्तरदायित्व है। 22 जुलाई, 1946 को स्थापित हुई इस संस्था का मुख्यालय जेनेवा (स्विटजरलैण्ड) में है।

12. UNIDO : युनाइटेड नेशन्स इन्डस्ट्रियल डवलपमेन्ट ऑर्गेनाइजेशन– विश्व के अविकसित एवं विकासशील देशों को औद्योगिक क्षेत्र में सभी प्रकार की समस्याओं के निदान सुझाने तथा उन्हें विकसित करने हेतु सभी प्रकार की सहायता देने हेतु यह संयुक्त राष्ट्र की अन्तर्राष्ट्रीय स्तर की संस्था है। इसका मुख्यालय वियाना (आस्ट्रिया) में है और सन् 1985 से इस संस्था ने कई विशेष सेवाएँ प्रारम्भ की हैं।

13. अर्थवाच प्रोग्राम (Earthwatch Programme) – स्टाकहोम कान्फ्रेन्स में घोषित कार्यक्रमों के क्रम में पूरे विश्व के पर्यावरणीय कार्यो की देश स्तर पर समीक्षा करने, मार्गदर्शन देने तथा लेखा-जोखा रखने हेतु यह कार्यक्रम संयुक्त–राष्ट्र द्वारा संस्थापित किया गया है। यह UNEP द्वारा ही संचालित होता है जिससे इस कार्य हेतु अनेक क्षेत्रीय स्टेशन बनाये गये हैं।

14. वर्ल्ड वाइल्डलाइफ फन्ड (WWF) – विश्व स्तर की संस्था का प्रारम्भ सन् 1961 से हुआ। प्रारम्भ में इसका मुख्य कार्य केवल वन्य जीवों की सुरक्षा व उनके विकास के जिए सीमित था। प्रोजेक्ट टाइगर प्रायोजन इसी संस्था की विश्व को देन है। पिछले कुछ वर्षो से वन की महत्ता को स्वीकार करते हुए उसे भी अपने कार्यो में सम्मिलित किया है।

स्थानीय स्तर पर प्रदूषण (Pollution at Local Level)

तिवारी कमेटी (1980) की अभिशंसा के अनुरूप जहाँ केन्द्रीय स्तर पर स्वतन्त्र पर्यावरण विभाग की स्थापना की गई वहीं राज्य सरकारों को भी भारत सरकार द्वारा यह निर्देश दिये गये कि वे भी अपने-अपने राज्यों में पर्यावरणीय कार्यो का संचालन करें। इस हेतु योजना मद (Plan Head) में धनराशि भी उन्हें उपलब्ध कराई गई तथा मार्गदर्शन भी दिये गये। स्वतंत्र संचालन हेतु प्रयुक्त किये गये अधिकारी व अन्य स्टाफ का वेतन एवं अन्य व्यय की पूर्ति का प्रावधान किया गया।

राज्य सरकारों ने अपने-अपने स्तर पर 'गवर्निंग काउन्सिलस' का निर्माण कर उनकी अभिशंसा के आधार पर कार्य प्रारम्भ किये। कुछ राज्यों में स्वतन्त्र 'पर्यावरण विभाग' बने, कुछ ने 'प्रदूषण नियन्त्रण मण्डल' के साथ कार्य प्रारम्भ किया तथा शेष कई राज्यों ने इस कार्यक्रम को 'विज्ञान एवं टैक्नोलोजी' विभाग के साथ मिला दिया। पर यह इस क्षेत्र का दुर्भाग्य ही रहा कि किसी भी राज्य में पर्यावरण विभाग का न तो स्वतन्त्र मंत्री रहा और न ही स्वतन्त्र सचिव स्तर का

अधिकारी। अतः पर्यावरण विभाग' जिस वृहद विभाग के भी अधीन रहा, वहीं के अधिकारियों से खानापूर्ति का ही लाभ मिल सका।

स्थानीय स्तर पर प्रदूषण के क्षेत्र मे कार्य निम्न सीमित क्षेत्रों में ही प्रारम्भ हुआ–

(1) पर्यावरण चेतना व शिक्षा (Environment Awarencess and Educattion) – इस क्षेत्र में विभिन्न आयु वर्ग के विद्यार्थी, कार्यरत विभागीय अधिकारी/कर्मचारी तथा जन-समुदाय के लोगों के लिए कार्यक्रमों को लिया गया है–

1. विद्यार्थियों के लिए– पारिस्थितिकी विकास शिविर, विभिन्न प्रकार की पर्यावरणीय प्रतियोगिताएँ, भ्रमण आदि।

2. अन्य लोगों के लिए – i. फिल्म शोज, ii. नुक्कड़ नाटक, iii. कठपूतली प्रदर्शन iv. पोस्टर्स स्टिकर्स-सिनेमा स्लाईड्स आदि।

3. विभिन्न स्तर के शिक्षित लोगों के लिए– 1. सेमीनार, 2. कार्यगोष्ठियाँ, 3. अनुसंधान कार्य, 4. प्रशिक्षण कार्यक्रम, 5. व्याख्यान शृंखलाएँ, 6.सिम्पोजियम आदि।

इसके अतिरिक्त साहित्य प्रकाशन, उत्सव दिवसों का आयोजन, प्रदर्शनियाँ आदि सम्मिलित किये गये हैं।

(2) प्रकृति संरक्षण कार्य (Nature Conservation Programme)– इन कार्यों में ऐसे स्थलों के पर्यावरण संरक्षण कार्य सम्मिलित किये जाते हैं, जहाँ–

1. जो स्थान ऐतिहासिक, धार्मिक अथवा पर्यटन के दृष्टिकोण से महत्त्वपूर्ण हों और वह क्षतिग्रस्त हो गये हों, जैसे–मन्दिर, किले, दरगाह आदि। तीर्थ स्थल भी इसमें लिए जा सकते हैं।

2. जिन क्षेत्रों की वनस्पति सम्पदा नष्ट हो गई हो, जैसे खनन क्षेत्र, भूमि क्षरण अथवा कृत्रिम बंजर भूमि क्षेत्र आदि।

(3) जिला पर्यावरण समितियों का परिवीक्षण (Supervision of District Environment Committees)– भारत सरकार के निर्देशों के अनुरूप सभी जिलों में जिला कलेक्टर की अध्यक्षता में जिला पर्यावरण समितियों का गठन किया गया है, जिसकी प्रति तीन माह में एक बैठक का आयोजन अपेक्षित है। इन समितियों का कार्य सराहनीय पर्यावरणीय समस्याओं की जानकारी कर उनका यथासंभव हल खोजना है। यह समितियाँ नियमित रूप से कार्य करती रहें, यह पर्यवेक्षण पर्यावरण विभाग' के स्तर पर किया जाता है।

(4) प्रदूषण नियन्त्रण गतिविधियाँ (Polution Control Activities)– राज्य के प्रदूषण नियन्त्रण मण्डल के समन्वय से राज्य में प्रदूषण फैलाने

वाली औद्योगिक इकाइयों का नियन्त्रण मण्डल के समन्वय से राज्य में प्रदूषण फैलाने वाली औद्योगिक इकाइयों का नियन्त्रण करना, प्रदूषण नियन्त्रण उपचार संयन्त्रों की आवश्यक रूप से अनिवार्यता को देखने तथा दोषी उद्योगों के चलान की व्यवस्था का कार्य मुख्य रहा।

(5) स्वयंसेवी संस्थाओं से तालमेल व समन्वय (Co-ordination and co-operation with voluntary Organisations)– राज्य स्तर पर अनेक स्वयंसेवी संस्थाएँ पर्यावरण के क्षेत्र में भी कार्यरत हैं और पूर्णतया समर्पित हैं। इन संस्थाओं से तालमेल मिलाकर इनकी सेवाओं का अधिकतम लाभ उठाया गया है। विभाग द्वारा संचालित विविध कार्यो में उनको उत्तरदायित्व सौंपकर एक ओर अपने कार्य भार में कमी लाने का प्रयास किया गया है, वहीं उनमें भी कर्त्तव्य बोध को सशक्त किया गया है।

(6) केन्द्र सरकार के निर्देशों के अनुरूप विभिन्न कार्यक्रम (Different Programmes according to Central Government Directives)– ऐसे कार्यक्रम जैसे, (1) पर्यावरण वाहिनियाँ, (2) विद्यार्थियों के इको क्लब्स, (3) जागरूकता अभियान कार्यक्रम आदि जिनका निर्देशन तो केन्द्रीय स्तर से होता है लेकिन उनका कार्य राज्य क्षेत्र में आता है, उनकी अप्रत्यक्ष रूप से संचालन व्यवस्था को देखा जाता है।

(7) विशिष्ट संस्थाओं द्वारा पर्यावरणीय कार्य (Environmental work by Specific Institutions)– देश में अनेक ऐसी विशिष्ट संस्थाएँ हैं, जो पर्यावरण के क्षेत्र में अद्वितीय कार्य कर रही हैं– 1. सेवामन्दिर (उदयपुर), 2. तरूण भारत संघ (अलवर), 3. इंडियन एनवायरनेन्टल सोसायटी (उदयपुर), 4. विज्ञान परिषद (कोटा), मध्य प्रदेश में – एप्को– पर्यावरण नियोजन एवं समन्वय संगठन (भोपाल)। गुजरात में – सेन्टर फॉर एनवायरनमेन्ट एजूकेशन (अहमदाबाद) केरल में– केरल शास्त्र साहित्य परिषद (त्रिवेन्द्रम)। उत्तर प्रदेश में– ग्राम स्वराज्य मण्डल (दशौली) आदि का उल्लेख इस क्रम में किया जा सकता है। विशिष्ट मुद्दों पर स्थानीय स्वयंसेवी अत्यन्त समर्पित हो सभी स्तर पर जुटी हैं, जो राष्ट्र के हित में शुभ संकेत हैं।

(8) विभिन्न विशिष्ट संस्थानों की भूमिका (Role of Different Specific Institutions)– शिक्षा और पर्यावरण शिक्षा एक प्राण और दो शरीर हैं अत: अनेक शिक्षण संस्थान और अनेक विशिष्ट पर्यावरण शिक्षा संस्थान पर्यावरण के विभिन्न पहलुओं पर जानकारी रखने, नवीन सूचनाओं के आधार पर प्रसारित योग्य ज्ञान को सत्यापित करने और उसे प्रभावी रूप से प्रस्तुत करके आम लोगों तक पहुँचाने का कार्य करते हैं। अन्तर्राष्ट्रीय,राष्ट्रीय और

प्रदेश स्तर पर इनकी संख्या आज इतनी अधिक है कि इसकी समस्त सूची बनाना अत्यन्त कठिन है, लेकिन सन्दर्भ हेतु कुछ संस्थानों की जानकारी यहाँ प्रस्तुत कर रहे हैं–

(1) अर्न्राष्ट्रीय स्तर पर (At Global Level)

1. युनाइटेड नेशन्स एजूकेशनल, साइन्टिफिक एण्ड कल्चरल आर्गेनाइजेशन, पेरिस : फ्रांस (UNESCO : United Nations Educational Scientific and Cultural Organisation, Paris : France)

2. युनाइटेड नेशन्स एनवायरनमेन्ट प्रोग्राम, नैरोबी : केन्या (UNEP : united Nations Environmnt Programme, Nairobi : Kenya)

3. युनाइटेड नेशन्स डेवलपमेन्ट प्रोग्राम (UNDP : United Nations Development Programme).

4. इन्टरनेशनल यूनियन फॉर कन्जरवेशन ऑफ नेचर एण्ड नेचुरल रिसोर्सेज, मोर्गेजः स्विट्जरलैण्ड (IUCN : International Union for Conservation of Nature and Natural Resources, Morges : Switzerland)

(2) क्षेत्रीय स्तर पर (At Regional Level)

1. राष्ट्रीय शैक्षिक योजना एवं प्रशासन संस्थान, नई दिल्ली (NIEPA : National Institute of Education Planning and Administration, New Dehli)

2. राष्ट्रीय शैक्षिक शोध एवं प्रशिक्षण परिषद नई दिल्ली (NCERT : National Council of Educational Research and Training, New Delhi)

3. सी० पी० आर० पर्यावरणीय शिक्षा केन्द्र, मद्रास (C.P.R. Environmental Education Centers, Madras)

4. पर्यावरण शिक्षा केन्द्र, अहमदाबाद (Centre for Environment Education, Ahmedabad)

5. पारिस्थितिकीय अनुसंधान और प्रशिक्षण केन्द्र, बंगलौर (Ecological Research and Traininng Centre, Banglore)

6. खनन पर्यावरणयी केन्द्र धनबाद (Centre for mining Environment. Dhanbad)

7. केन्द्रीय प्रदूषण नियन्त्रण मण्डल, नई दिल्ली (Central Pollution Control Board, New Dehli)

8. सालीम अली पक्षी विज्ञान तथा प्राकृतिक विज्ञान केन्द्र, बम्बई (Salim Ali Centre for Ornithology and natural History, Bombay)

9. भारतीय पलाइवुड उद्योग अनुसंधान संस्थान, बंगलौर (Indian playwood Research and Training Institute, Banglore)

10. गोविन्द वल्लभ पंत हिमालय पर्यावरण एवं विकास संस्थान, अल्मोड़ा (G.B. Pant Himalaya Paryavaran Evam Vikas Sansthan, Almora)

ग्रीन हाउस प्रभाव (Green House Efect)

हरित भवन वह क्रिया है जो पार्थिव विकिरण को वायुण्डल द्वारा रोक लिए जाने के कारण पृथ्वी के तापमान बढ़ने से सम्बन्धित है। यह क्रिया अति औद्योगीकरण एवं आधुनिकीकरण तथा प्रदूषण से उत्पन्न गैसों जैसे– कार्बन डाइ ऑक्साइड, कार्बन मोनो ऑक्साइड, मीथेन आदि के द्वारा पृथ्वी के चारों ओर एक घना आवरण बना लेने से होती है।

वास्तव में वायुमण्डल एक पारदर्शी माध्यम का कार्य करता है। सौर्यिक विकिरण से आने वाली लघु (.4 माइक्रान से छोटी), मध्यम (.4 माइक्रान से .8 माइक्रान लम्बी) तथा दीर्घ हो जाती हैं, लेकिन पार्थिव विकिरण के रूप में ये अपेक्षाकृत दीर्घ तरंग के रूप में लौटती है जिन्हें वायुमण्डल की सघन तहें रोक लेती हैं जिससे पृथ्वी का तापमान बढ़ने लगता है। पृथ्वी के औसत तापमान वृद्धि की दर 3°C प्रति शताब्दी है। विगत 30 वर्षो में पृथ्वी का 1° से ग्रे० तापमान बढ़ गया है।

यदि तपती हुई धूप में खड़ी कार की सारी खिड़कियाँ बन्द कर दें तो अन्दर असहनीय रूप से गर्मी हो जाती है क्योंकि प्रकाश खिड़कियों के शीशे से गुजरकर अन्दर पहुँच जाता है। प्रकाशीय ऊर्जा ऊष्मीय ऊर्जा में परिवर्तित होकर वहाँ रह जाती है और कार को गर्म कर देती है। ग्रीन हाउस या पादप गृह पौधे उगाने के लिए बनाए जाते हैं और इसी सिद्धान्त पर कार्य करते हैं। चूँकि वे शीशों के बनाए जाते हैं। अतः प्रकाश अन्दर पहुँच जाता है किन्तु ऊष्मा बाहर नहीं निकल सकती। कार्बन डाई-ऑक्साइड का गुण भी ऐसा ही है, कि सूर्य का प्रकाश वायुमण्डल से गुजर जाने देती है किन्तु ऊष्मा को वायुमण्डल से निकलने नहीं देती। इस प्रकार सामान्य मात्रा में कार्बन डाइ-ऑक्साइड वायुमण्डल के तापमान को बानाए रखती है। परन्तु यदि वायुमण्डल में कार्बन डाइ–ऑक्साइड की मात्रा में वृद्धि होती है तो वायुमण्डल में अधिक ऊष्मा रोक ली जाएगी जो उसका तापमान बढ़ा देगी। ऊष्मा का इस प्रकार वायुमण्डल में रोक लिए जाने को ही 'ग्रीन हाउस प्रभाव' (Green House effects) कहते हैं।

ग्रीन हाउस प्रभाव के कारण (Causes of Green House Effects)– (1) रासायनिक प्रदूषण पृथ्वी के वायुमण्डल की संरचना को परिवर्तित

कर रहा है। (2) जलवायु को बदल देना। (3) पौधों की पैदावार के प्रारूप को परिवर्तित कर देना। (4) मनुष्य तथा जीवों को खतरनाक पराबैंगनी (ultra-violet) विकिरण से आरक्षित कर देने का भय उत्पन्न कर रहा है। (5) प्रदूषण के इन कारणों में से जीवाश्मीय ईंधन का जलाया जाना। (6) वनों का जलाया जाना कार्बन डाइ-ऑक्साइड चक्र में असन्तुलन का कारण बना है। हाल ही में जितनी कार्बन डाइ-ऑक्साइड की बढ़ती हुई मात्रा वायुमण्डल में छाती जा रही है और उसने वहाँ एक मोटा आवरण बना लिया है जो सौर विकिरण के लिए पारदर्शी है और दृश्य प्रकाश को धरातल की सतह तक पहुँच जाने देता है, किन्तु पुनर्विकरण के रूप में वापस लौटती हुई ऊष्मीय तरंगें (अवरक्त विकिरण) उस आवरण के द्वारा रोक ली जाती हैं। ऊष्मा वापस पृथ्वी पर लौटा दी जाती है और इस तरह ग्रीन हाउस प्रभाव (green house effect) का कारण बनती हैं।

वह पाँच गैसें जो ग्रीन हाउस प्रभाव में योगदान प्रदान करती हैं, निम्नवत् हैं–

कार्बनडाइ–ऑक्साइड (Co_2)	-	50%
मीथेन (CH_4)	-	18%
क्लोरोफलोरो कार्बन्स (CFC_s)	-	14%
ओजोन (O_3)	-	12%
ट्रोपोस्फेरिक नाइट्रस ऑक्साइड	-	6%

ग्रीन हाउस प्रभाव या वायुमण्डलीय तपन में कार्बनडाइ-ऑक्साइड का सर्वाधिक योगदान है। वायुमण्डल में कार्बनडाइ-ऑक्साइड के एकत्रीकरण में गत दो दशकों में तीव्रगति से वृद्धि हुई है। कार्बनडाइ-ऑक्साइड (Co_2) का 1958 में एकत्रीकरण दस लाख में 315 अंश था जो 1990 में बढ़कर 353 अंश प्रति दस लाख हो गया और 1.5% की अनुमनित दर से प्रतिवर्ष बढ़ रहा है। ये बहुत कम प्रतीत होता है किन्तु ये कार्बन डाइ–ऑक्साइड की बढ़ती हुई दर भयप्रद है ओर वैज्ञानिकों की भविष्यवाणी है कि यदि यह इसी दर से बढ़ती रही तो पृथ्वी का औसत तापक्रम वर्ष 2030 ई० तक 3.4°C बढ़ जाएगा। समुद्रों की सतह 3 से 7 फीट तक ऊपर उठ जाएगी और बहुत से छोटे द्वीपों और विभिन्न महाद्वीपों के तटीय क्षेत्र डूब जाएँगे।

हरित भवन प्रभाव को कम करने के उपाय

हरित भवन प्रभाव को कम करने के निम्न उपाय हैं–

1. विश्व जनसंख्या की वृद्धि को रोकना,
2. जीवावशेष ईंधन के स्थान पर सौर ऊर्जा, पवन ऊर्जा एवं ज्वारीय

ऊर्जा के उपयोग वृद्धि।

3. व्यापक वृक्षारोपण कार्यक्रम विश्व स्तर पर आयोजित करना,
4. औद्योगीकरण की दर को मन्द करना,
5. सरल जीवन पद्धति अपनाना, एवं
6. जनजागरूकता उत्पन्न करना।

ओजोन पर्त की क्षीणता (Ozone Layer Depletion)

सूर्य प्रकाश में सात रंग– बैंगनी, नीला, आसमान, हरा, पीला, नारंगी और लाल होते हैं। वस्तुतः यह सूर्य की किरणों का एक भाग है जिसे हमारी आँखें देख सकती हैं। सूर्य की किरणों का दूसरा अदृश्य भाग जो लाल रंग के बाद होता है, अवरक्त या इन्फ्रारेड किरण कहलाता है। इसी प्रकार बैंगनीं रंग के परे जो अदृश्य भाग होता है उन्हें पराबैंगनी या अल्ट्रावायलेट किरण कहते हैं। जिनकी तंरगदैर्ध्य क्रमशः 7500 ए. से ऊपर तथा 4000 ए. से कम होती है। सामान्यतः सभी पराबैंगनीं विकिरण जीवों के लिए हानिकारक हैं परन्तु अपने दुष्प्रभावों के आधार पर इनहें भी ए, बी और सी तीन श्रेणियों में बांटा गया है। सी श्रेणी के पराबैंगनीं विकिरण अत्यन्त घातक होते हैं किन्तु बी और सी श्रेणी के विकिरण पृथ्वी की सतह तक पहुंच ही नहीं पाते। हमारे वायुमण्डल की ऊपरी सतह पर स्थित ओजोन गैस की परत इन्हें रोक लेती है अन्यथा ये धरती पर विनाश कर देते। इस प्रकार ओजोन गैस का यह ऊपरी खोल पृथ्वी के लिए सुरक्षा कवच, चादर या छतरी का काम करती है।

सन्तरे के छिलके की तरह पृथ्वी के चारों और 800 किलामीटर मोटी वायुमण्डल की पर्त है। पृथ्वी का वायुमण्डल गुरुत्वाकर्षण की शक्ति के कारण पृथ्वी से पृथक नहीं हो पाता। पृथ्वी की सतह से 16 किलोमीटर की ऊँचाई के ऊपर समताप मण्डल में उच्च ऊर्जा वाली पराबैंगनी प्रकाश किरणों की उपस्थिति में ऑक्सीजन के तीन अणुओं से ओजोन के दो अणुओं का निर्माण होता है। ओजोन हमारी प्राणवायु का ही एक अन्य रूप है। साधारण आक्सीजन गैस के एक अणु में दो परमाणु होते हैं। ओजोन गैस के एक अणु में तीन परमाणु होते हैं। यद्यपि आक्सीजन और आजोन एक ही प्रकार के परमाणुओं से मिलकर बने होते हैं परन्तु आक्सीजन का ओजोन में परिवर्तन आसान नहीं है। हाँ, बी श्रेणी के पराबैंगनी विकिरण यह काम जरूर कर सकते हैं। अतः सूर्य किरणों में उपस्थित इन किरणों को सोखकर आक्सीजन ओजोन में बदल जाती है। यही आजोन अब सी श्रेणी के तेज विकिरणों को सोखकर पुनः आक्सीजन में बदल जाते है। वायुमण्डल की ऊपरी सतह पर यह प्रक्रिया सतत चलती रहती है। प्राकृतिक

प्रक्रिया के परिणामस्वरूप ऊंचाई में सघन रूप में पाई जाती है यद्यपि ओजोन गैस 23 से 30 कि० मी० तक की ऊंचाई के मध्य सबसे अधिक होता है जिससे इस परत का तापमान प्रति किलोमीटर ऊंचाई पर 16 डिग्री सेल्सियस बढ़ जाती है। यदि यह सुरक्षा कवच वायुमण्डल में नहीं होता तो पृथ्वी पर जीवन ही नहीं होता।

ओजोन पर्त ह्यस के कारण (Causes of Ozone Layer Depletion)

वायुमण्डल में अनेक गैसें विद्यमान हैं। ताप मण्डल (Stratoshere) के ऊपरी भाग में लगभग 25 किलोमीटर मोटी ओजोन गैस की एक परत है जिसे ओजाने मण्डल भी कहते हैं। पृथ्वी के जीवधारियों तथा पेड़-पौधों के लिये सौर ऊर्जा से बचाव के लिये रक्षा कवच का कार्य करती है। वैज्ञानिकों ने यह ज्ञात किया है कि धीरे-धीरे ओजोन गैस कम होती जा रही है। दो प्रतिशत गैस कम होने पर एक डिग्री ताप पृथ्वी पर बढ़ जाता है। ओजोन की कमी से पर्यावरण के लिये गम्भीर संकट उत्पन्न हो रहा है। ऑक्सीजन गैस ही ओजोन गैस में बदल जाती है और वायुमण्डल में इसकी मोटी परत बन जाती है। यह पृथ्वी के चारों ओर फैली है जो सूर्य के प्रकाश एवं ऊर्जा के लिये छलनी का कार्य करती है। सूर्य किरणों को ओजोन गैस की परत शोषण कर पृथ्वी के जीवधारियों एंव पेड़-पौधों की सुरक्षा करती है।

वैज्ञानिकों ने ओजोन गैस कम होने के कारणों की खोज की है। प्रमुख कारण निम्नलिखित हैं–

1. ध्रुवीय चक्रवात (Polar Cyclones)
2. ज्वालामुखी विस्फोट से निकली क्लोरीन गैस
3. परमाणु बमों के विस्फोट से निकली गैस
4. परमाणु केन्द्रों से रेडियोधर्मी विकीरण
5. वायुमण्डल में नाइट्रोजन ऑक्साइड की अधिकता
6. मानव द्वारा फ्लोरो कार्बन (सी० एफ० सी०) यौगिक का निर्माण

सी० एफ० सी० योगिक पदार्थ का विघटन नहीं होता है जब यह समताप मण्डल में पहुँचता है तब ओजोन पर अपनी क्रिया करके कम करता है। क्लोरीन गैस तथा उसके परमाणु ओजोन परत पर विपरीत प्रभाव डालते हैं तथा क्लोरीन मोनो ऑक्साइड बनाते हैं। क्लोरीन एक परमाणु ओजोन गैस के एक लाख अणुओं को नष्ट करने की क्षमता रखती है। इससे ओजोन गैस की परत में छिद्र होता है। वैज्ञानिकों ने 1984 में दक्षिणी ध्रुव के ऊपर ओजोन गैस की परत में 40 कि० मी० व्यास के छिद्र का पता लगाया गया हे। यह छिद्र आस्ट्रेलिया की ओर

बढ़ रहा है जिसके कारण त्वचा कैंसर की बीमारियाँ बढ़ रही हैं तथा वायुमण्डल के तापमान में वृद्धि हो रही है। ध्रुव के चक्रवात से ओजोन गैस की परत प्रभावित होती है। दक्षिणी ध्रुव के चक्रवात देर तक रहते हैं जिससे ओजोन छिद्र बनते हैं।

इस सम्बन्ध में भारत अभी भी भाग्यशाली है कि भारत के ऊपर ओजोन की सतह अभी सुरक्षित है। भारतीय भू-भाग के ऊपर ओजोन गैस की परत की मोटाई उन देशों की अपेक्षा कम है।

विश्व में अंटार्कटिका महाद्वीप (दक्षिण ध्रुव क्षेत्र) के ऊपर ओजोन परत में बढ़ता छिद्र सन् 1985 से चिन्ता का विषय बना हुआ है। इसका सर्वप्रथम पता ब्रिटिश वैज्ञानिक जे० फारमेन ने किया था। नवीनतम् शोधों के अनुसार पता लगा है कि यह छेद और बड़ा होता जा रहा है , साथ ही कनाडा, पश्चिमी यूरोप, रूस, न्यू इंग्लैण्ड के उत्तरी भाग, स्केन्डिनेविया प्रायद्वीप में नार्वे और स्वीडन के ऊपर भी विशाल छेद बनने की आशंका पैदा हो गई है। प्रायद्वीप भारत के तटवर्ती क्षेत्र में भी ग्रीष्म ऋतु में पराबैंगनी किरणें अनुभव की गयी हैं।

क्लोरोफ्लोरों कार्बन और ओजोन परत– इसके अन्तर्गत कार्बन से जुड़े हुए हाइड्रोजन, क्लोरीन फ्लोरीन के परमाणु होते हैं। जब यह वायुमण्डल की ऊपरी सतह पर पहुँचता है तब सूर्य की पराबैंगनी किरणें सी. एफ. सी. अणुओं को तोड़ती हैं। फलस्वरूप क्लोरीन तथा अन्य परमाणुओं से अलग होते हैं जो ओजोन परत के लिए घातक होते हैं। क्लोरीन का एक परमाणु ओजोन के अणुओं से प्रतिक्रिया कर इसे आक्सीजन में बदल देता है। यह प्रतिक्रिया एवं श्रृंखला के रूप में चलती रहती हैं। इस तरह क्लोरीन परमाणु ओजोन अणुओं को लगातार तोड़ते रहते हैं अर्थात् क्लोरोफलोरो कार्बन का एक अणु ओजोन गैस के एक लाख अणुओं को नष्ट करता है। पृथ्वी के रक्षा कवच (ओजोन परत) में ह्रास से विश्व की यह समस्या भयावह रूप ले रही है।

ओजोन परत को नष्ट करने वाले उद्योग– क्लोरोप्लारो कार्बन का उपयोग औद्योगिक क्षेत्रों में सबसे अधिक हो जाता है। प्रशीतन (रेफ्रिरजेटर), एयर कण्डीशनर, हेयर डाई तथा सुगन्ध का छिड़काव से क्लोरोप्लोरो कार्बन निकलती है। वायु वहलय (एरोसोल) पेन्ट, उर्वरकों के निर्माण करने वाले कारखानों, प्लास्टिक पैन तैयार करने, धमनकारी के रूप में प्रयुक्त करने पर यह बड़ी मात्रा में निकलती है। इसके अतिरिक्त एयरोसपेस, इलैक्ट्रानिक, आप्टीकल तथा फार्मेसी उद्योगों में बहुत स्तर पर इसका उत्पादन होता है, इसके साथ ही हवाई जहाजों में भी यह रिसती है। शीत युद्ध के दौरान सुपरसौनिक विमान आसमान में 15-29 कि० मी० की ऊँचाई पर उड़कर सी० एफ० सी० छोड़ते हैं। अणु बम का विस्फोट भी ओजोन परत का घातक है।

ओजोन परत क्षीणता का प्रभाव
(Effect of Ozone-layer Depletion)

1. मनुष्यों पर–(अ) त्वचा पर– यदि ओजोन परत मे एक प्रतिशत ओजोन गैस घटती है तो पृथ्वी पर दो प्रतिशत त्वचा कैंसर बढ़ता है। चूंकि ओजोन परत में सबसे बड़ा छेद दक्षिणी ध्रुव के पास है अतः आस्ट्रेलिया में "मेलानोमा" कैंसर से मरने वालों की संख्या सर्वाधिक है। किरणें जिनकी तरंग दैर्ध्य 250-350 एन० एम० एस० होती है, त्वचा कैंसर के लिए उत्तरदायी हैं।

(ब) आँखों पर– मोतियाबिन्द, असाध्य दृष्टि दोष और अन्धापन का कारण भी पराबैंगनी किरणें हैं।

(स) प्रतिरोधक तन्त्र पर– प्रतिरोधक क्षमता का ह्रास होने से संक्रामक रोगों की आंशका बढ़ जाती है।

2. **कृषि एवं वनस्पतियों पर–** 250 से 350 एन० एम० एस० (नैनोमीटर तरंगदैर्ध्य की इकाई) तरंगदैर्ध्य वाली पराबैंगनी किरणें यू० बी० बी० सबसे ज्यादा फसलों एवं मानसून को और वनस्पतियों को प्रभावित करती हैं। इन किरणों का प्रकाश संश्लेषण की क्रिया पर प्रभाव पड़ने से फसलों और वनस्पतियों की उपजें भी कुप्रभवित होती हैं।

3. **समुन्द्री जीवों पर–** विकिरण का कुप्रभाव फाइटोप्लेंकटन पर पड़ता है जो मछलियों का प्रमुख खाद्य पदार्थ है इसकी संख्या में हवास हो जाता है। अतः भविष्य में मछलियों एवं अन्य सामुद्रिक जीवों के उत्पादन में भारी कमी आ सकती है।

4. वायुमंडलों 10 से 50 किलोमीटर की ऊँचाई पर ओजोन गैस के पतली परतें पायी जाती हैं जो पृथ्वी को सूर्य से निकले वाली 6% परबैंगनी विकिरण (Ultra Voilet Radiation) में से 5% को अवशोषित करके हानिकारक प्रभाव से रक्षा करती है। ओजोन मण्डल में ओजोन का ह्रास होने से पृथ्वी पर पराबैंगनी विकिरण की मात्रा बढ़ जायेगी जो पृथ्वी पर सम्पूर्ण जीवन के लिए अन्यन्त घातक होगी। पराबैंगनी विकिरण में रहने से चर्म कैंसर, नेत्र ज्योति ह्रास, मोतियाबिन्द का होना, आँख के लेन्स का विरूपण, शरीर के प्रतिरोधी तन्त्र (Immune System) का ह्रास, फसलों के उत्पादन में कमी, वनों की हानि तथा समुन्द्री जीवों का ह्रास होता है। पराबैंगनी विकिरण से वर्तमान विश्व जलवायु में भी परिवर्तन हो सकता है।

5. ऋतुओं के अनुसार ओ।जोन परत की मोटाई घटती बढ़ती रहती है। नासा (NASA) के वैज्ञानिकों के सर्वेक्षण के अनुसार (मार्च, 1998) उत्तरी गोलार्द्ध में 1969 से 1988 तक 23% ओजोन का विकास हो चुका है। ओजोन परत लगातार

कमजोर होती जा रही है। विशेषज्ञों के अनुसार 1% ओजोन का ह्रास होने से 6% कैंसर के मामले बढ़ जाते हैं।

6. आजोन परत का विनाश क्लोरोफ्लोरो कार्बनों (Chlorofluoro Carbon) के द्वारा होता है। ये कार्बन अनेक कार्यों में प्रयुक्त होते हैं। इनका आविष्कार 1928 में हुआ और प्रशीतकों में प्रयुक्त तरल पदार्थों में इनका प्रयोग होने लगा। वर्तमान समय में इन कार्बनों के उत्पादन का अधिकांश भाग प्रशीतकों, गलनकों (Freezers), वातानुकूलकों, हवाई छिड़काव करने वाले डिब्बों, फोम को उड़ाने, धातुओं की सफाई, चिकित्सा यन्त्रों के कीटाणुरहित करने आदि अनेकानेक कार्यों में इनका प्रयोग होता है। ये कार्बन मानव के लिए हानिरहित, निष्क्रिय, निर्ज्वलनीय तथा विषहीन है। इनका उत्पादन एवं संग्रह सरल है।

7. बाद में अनेक प्रकार के कार्बन जैसे हैलन्स (Halons) या ब्रोमोफ्लोरो कार्बन (Bromolflouoro Carbons) कार्बन टेट्राक्लोराइड और मिथाइल क्लोरोफार्म अनेक कार्यों एवं उद्योगों में अग्नि शामकों, विद्युत कुचालकों तथा सफाई अभिकर्ता घोलकों के रूप में प्रयोग किये जाने लगे। मिथाइल क्लोरोफार्म का प्रयोग धातुओं की सफाई, शुष्क सफाई, चिपकाने वाले पदार्थ, कोट करने में लगातार बढ़ता गया। कार्बन टेट्राक्लोराइड का प्रयोग औषधि निर्माण, कीटनाशकों के निर्माण, वस्त्रों की सफाई, क्लोरीन युक्त रबड़ निर्माण तथा अन्य अनेक उपयोगों में होता है। ये कार्बन बड़े स्थाई हैं जो धीरे–धीरे 15–50 कि० मी० की ऊँचाई तक वायुमण्डल में पहुँच जाते हैं। अत्यन्त सघन एवं शक्तिशाली पराबैंगनी विकिरण इनके रासायनिक बन्धनों को तोड़ देता है और क्लोरीन के कण मुक्त होकर ओजोन से अभिक्रया करते हैं। परिणाम स्वरूप क्लोरीन ओजोन के तीन परमाणुओं में से एक को नष्ट करके उसे साधारण ऑक्सीजन में बदल देती है जिससे ओजोन की परत कमजोर हो जाती है। यह प्रक्रिया सतत् जारी रहने के कारण ओजोन की परत नष्ट हो सकती है।

8. दक्षिणी गोलार्द्ध में प्रतिवर्ष बसन्त ऋतु में अंटार्कटिका के ऊपर संयुक्त राज्य अमेरिका के बराबर बड़ा छिद्र बन जाता है। यहाँ इस छिद्र के निर्माण में ध्रुवीय नम्बवत जेट स्ट्रीम्स का विशेष योगदान है। 1992 में इस छिद्र का क्षेत्रफल सबसे अधिक था तथा इससे 60% ओजोन नष्ट हो चुकी थी। उत्तरी गोलार्द्ध में भी 2 से 20% ओजोन नष्ट हो चुकी थी। 16% ओजोन ह्रास होने पर पराबैंगनी विकिरण का पृथ्वी पर आगमन 44% बढ़ जाता है तथा 30% ओजोन का विनाश होने पर पराबैंगनी विकिरण 50% बढ़ जाता हैं।

9. ओजोन परत के विनाश के कारण प्रत्येक व्यक्ति इसके दुष्प्रभावों के खतरे में है। अतः ओजोन विनाश को रोकने के लिए उपचारात्मक उपाय करने

आवश्यक है। यह अन्तर्राष्ट्रीय सहयोग से भी सम्भव है। इस उद्देश्य के लिए सन् 1977 से अन्तर्राट्रीय प्रयास शुरू हुए और 1985 में सूचनाओं, शोध, निरीक्षण, मानव पर्यावरण स्वास्थ्य की रक्षा आदान-प्रदान के उद्देश्य से वियना सम्मेलन आयोजित किया गया। सितम्बर 1987 में इस संकट से चिन्तित राष्ट्रों ने मांट्रियल प्रोटोकान पर हस्ताक्षर किये। इस सम्मेलन में ओजोन विनाशकारी पदार्थों की पहचान की गई तथा उनके उत्पादन और उपभोग का कम करने के लिए रासायनिक स्थानापन्न वैकल्पिक प्रक्रियाओं, पुनश्चक्रमण तथा परिशोधन प्रक्रियाओं के उपयोग पर बल दिया गया। 1991 में एक बहुपक्षीय कोश की स्थापना की गई तथा मान्ट्रियल प्रोटोकाल के सदस्यों को ओजोनपरत की रक्षा के लिए आर्थिक अनुदान दिये जाने की व्यवस्था की गई।

10. भारत क्लोरोफ्लोरो कार्बन के उत्पादन एंव उपयोग में आत्म निर्भर है। भारत में कांट्रियल प्रोटोकाल द्वारा नियन्त्रित 20 ओजोन विनाशकारी पदार्थों में से केवल 7 पदार्थ उत्पन्न व पैदा करता है। ये हैं सी.एफ.सी. 11, सी.एफ.सी. 13, हैनल–1211, हैलन 1301, कार्बन टेट्राक्लोराइड, मिथाइल क्लोरोफार्म। सी.एफ.सी. 12 प्रशीतकों एवं वातानुकुलकों में तथा रोगाणुमुक्त करने में, हैलन 1211 एवं 1301 आग बुझाने में, कार्बन टेट्राक्लोराइड भोजन संग्रह इलेक्ट्रानिक, वस्त्र, औषधि निर्माण, कीटनाशकों तथा घोलकों के रूप में तथा मिथाइल क्लोरोफार्म घोलकों के रूप में तथा मिथाइल क्लोरोफार्म घोलकों, धातु की सफाई, शुष्क धुलाई, चिपकाने तथा कोट करने में प्रयोग किया जाता है।

भारत जो मांट्रियल प्रोटोकाल का सदस्य है उसने औद्योगिक विकास रणनीति के साथ ओजोन विनाशकारी पदार्थों के कम करने की व्यवस्था की है। पर्यावरण एवं वन मंत्रालय के अन्तर्गत ओजोन प्रकोष्ठ मांट्रियल प्रोटोकाल से समन्वय स्थापित किये रहती है।

मांट्रियल प्रोटोकाल के अन्तर्गत वे देश ही आर्थिक अनुदान प्राप्त कर सकते हैं जिनका ओजोन विनाशी पदार्थों का प्रति व्यक्ति उपभोग 0.3 कि.ग्रा. प्रति व्यक्ति से अधिक न हो।

11. वायुमण्डल में ओजोन का निर्माण एक स्वाभाविक प्राकृतिक क्रिया है। जब सूर्य की किरणें वायुमण्डल की ऊपरी सतह से टकराती हैं, तो उच्च ऊर्जा विकिरण से ऑक्सीजन का कुछ भाग अणु ऑक्सीजन से मिलकर ओजोन में बदल जाता है। ऐसा वायुमण्डल में विद्युत अपघटन तथा मोटर वाहनों के विद्युत स्पार्क से भी होता है। यह ओजोन एक पर्त रूप में स्ट्रेटोस्फीयर (समताप मण्डल) में पृथ्वी से लगभग 30 किलोमीटर की ऊंचाई पर रहती है। यह वस्तुतः एक रक्षा कवच के रूप में कार्य करती है और सूर्य के प्रकाश में पराबैंगनी किरणों को पृथ्वी

पर आने से रोकती है। पराबैंगनी किरणें बहुत ही हानिप्रद हैं और इससे 'त्वचा कैंसर' का खतरा रहता है।

12. ओजोन की मात्रा लगभग 10पी.पी.एम. अर्थात् 10 लाख वायु परिमाण में 10 भाग है और सम्पूर्ण पृथ्वी पर हानिप्रद किरणों को वायुमण्डल से ऊपर ही रोके रखने का कार्य एक निश्चित क्रिया के अनुसार करती रहती है। पर अभी पिछले कुछ वर्षों में सुख-साधन की दिशा में 'क्लोरोफ्लोरोकार्बन्स' का निर्माण कर हमने स्वयं आत्मघाती हथियार चला दिया है। क्लोरोफ्लोरोकार्बन्स का उपयोग शीत उपकरण जैसे एअर कन्डीशनर्स, रेफ्रिजरेटर्स तथा अन्य उपकरणों में कूलेन्टस (ठन्डा करने का पदार्थ) के रूप में किया जाता है; जिसका एक गुणधर्म यह भी है कि एक बार वायुमण्डल में छोड़े जाने पर यह नष्ट नहीं हो सकते और सीधे वायुमण्डल की ओजोन पर्त पर हमला कर उसे नष्ट करते हैं।

13. आजोन परत की अल्पता चिन्ताजनक अन्तर्राष्ट्रीय समस्या है। इससे सम्पूर्ण मानवता के लिए खतरा उत्पन्न हो गया है। हमें ज्ञात है कि वायुमण्डल की ओजोन परत हानिकारक और सौर विकिरणों से हमारी रक्षा करती है। यह परत पृथ्वीवासियों के लिए छलनी (filter) के रूप में सुरक्षा कवच प्रदान करती है। सूर्य की घातक पराबैंगनी किरणों (Ultra-violet rays) को ओजोनपरत शून्य में परावर्तित कर देती है। यदि ये जहरीली किरणें धरातल पर सीधे आने लगें तो अनेक कोमल पौधों के अंकुर जल जायें। मनुष्य के वातानुकूलन, प्रशीतन, फोम, प्लास्टिक, हेयर ड्रायर, स्प्रे कैन, प्रसंस्कृत पदार्थों की पैकेजिंग, डिस्पेंसर, अग्निशामक, अनेक प्रसाधन सामग्रियों के निर्माण से अवमुक्त क्लोरोफ्लोरोकार्बन तथा सुपर–सौनिक जेट विमानों से अवमुक्त नाइट्रोजन ऑक्साइड के कारण धरातल पर सूर्य की पराबैंगनी किरणें अधिक मात्रा में आने लगती हैं। CFC व NO_2 गैसें ओजोन परत को क्षीण करती हैं। CFC गैस में क्लोरीन, फ्लोरीन तथा कार्बन तत्त्वों के यौगिक होते हैं। अनुमान लगाया गया है कि वायुमण्डल में फ्रेऑन गैस का सान्द्रण 13 से 18% प्रति वर्ष की दर से बढ़ रहा है। 1976 ई॰ में वायुमण्डल में फ्रेऑन–11% तथा फ्रेऑन–12% का सान्द्रण क्रमशः 120पीपीएम तथा 220पीपीएम था। यदि वायुमण्डल में फ्रेऑन व हैलोन्स की अवमुक्त मात्रा पर अंकुश नहीं लगाया जाता तो पृथ्वीवासियों को निकट भविष्य में गम्भीर समस्याओं का सामना करना पड़ेगा। ओजोन परत की अल्पता से त्वचा कैंसर व चर्म रोग होने का खतरा बढ़ जाएगा। वायुमण्डल में अवमुक्त नाइट्रोजन के ऑक्साइड्स की उपस्थिति से मसूड़ों में सूजन, मोतियाबिन्द, रक्तस्राव, ऑक्सीजन की कमी, निमोनिया तथा फेफड़ों का कैंसर हो जाता है। अुनमान लगाया गया है कि मनुष्य वायुमण्डल में 6 गुनी अधिक हानिकारक गैसें अवमुक्त कर रहा है। एक टन कोयले के जलाने पर 5 से 10 किलोग्राम तक नाइट्रोजन ऑक्साइड का

निर्माण होता है। इसी तरह स्वचालित मोटर वाहनों (मोटर कार, बस ट्रक, स्कूटर आदि) में एक टन डीजल व पेट्रोलियम का उपभोग होने से 25 से 30 किलोग्राम नाइट्रोजन ऑक्साइड अवमुक्त होती है।

14. किलोमीटर की ऊँचाई पर उड़ने वाले सुपर सॉनिक जेट विमानों के समूह से अवमुक्त नाइट्रोजन ऑक्साइड से वायुमण्डलीय ओजोन के सान्द्रण में 30% तक की कमी हो सकती है। अनुमान लगाया गया है कि वायुमण्डल में ओजोन के सान्द्रण में मात्र 5 प्रतिशत की कमी होने से संयुक्त राज्य अमेरिका में 20 हजार से 60 हजार तक अतिरिक्त लोग कैंसर के शिकार हो जाते हैं। ओजोन परत की अल्पता से निम्नलिखित बाधायें हो जाती हैं–

1. समताप मण्डल का तापमान अव्यवस्थित हो जाएगा।

2. सूर्य की पराबैंगनी किरणें धरातल पर सीधे पहुंचकर भूपृष्ठ के तापमान में वृद्धि करेंगी। इससे त्वचा कैंसर तथा अन्धेपन का प्रकोप बढ़ जायेगा।

3. ओजोन-अल्पता से क्षोभमण्डल में हाइड्रोजन पराक्साइड की मात्रा में वृद्धि होगी इससे अम्लीय वर्षा तथा धूम कोहरे (Smog) का निर्माण होगा।

4. भूमण्डलीय ताप वृद्धि से हिमनदों में जमी बर्फ पिघलने लगेगी। परिणामतः सागर तल में वृद्धि होने से निचले क्षेत्र जलमग्न हो जायेंगे।

5. जैव–भू-रासायनिक चक्र (Bio-Geo-Chemical Cycle) परिवर्तित होने लगेंगे।

6. जलवायु में परिवर्तन होंगे।

ओजोन पर्त की वर्तमान स्थिति (Present Status of Ozone Layer) – ओजोन सूर्य की अधिक गर्मी से भूमध्य रेखा पर अधिक बनती है। स्ट्रटेस्फीयर (समताप मण्डल) से चलने वाली हवायें इस गैस को पूरी पृथ्वी पर फैला देती हैं और इस तरह ओजोन पर्त की तह विरल हो जाती है। इससे पूर्व हम यह बता चुके हैं कि सूर्य से आने वाली UV किरणें ओजोन पर्त को लगातार छेदन कर पृथ्वी तक पहुंचने में लगी रहती हैं। इन दोनों किरणों से पृथ्वी के उस भाग में जहां सामान्यतया ओजोन रहती है, ओजोन पर्त की मोटाई कम होती जाती है। यह अंटार्कटिका ध्रुव पर अधिक है। भूवेत्ता इसे छेद के नाम से पुकारने लगे हैं। यह तो प्रकृति की कृपा है कि येन केन प्रकारेण वह इस पर्त को पुनः ठीक स्थापित करती रहती है।

ओजोन पर्त के विघटन से सम्भावित दुष्प्रभाव (Possible Ill Effects due to Ozone Layer Depletion) –ओजोन पर्त के विघटन से या न होने से कितने ही प्रकार के दुष्प्रभाव मनुष्य जीवन तथा उससे सम्बन्धित क्रियाकलापों पर हो सकते हैं –

1. समुद्री परितंत्र का विघटन; अनेक वनस्पतियों और जलचरों के समाप्त होने की आशंका,
2. कई प्रकार की फसलों की मात्रा और गुणवत्ता में कमी,
3. भवनों की सामग्री का क्षय,
4. मनुष्य पर कई जानलेवा रोगों का आक्रमण जैसे त्वचा कैंसर, आंखों का मोतियाबिन्द, इम्यून सिस्टम बिगड़ना आदि,
5. स्मोग के बनने में योगदान।

ओजोन पर्त को बचाने हेतु प्रयास (Efforts to Save the Ozone Layer) – यह एक बड़ी जनसाधारण से सम्बन्धित विश्वस्तरीय ऐसी समस्या है, जिसके भविष्य में बहुत गम्भीर परिणाम हो सकते हैं। अतः जनसाधारण से तो यही अपील है कि वे शनैः–शनैः उन उपकरणों का प्रयोग कम कर दें, जिनमें क्लोराफ्लोरोकार्बन्स का उपयोग होता है। घर में विशेषतः ऐसे उपकरण रेफ्रीजरेटर तथा एअर कन्डीशनर्स हैं। वैसे परफ्यूम में काम आने वाले ऐरोसोल्स, खेतों में छिड़काव की दवाइयाँ आदि भी प्रतिबन्धित होती हैं, क्योंकि एक बार इनमें CFC जब वायुमण्डल में पहुंच जाती है तब वह कालान्तर तक नष्ट नहीं होती।

इस समस्या से जूझने के लिये विश्व स्तर पर प्रयास सन् 1985 से ही वियना समारोह, (आस्ट्रिया) से प्रारम्भ हो गये थे, जहाँ पर इस बात पर विषय चर्चा हुई कि ओजोन पर्त के विघटन को रोकने के लिये विश्व के सभी देशों को मिलकर प्रयास करना चाहिए। सन् 1987 में मान्ट्रियल (कनाडा) में एक पुनः बैठक में दस्तावेज तैयार किया गया। जिसे मान्ट्रियल प्रोटोकॉल के नाम से प्रसारित किया गया। भारत ने उस समय इस सम्मेलन में केवल प्रेक्षक की भूमिका निभाही थी, पर बाद में उसने इस प्रोटोकॉल पर हस्ताक्षर कर दिये। यह प्रोटोकॉल जून 1990 में स्वीकृत माना गया। सन् 1989 हेलेसिंकी (डेनमार्क) में एक सभी यूरोपियन देशों तथा 82 अन्य देशों ने एक सम्मेलन आयोजित कर ओजोन पर्त के बचाने और सुरक्षित रखने के लिये समयबद्ध कार्यक्रम तैय्यार किया, जिससे CFC's के उत्पादन को और प्रयोग को रोका जा सके। भारत ने इस प्रोटोकॉल पर नवम्बर 1992 में हस्ताक्षर किये और 17-9-92 को इसको अपने देश में लागू माना गया।

भारत में ओजोन विघटन करने वाले पदार्थों के उत्पादन हेतु नियम (Regulation and Control Rules, 2000) बनाये हैं जिन पर कार्य चल रहा है। उन्हीं नियमों में एक समयबद्ध सारणी का भी समावेश किया गया है–

निम्नलिखित कार्यकलापों के निस्तारण कार्यक्रम

1. फोम उत्पादन हेतु पोलियन का निर्माण (Manufacture of Polyoln for Foam Products)
2. ऐरोसोल उत्पादनों का निर्माण (Manufacture of Aerosole Products)
3. अग्नि शमन यंत्रों का निर्माण (Manufacture of Fire Extinguishers)
4. फोम उत्पादन (रेफ्रिजरेटर्स सहित) का निर्माण (Manufacture of Foam Products including Foam of Domestic Refrigeraters)
5. अन्य सभी प्रकार के शीत उपकरणों का निर्माण (Manufacture of other Refrigeration Products)
6. मोबाइल एअर कन्डीशनर्स का निर्माण (Manufacture of Mobile Air Conditioners)
7. मिथाइल ब्रोमाइड का उपयोग (Use of Methyl Bromide)
8. हाइड्रोक्लोरोफ्लूरोकार्बन्स के विविध उत्पादनों का निर्माण (Manufacture of Different Products using HCFC's)

तेजाबी या अम्लीय वर्षा (Acid Rain)

सामान्यता वृष्टि जल की अम्लता का स्तर pH मापक द्वारा मापा जाता है। शुद्ध वृष्टि का pH स्तर 5.6 होता है जो मुंह की लार या दूध से थोड़ा अधिक अम्लीय होता है। जब वृष्टि के किसी भी रूप– हिम वृष्टि, हिम कणों की वर्षा तथा कोहरा आदि में अम्लता का स्तर बढ़ जाता है तो उसे अम्ल वृष्टि कहते हैं। वास्तव में यह घुले हुए सल्फ्यूरिक एसिड और नाइट्रिक एसिड वाली वर्षा होती है। वृष्टि जल में घुले अम्लों का 70% भाग सल्फर डाइ आक्साइड तथ हाइड्रोजन सल्फाइड के ऑक्सीकरण तथा जलक्रिया से उत्पन्न होता है। शेष 30% भाग विभिन्न नाइट्रिक ऑक्साइड तथा अन्य यौगिकों से प्राप्त होता है। फरवरी 1979 में कनाडा के टोरन्टो नगर में 3.5 pH स्तर की अम्ल वृष्टि हुई। 1981 में सं.रा. अमेरिका के लॉस एंजिल्स में 22 pH स्तर अम्ल वर्षा हुई। अब तक सर्वाधिक अम्लीयवृष्टि वर्जीनिया के हीलिंग नगर में हुई जिसका pH स्तर 1.4 था। यह बैटरी एसिड (1.0 pH) से थोड़ा ही कम था।

1975 सं. रा. अमेरिका में 28.5 मिलियन टन सल्फ्यूरिक एसिड निकाला गया। इसमें से 65% विद्युत सामग्री से, 25% औद्योगिक स्रोतों से तथा 10% अलौह धातुओं को पिघलाने वाले संयंत्रों से निकला। नाइट्रोजन के अम्लों की

24.4 मिलियन टन निकाली गई। इसमें 45% परिवहन साधनों, 28% विद्युत सामग्रियों तथा 27% अन्य स्रोतों से निकले। सल्फ्यूरिक और नाइट्रिक एसिड का एक बड़ा भाग जीवावशेष ईंधनों विशेष रूप से कोयला और पैट्रोल के जलाने से निकलता है। औद्योगिक क्रान्ति से पूर्व होने वाली वृष्टि का pH से ऊपर होता था।

कार्बन डाइ-ऑक्साइड की भांति सल्फर और नाइट्रोजन अम्लों की मात्रा भी वायुमण्डल में बढ़ रही है। औद्योगिक क्षेत्रों में इन अम्लों का उत्पादन अधिक होता है। ये हवा द्वारा उड़ाकर सुदूर क्षेत्रों में ले जाये जाते हैं जहां ये अनेक दुष्प्रभाव उत्पन्न करते हैं। इनकी अधिकता के कारण जैविक पदार्थों के अपघटन की दर मन्द पड़ जाती है क्योंकि बहुत से बैक्टीरिया और फंगी स्थानान्तरित हो जाते हैं। अनेक जीव प्रजातियों की संख्या घट जाती है। वनों में स्प्रूस, पाइन, आस्पेन, बर्च आदि वृक्ष अम्लता के प्रति संवेदनशील होते हैं। इनमें अम्लता के कारण जल की मात्रा भी कम हो जाती है तथा उनमें बीमारियां लग जाती हैं।

एसिड युक्त पानी पाइप के ताँबे को गला कर पानी में मिला देता है जो जहरीला प्रभाव उत्पन्न करता है। इससे बच्चों को डायरिया हो जाता है। यदि पानी में एल्युमीनियम मिल जाता है तो उसके पीने से मानसिक गड़बड़ी और सांस लेने में परेशानी हो जाती है। एसिड सल्फेट से सांस और हृदय की समस्यायें उत्पन्न हो जाती हैं।

अम्लवृष्टि भवनों एवं प्राचीन स्मारकों को क्षरण कर देती हैं।

अम्लवृष्टि के दुष्प्रभावों से बचने के लिए नवीन ऊर्जा स्रोतों तथा तकनीक का आविष्कार करना होगा। जिससे पर्यावरण को सुरक्षित रखा जा सके।

वायु प्रदूषकों द्वारा अम्ल वर्षा तब की जाती है, जब मानव-जनित स्रोतों से उत्सर्जित सल्फर डाई-ऑक्साइड (SO_2) वायुमण्डल में पहुंचकर जल से मिलकर सल्फेट तथा सल्फ्यूरिक अम्ल (H_2SO_4) का निर्माण करती है। अम्लीय वर्षा से सम्बन्धित जल का pH मान 5 से 2.5 के मध्य हो जाता है। pH का तटस्थ मान 7.0 होता है। इससे कम मान अम्लता (Acidity) तथा अधिक मान क्षारीयता (Alkalinity) का प्रतीक होता है। अम्लीय वर्षा अत्यधिक खतरनाक होती है। यह उच्च औद्योगिकृत देशों (संयुक्त राज्य अमेरिका, कनाडा, पश्चिमी यूरोपीय देशों व जापान) में भयंकर रूप ले चुकी है। इस प्रकार की वर्षा से कृषि–फसलों, वनस्पति, जलीय जीवों तथा मानव समुदायों की बहुत अधिक क्षति होती है। इसके कारण पेयजल के भण्डार दूषित हो जाते हैं तथा मिट्टियों में होने वाली जैविकीय प्रक्रियाओं का अवनयन हो जाता है।

अम्लीय वर्षा, ओजोन–परत अल्पता तथा नाभिकीय अवपात स्थानीय

समस्याएं नहीं हैं। ये भूमण्डलीय समस्याएं हैं। उद्योग-धन्धों, वनों तथ ताप विद्युत-गृहों द्वारा वायु में नाइट्रोजन ऑक्साइड (NO_2) तथा सल्फर-डाइ-ऑक्साइड (SO_2) पहुंचाए जाते हैं, जो नाइट्रिक एसिड व सल्फ्यूरिक एसिड के रूप में वर्षा द्वारा परिवर्तित करके धो दिए जाते हैं। यह अवपात जंगलों व झीलों के प्राकृतिक जीवन के लिए अत्यन्त हानिकरक होता है।

अम्लीय मिट्टी कैडमियम को आसानी से अवशोषित करती है। स्वीडिश कृषि पौधों में उच्च स्तर का कैडमियम तत्त्व होता है, जो पशुओं व मनुष्यों के लिए गम्भीर समस्या है।

अम्लीय वर्षा औद्योगिक देशों की समस्या है। ग्रेट ब्रिटेन तथा जर्मनी में स्थित कारखानों से अवमुक्त सल्फर-ऑक्साइड तथा नाइट्रोजन ऑक्साइड्स के कारण दूर स्थित नार्वे व स्वीडन में अम्लीय वर्षा होती है। इस वर्षा के कारण इन देशों की अधिकांश झीलों का जलीय जीवन समाप्त हो गया है। अम्लीय जल से जैव जगत को भयंकर नुकसान होता है।

एसिड से जैव जगत जल जाता है। अम्ल वर्षा को झील कातिल (lake killer) भी कहते हैं। कनाडा के ओण्टारियो प्रान्त की 2,50,000 झीलों में से 50,000 झीलें तेजाबी वर्षा से बुरी तरह प्रभावित हुई हैं। स्वीडन की 90,000 झीलों में से 10,000 झीलों में अब कोई मछली जिन्दा नहीं है। 40,000 अन्य झीलों का जलीय जीवन भी खतरनाक मोड़ पर पहुंच गया है। अम्ल वर्षा से जल का pH मान घट जाता है। इससे मिट्टियों की उत्पादकों में भी ह्रास होता है, क्योंकि अम्लता के कारण मिट्टियों में स्थित खनिज तथा जीवांश विनष्ट हो जाते हैं। अम्ल या तेजाबी वर्षा से भवनों में संक्षारण के कारण क्षति होती है। मथुरा स्थित तेल शोधनशाला से उत्सर्जित सल्फर-डाईऑक्साइड के कारण ताजमहल की संगमरमर की बनी दीवारों पर भी खतरा उत्पन्न होने की आशंका व्यक्त की गई है।

मनुष्य पर प्रभाव (Effect on Human Health)

1. अम्लीय वर्षा के कारण जल के भण्डार प्रदूषित हो जाते हैं तथा जल में अम्लता बढ़ जाती है। इस प्रकार के दूषित जल का सेवन करने से स्वास्थ्य खराब हो जाता है।
2. ओजोन की अल्पता से त्वचा कैंसर में वृद्धि की आशंका उत्पन्न हो गई है।
3. कार्बन मोनो-ऑक्साइड से मनुष्य के रक्त में हीमोग्लोबिन के अणु ऑक्सीजन की तुलना में 200 गुणा अधिक तेजी से संयुक्त होने लगती

हैं। इससे श्वसन में घुटन होने लगती है।

4. सल्फर डाईऑक्साइड से औद्योगिक नगरों के ऊपर धूम्र-कोहरा छाया रहता है।
5. सल्फर डाईऑक्साइड के द्वारा आँख, गले तथा फेफड़ों में संक्रमण होने लगता है।
6. वायुमण्डल में नाइट्रोजन ऑक्साइड के सान्द्रण में वृद्धि होने से श्वसन की क्रिया में कठिनाई होने लगती है। मसूड़ों में सूजन आ जाती है तथा शरीर के अन्दर रक्त स्राव होने लगता है, ऑक्सीजन की कमी हो जाती है। निमोनिया तथा फेफड़े का कैंसर हो जाता है।
7. रासायनिक व विषैले गैस सयन्त्रों से रसायनों के अकस्मात् रिसाव से न केवल वर्तमान समय में मनुष्य को नुकसान होता है, वरन् इससे आगामी पीढ़ियां भी प्रभावित होती हैं। भारत में 2–3 दिसम्बर, 1984 ई॰ को भोपाल के यूनियन कार्बाइड कारखाने से मिथाइल आइसो सायनाइड के 40 मिनट तक होने वाले रिसाव से लगभग 5,000 व्यक्ति मर गए। इस गैस के प्रभाव के कारण 200 गर्भवती महिलाओं के गर्भस्थ शिशु मरे हुए पैदा हुए। इस गैस त्रासदी के कारण 10,000 व्यक्ति स्थाई तौर पर अपंग हो गए तथा 30,000 व्यक्ति आंशिक रूप से अक्षम हो गए।
8. सीसा, ऐस्बेस्टॉस, जस्ता, तांबा तथा धूलि कणों से सांस लेने में कठिनाई होती है तथा फेफड़े संक्रमित हो जाते हैं।

मुख्यतया 3 प्रकार के अम्ल 'अम्लीय वर्षा' में होते हैं–

1. सल्फर डाइऑक्साइड से गंधक का तेजाब (Sulphuric Acid)
2. नाइट्रोजन डाइऑक्साइड से शोरे का तेजाब (Nitric Acid) और
3. कार्बन डाइऑक्साइड से कार्बनिक एसिड (Carbonic Acid)

कार्बन डाइऑक्साइड गैस के उत्पन्न होने का मुख्य स्रोत जीवाश्म ईंधन का दहन है, जबकि सल्फर डाइऑक्साइड तथा नाइट्रोजन ऑक्साइड गैसों का अधिक भाग स्वचालित वाहनों से उत्सर्जन तथ उद्योगों की चिमनियों से निकलने वाले धुएं से होता है।

अम्लीय वर्षा से हानि (Damage due to Acid Rains) – अम्लीय वर्षा से होने वाली हानियों को निम्न बिन्दुओं में समेकित किया जा सकता है–

1. नदियाँ और झीलें (Rivers and Lakes) – अम्लीय वर्षा अपने साथ लाई मिट्टी को जब नदियों और झीलों में डाल देती हैं तो उनकी जल की अम्लीयता बढ़ जाती है। घुले अल्यूमीनियम से जल में विषैलापन आ जाता है।

परिणामस्वरूप जल के जानवरों की अकाल मृत्यु भारी मात्रा में होती है जिसका असर भोजन की उपलब्धता में कमी स्वाभाविक है। इन क्षेत्रों का परितंत्र वस्तुतः आशंका के घेरे में आ जाता है।

2. वृक्ष और मिट्टी (Trees and Soil) – अम्लीय वर्षा से पेड़ों की पत्तियां जल जाती हैं, ऊपरी सिरे नष्ट होने लगते हैं और तने कमजोर हो जाते हैं, जिससे पेड़ जल्दी गिर भी जाते हैं और नष्ट भी होने लगते हैं। सबसे अधिक असर मिट्टी पर पड़ता है। मिट्टी में विद्यमान अघुलनशील अल्यूमीनियम अम्लीय वर्षा से घुलनशील बन जाती है तथा मैगनीशियम को भी नष्ट कर देता है जिनमें वृक्षों की शक्ति कम हो जाती है। अनेक देश इस समस्या के शिकार हुये हैं, जिनका हल सहज नहीं सूझता।

3. बिना दोष के सजा (Punishment without Fault) – वायु के लिये कोई देश-विदेशीय सीमाएं नहीं हैं। अम्लीय गैसों को ले जाने वाली वायु हजारों किलोमीटर उड़कर चली जाती हैं और जहां कहीं भी उसे आर्द्रता मिलती है वहीं जल के साथ संक्रिया करके अम्लीय वर्षा के रूप में बरस पड़ती हैं। इस प्रकार कहीं की गैसें कहीं पहुंच जाती हैं।

4. इमारतें (Buildings) – जब अम्लीयता वर्षा का अम्ल भवनों व इमारतों पर गिरता है तो सामान्यतया वह बिल्डिंग सामग्री से संक्रिया करता है। विश्व के अनेक ऊँचे-ऊँचे स्मारक, भवन, आलीशान इमारतें इसका शिकार बनती हैं। स्थायी समाधान न हो सकने के कारण यह चिन्ता का विषय बना हुआ है।

सुझाव (Suggestions) – यद्यपि यह समस्या को पूरी तरह से हल तो नहीं किया जा सकता, पर फिर भी कुछ उपाय इसे कम करने के लिये किये जा सकते हैं–

1. उद्योगों में स्क्रबर्स के उपयोग से उत्सर्जित होने वाली SO_2 गैस को स्रोत पर ही रोक लिया जाये।
2. ऐसे ऊर्जा के स्रोतों का उपयोग कम करें जिससे SO_2 या NO_2 का उत्सर्जन अधिक हो।
3. द्विपहिया वाहनों का उपयोग कम किया जाये।
4. पानी और मिट्टी में चूने का उपयोग करें जिससे उनकी अम्लीयता कम हो सके।
5. कारों में Catalytic Converter लगाये जायें।

इसकी रोकथाम के उपाय (Measures to Control)

1. वायु प्रदूषकों को ऊपरी वायुमण्डल में प्रकीर्ण करने के ठोस उपाय किए

जाने चाहिए। इससे धरातल पर प्रदूषकों का सान्द्रण कम हो जाएगा।

2. वायु प्रदूषण की नियमित मानीटरिंग की जानी चाहिए।

3. वायु प्रदूषण से उत्पन्न होने वाले घातक परिणामों के प्रति जनचेतना जगाई जाए जिससे लोग वायु को प्रदूषित करने वाले स्रोतों पर अंकुश लगाने के लिए दबाव डालें।

4. कम वायु प्रदूषण फैलाने वाली ऊर्जा का उपयोग करना चाहिए; जैसे–कोयले के स्थान पर सौर ऊर्जा से वाहनों को चलाना।

5. वायु के साथ मिश्रित सल्फर डाइऑक्साइड को फ्लू गैस डिसल्फराइजेशन विधि से अलग किया जा सकता है।

6. कणिकीय वायु प्रदूषकों से बचने के लिए बैग फिल्टर को चिमनियों से जोड़ना। 50 माइक्रोमीटर से बड़े कणिकीय पदार्थों को फिल्टर करने के लिए साइक्लोन सेपरेटर या वेट स्क्र नामक उपकरणों का प्रयोग करना चाहिए। फैब्रिक फिल्टर या हाई एनर्जी स्क्रेबर उपकरणों की सहायता से धुएं से होने वाली हानि से बचा जा सकता है।

7. ओजोन क्षय करने वाले क्लोरोफ्लोरोकार्बन फ्रेऑन-11 तथा फ्रेऑन-12 के उत्पादन में कटौती या रोक की जानी चाहिए।

8. फैक्ट्रियों की चिमनियों की ऊँचाई में वृद्धि की जानी चाहिए।

9. 550 डिग्री सैन्टीग्रेड तापमान पर कोयले के जलाने से नाइट्रोजन ऑक्साइड का कम उत्सर्जन होता है। अतः ऐसे ईंधनों की दहन प्रणाली में परिवर्तन करके कार्बन मोनो ऑक्साइड के उत्सर्जन को भी कम किया जा सकता है।

10. स्वचालित वाहनों में कैटेलिक कनर्वटर का प्रयोग करने से वायुमण्डल में हाइड्रोकार्बन का सान्द्रण कम किया जा सकता है। अधिक धुआं देने वाले ईजनों तथा वाहनों के प्रयोग पर प्रतिबन्ध लगाया जाये। स्वचालित वाहनों में सीसारहित पेट्रोल ईधन का प्रयोग करने से भी वायुमण्डल में हाइड्रोकार्बन का सान्द्रण कम हो जायेगा।

समुद्र सतह का बढ़ना (Rising of Sea Level)

औद्योगिक क्रियाओं तथा ईधनों के लिए कोयला, तेल अथवा लकड़ी जलाते हैं। इसमें कार्बन डाइऑक्साइड तथा अन्य गैसें वायुमण्डल की निचली तहों में (अधोमण्डल में) एकत्रित होती हैं तथा पार्थिव विकिरण के लिए कम्बल का कार्य करती हैं जिससे हरित भवन प्रभाव उत्पन्न होता है। पार्थिव विकिरण की किरणों सौर्यिक विकिरण की तुलना में बीस गुनी बड़ी होती हैं जिन्हें कार्बन डाइऑक्साइड,

कार्बन मोनो ऑक्साइड तथा वायुमण्डल में जमा हो रही अन्य गैसें इन्हें अवशोषित कर लेती हैं जिससे पृथ्वी का तापमान बढ़ जाता है।

विगत 100 वर्षों से वायुमण्डल में कार्बन डाइ आक्साइड का स्तर बहुत बढ़ गया है। इसे अचानक होने वाली वृद्धि माना जा रहा है क्योंकि 100 वर्षों का समय विगत हजारों वर्षों की तुलना में बहुत कम है। 1850 से 1980 के मध्य वायुमण्डल में कार्बन डाइ ऑक्साइड की मात्रा 268 पी.पी.एम. से बढ़कर 334 पी.पी.एम. हो गई। वनों को काटने तथा जीवांश के विनाश से प्रतिवर्ष 3×10^{15} ग्राम कार्बन डाईआक्साइड वायुमण्डल में पहुंचती है। वनों का तीव्र गति से कटान हुआ है। 1990 ई. के पूर्व यूरोप के मैदानों में 1950 से 1975 के मध्य 33% वन काट डाले गये। ग्लोबीय स्तर पर प्रतिवर्ष 0.5 से 1.5% तक वन कट रहे हैं।

पौधे प्रकाश संश्लेषण क्रिया के दौरान ऑक्सीजन का उपयोग करते हैं। लेकिन जीवाश्म ईंधनों को जलाने और कार्बन डाईऑक्साइड उत्पादन की दर जब प्रकाश संश्लेषण की दर से बढ़ जाती है तो वायुमण्डल में ऑक्सीजन की कमी और कार्बन डाइऑक्साइड गैस की मात्रा बढ़ने लगती है। इससे ग्लोबीय ऊष्मान की दर भी बढ़ जाती है। पृथ्वी के औसत वार्षिक तापमान में 5°C सें.ग्रे. की वृद्धि हो जाने से अण्टार्कटिका, उत्तरी ध्रुव एवं हिमाच्छादित पर्वत चोटियों की हिम पिघल जायेगी जिससे सागरीय जल स्तर में कई मीटर की लम्बवत् वृद्धि हो जायेगी। परिणामतः बड़ी संख्या में तटवर्ती नगर, बंगलादेश का अधिकांश भाग, लक्षद्वीप, मालद्वीप जलमग्न हो जायेंगे। ऐसी स्थिति में अनेक राजनीतिक सामाजिक समस्यायें एवं संघर्ष उत्पन्न होंगें। जलवायु बदल जायेगी। उत्तरी अमेरिका शुष्क रेगिस्तान क्षेत्र में बदल सकता है, उत्तरी साइबेरिया में भयंकर दलदल बन सकते हैं, चक्रवात और अधिक तीव्र हो सकते हैं तथा बाढ़ें अत्यन्त भीषण रूप ले सकती हैं।

अतः विभीषिकाओं से बचने के लिए क्या हम वायुमण्डल में कार्बन डाइ ऑक्साइड संचय करना रोक सकते हैं ? वास्तव में यह कठिन कार्य हैं क्योंकि हम ऊर्जा की विशाल मात्रा कोयला, तेल और लकड़ी से प्राप्त करते हैं जिसके लिए विकल्प तैयार करना पर्याप्त कठिन है। हम लगातार वनों को काटते जा रहे हैं जिससे वायुमण्डल में कार्बन डाई ऑक्साइड की बढ़ रही मात्रा को रोक पाना बहुत कठिन है।

सं.रा. अमेरिका में लगभग 5 टन प्रति व्यक्ति प्रतिवर्ष वायुमण्डल में कार्बन जमा करता है। यूरोप में यह दर 35 टन, चीन में 0.2 टन और भारत में 0.15 टन है। विश्व का औसतन एक टन प्रतिव्यक्ति प्रतिवर्ष है। इस प्रकार से प्रतिवर्ष वायुमण्डल में 5 बिलियन टन कार्बन जमा हो जाता है।

विश्विक वार्मिंग का विस्तार (Extent of Global Warming)

(1) पूर्व शताब्दी में समुद्री जल स्तर 15 से 20 सेंटीमीटर बढ़ा है। इसके साथ-साथ 2 सेंटीमीटर वृद्धि समुद्री जल प्रसार से हुई है।

(2) लगभग सारे संसार में 90 का दशक सबसे गर्म दशक और 98, 1861 के बाद सबसे गर्म वर्ष रहा।

(3) पूर्व शताब्दी में सभी महादेशों में वर्षण एक फीसदी बढ़ा है। इसके साथ-साथ ऊंची जगहों पर ज्यादा वर्षा हो रही है। उष्ण कटिबंधीय क्षेत्रों में वर्षा कम हो गई है।

(4) पहले मौसमी बदलाव प्राकृतिक होते थे। यद्यपि पौधों की श्वसन क्रिया और उनके सड़ने गलने से वायुमंडल में कार्बन डाइऑक्साइड मानवीय क्रियाकलापों से दस गुणा अधिक होते हुए भी औद्योगिक क्रान्ति पूर्व स्थिति संतुलित थी। वह कार्बन डाइऑक्साइड पौधे और समुद्र अवशोषित कर लेते हैं।

(5) विश्व मौसम संगठन के अनुसार भूतल का औसत तापमान पिछली शताब्दी के दौरान 0.45 डिग्री से 0.60 डिग्री तक की वृद्धि हुई है।

(6) तापमान वृद्धि मुख्य रूप से 1910 से 45 और 1976 से 2000 के बीच हुई। परन्तु आश्चर्य की बात यह है कि 20वीं शताब्दी का सबसे गर्म साल पिछले 15 वर्षों में एक रहा।

(7) 1950 के दशक की तुलना में समुद्री जल ताप में वृद्धि हुई है।

ग्लोबीय वार्मिग के कारण (Causes of Global Warming)

1. औद्योगिक क्रांति के बाद सब कुछ बदल गया, खेती, जीवन शैली आदि। औद्योगिक क्रांति से पहले मानवीय क्रियाओं से वायुमण्डल कम दूषित होता था। औद्योगिकरण इन कारणोंवश हम अपने जलवायु और वातावरण को बदलते रहे हैं।

2. एक प्रतिशत समूचे विश्व में व्यावसायिक रूप में होने वाले ऊर्जा उपभोग के 100 गुणा से भी ज्यादा होता है। ग्रीन हाउस गैसें पहले ही विश्व में ऊर्जा संतुलन बिगाड़ चुकी हैं। यह असंतुलन पृथ्वी पर आने वाले प्रकाश के एक फीसदी के बराबर है।

3. औद्योगीकरण के बाद ही पृथ्वी के वायुमण्डल की ताप अवशोषण क्षमता बढ़ी। वायुमण्डल में कार्बन डाईऑक्साइड की मात्रा 3.0% मीथेन 100% नाइट्रस आक्साइड 1.5% बढ़ी है।

4. ग्रीन हाउस गैसों का उत्सर्जन मुख्यतः जलाए गए कोयले, तेल और प्राकृतिक गैस से होता है।

अमरीका संसार के कुल ग्रीन हाउस गैस का 25 फीसदी उत्सर्जित करता है। वहीं 80 फीसदी उत्सर्जन विद्युत उत्पादन और वाहनों से होता है। इन गैसों की मात्रा वायुमंडल में पिछले 4,00,000 वर्षों के उच्चतम बिन्दु पर पहुंच गई है। भौतिकी के नियमानुसार यह पृथ्वी के जलवायु तंत्र को प्रभावित कने वाले कारक का काम करेगी। मात्र 20 फीसदी कोयला, प्राकृतिक गैस पाइपलाइनों रसायनों, बेकार चीजों से निकलने वाले मीथेन से होता है।

विश्विक ऊष्मता के प्रभाव (Effects of Global Warming)

जंगल और मरूस्थलों पर एक नया संकट छा गया है। जिससे गर्मी और पानी के कारण होने वाले रोगों में वृद्धि हुई है। तटीय क्षेत्रों को क्षय। वर्षण के तरीके में आए बदलाव से जल स्रोतों पर असर पड़ रहा है। मीठे पानी के स्रोत में खारा पानी मिल रहा है। आर्थिक गतिविधियों पर प्रतिकूल प्रभाव पड़ रहा है।

(1) अफ्रीका के किलीमंजारों के कहम खंड 15 साल में पूरी तरह पिघल जायेंगे। ज्यादा कार्बन डाइऑक्साइड के कारण पौधे जल्दी बढ़ रहे हैं। प्रकाश संश्लेषण से ज्यादा कार्बन डाईऑक्साइड अवशोषित कर रहे हैं। पृथ्वी गर्म होने के कुछ फायदे भी होंगे। कम वर्षा वाले क्षेत्रों में जलवायु परिवर्तन से वर्षा होगी और पैदावार बढ़ेगी।

(2) बढ़ती गर्मी और मानसून की अनिश्चितता से कटिबंधी क्षेत्रों में पैदावार में कमी आ सकती है।

(3) न्यूजीलैंड में पलायन करवाने के लिए योजना बनाई जा रही है, ताकि इस शताब्दी के अंत तक द्वीप खाली किया जा सके। तुवालु और किरिवती जैसे द्वीपों में बढ़ता समुद्री जल स्तर तटवर्ती सड़कों और फसलों को बर्बाद कर रहा है।

(4) समुद्री घास या रीफ्स कम हो रहे हैं। मछलियों का उत्पादन भी कम हो जायेगा।

(5) दुनिया की आबादी 6.5 अरब है। इसमें से 2 अरब जनसंख्या समुद्र तट से 100 किलोमीटर के दायरे में रहती है। करोड़ों लोग पहाड़ी ढलानों और अर्ध मरूस्थलीय क्षेत्र में रहते हैं। इन क्षेत्रों में वर्षा न होने से अक्सर फसल प्रभावित होती है। उस पर तूफान तथा बाढ़ का खतरा बढ़ जाएगा।

(6) जलवायु तंत्र में परिवर्तन होने में समय लगता है। ग्रीन हाउस गैस वायुमंडल में दशकों शताब्दियों तक बनी रहती है।

(7) लेकिन ये फायदे बहुत कम हैं और नुकसान बहुत ज्यादा हैं। वैज्ञानिकों का कहना है कि कार्बन डाईऑक्साइड की मात्रा तुरन्त घटाकर भी जलवायु को

पूरी तरह उसके प्रभाव से मुक्त नहीं कराया जा सकता।

वैश्विक प्रयास (Global Efforts)

(1) पर्यावरण और विकास विश्व परिषद का गठन किया गया।

(2) 1988 में आई. पी. सी. सी. का गठन किया गया।

(3) विश्व जलवायु कार्यक्रम की शुरुआत विश्व मौसम संगठन और वैज्ञानिक संघों के संयुक्त तत्वावधान में की गई। 1979 में पहला जलवायु सम्मेलन द्वारा सरकारों से मनुष्य के क्रियाकलापों से हो रहे परिवर्तन को रोकने की अपील की गई।

(4) क्योटो समझौते के अनुसार सन् 2008–12 के दौरान राष्ट्रों को ग्रीन हाउस गैसों का उत्सर्जन 90 के स्तर से कम से कम 5 प्रतिशत नीचे करने का निर्देश दिया गया। 178 राष्ट्रों ने इसे स्वीकृति दी। अमरीका अलग रहा।

(5) वर्ष 1995 में आई. पी. सी. सी. ने 2000 वैज्ञानिकों और विशेषज्ञों द्वारा तैयार दूसरी रिपोर्ट पेश की।

अध्याय - 6

पर्यावरण संरक्षण तथा संविकास में विद्यालय की भूमिका एवं कार्य

पर्यावरणीय संरक्षण
(Environmental Conservation)

पर्यावरण संरक्षण का महत्व मूलतः बड़ा आयाम लेता जा रहा है। पर्यावरण तथा मानव दोनों के स्वस्थ सम्बन्ध पर ही दोनों का अस्तित्व टिका हुआ है। मनुष्य के विभिन्न दृष्टिकोणों और उसे वैद्य रूप से उपलब्ध साधनों के बीच गंभीर खाई पाई जाती हैं।

वास्तव में इतिहास पर पीछे मुड़ कर जब हम नज़र डालते हैं तो पाते हैं कि जब आधुनिक सभ्यता ने प्रकृति के रहस्यों का पता लगाने का काम आरंभ किया तो उसका उद्देश्य उस पर विजय पाना था। तब इसे आधुनिक कहा गया। क्योंकि समय की दृष्टि से ही यह आधुनिक है, विषयवस्तु की दृष्टि से नहीं। मनुष्य प्रकृति पर अपने नियंत्रण से रोमांचित हो उठा था और उसने उसका अत्यधिक और निर्दयतापूर्वक दोहन किया। पर अगर अब प्रकृति की क्षतिपूर्ति नहीं हुई तो उसके आत्महत्या कर लेने का खतरा पैदा हो जायेगा। इसके विपरीत भारत में और पूर्व में हम प्रकृति पर विजय की बात नहीं करते। हम तो अपने को प्रकृति का हिस्सा मानते हैं और अपने को उसके नियमों के अधीन मानते हैं। यह हमारे सभी प्राचीन ग्रंथों से, हमारे सभी रीति-रिवाजों से, हमारे सभी तौर-तरीकों से, हमारे ग्रामीणों के रहन-सहन और वन क्षेत्रों में हमारी जनजातियों के रहने की विधियों से बिल्कुल स्पष्ट हो जाता है। वे सब प्रकृति के भाग हैं। वे इसे नष्ट नहीं करते। वे न तो इसका अति दोहन करने और न इस पर विजय पाने पर तुले होते हैं। यह सब हमारे अधिकांश साहित्य ने, भारत की सभी भाषाओं के लिखित और मौखिक साहित्य ने बिल्कुल साफ उजागर कर दिया है। हजारों वर्षों के साहित्य ने मनुष्य और प्रकृति के बीच इस सम्बन्ध को स्पष्टतया महत्व दिया है। यह सब प्रकृति के साथ हमारे सहअस्तित्व का प्रमाण है। हमारे सामने प्रकृति के नष्ट हो

जाने की चुनौती नहीं रही है, जबकि आज मानव जाति को इसका सामना करना पड़ रहा है।

पर्यावरणीय संरक्षण द्वारा इस चुनौती के प्रति जागरूकता से आशा बंधती है। सम्पोषित विकास अब कुछ उत्साही पर्यावरण प्रेमियों का कोरा नारा नहीं रहा है। अब इसे विकास नीति के प्रमुख निर्धारक तत्व के रूप में स्वीकारा जाने लगा है। यह एक महत्वपूर्ण बात है कि प्रकृति के प्रति शत्रुतापूर्ण रवैये का स्थान, पृथ्वी और मानव सभ्यता के बीच स्वस्थ संबंधों ने ले लिया है। इसी माध्यम के द्वारा नवीन विकल्प एवं समाधान तैयार किये जा रहे हैं, ताकि भविष्य को उज्ज्वल किया जा सके।

मानव को वर्तमान में उस बात पर बल देना तथा सोचना होगा कि भविष्य की प्रौद्योगिकियों, भविष्य के उद्योगों और भविष्य की आर्थिक गतिविधियों में पर्यावरण का हाथ बांध देने वाले इन बातों का ध्यान रखना होगा। पिछली कुछ शताब्दियों से अतिदोहन के द्वारा प्रकृति को नष्ट करने की जो कार्यवाहियां की जाती रही हैं, अब उन्हें नहीं किया जा सकेगा। परिणामस्वरूप विकासशील और विकसित देशों के बीच एक विश्वव्यापी विवाद उत्पन्न हो गया है। लेकिन यह मानव जाति और पृथ्वी के लिये एक अच्छा शगुन है कि 1992 में हम रियो द जनेइरो में एजंडा 21 नाम के कार्यक्रम पर सहमत हो गए थे, अतः इन निर्णयों को पूरी तरह लागू किया जायेगा तथा जो देश उस समय सहमत हुए थे, अब पीछे नहीं हटने लगेंगे।

पर्यावरण संरक्षण में विद्यालय की भूमिका
(Role of School in Environmental Conservation)

विद्यालय पर्यावरण शिक्षा के केन्द्र होते हैं। पर्यावरण शिक्षा पर्यावरण संरक्षण के लिये बेजोड़ भूमिका अदा करती है। पर्यावरण शिक्षा के द्वारा भावी नागरिक छात्रों को पर्यावरण का ज्ञान प्रदान किया जाता है। उसमें दक्षताओं का विकास किया जाता है और सबसे बढ़कर उसमें दृष्टिकोण निर्माण और सहभागिता की भावना का विकास करके शिक्षण संस्थायें पर्यावरण संरक्षण में समर्थ नागरिकों का निर्माण करती हैं।

विद्यालय द्वारा विभिन्न कार्य करके पर्यावरण संरक्षण में योगदान प्रदान करते हैं –

(1) विद्यालय के आन्तरिक कार्य **Internal Function of School)** – विभिन्न स्तर के विद्यालय अपनी सीमाओं के अन्दर पर्यावरण संरक्षण सम्बन्धी अनेक महत्वपूर्ण कार्य कर सकते हैं जो निम्नवत हैं –

(i) प्रतिवर्ष 5 जून को पर्यावरण दिवस, 21 मार्च को विश्ववन्य दिवस, 3 अक्तूबर को विश्व प्राकृतिक दिवस तथा 22 अप्रैल को पृथ्वी दिवस का व्यापक आयोजन करके।

(ii) पर्यावरण संरक्षण के सरकारी, गैर सरकारी तथा विद्यालय स्तर के कार्यक्रमों को नियमित रूप से संचालित करके।

(iii) पर्यावरण शिक्षा एवं संरक्षण को एक विषय के रूप में पाठ्यक्रम में सम्मिलित करके छात्र-छात्राओं को शिक्षण प्रदान करना।

(iv) पर्यावरण प्रदूषण एवं असन्तुलन सम्बन्धी समस्याओं पर शोध कार्य करना।

(v) विद्यालय पर्यावरण प्रशिक्षण सम्बन्धी कार्यक्रम आयोजित करके जन सामान्य को प्रशिक्षण प्रदान करना।

(vi) सेमिनार एवं कार्यशालायें आयोजित करना।

(vii) पर्यावरण संरक्षण सम्बन्धी कार्यक्रम ओरियन्टेशन एवं पुश्चर्या कार्यक्रम आयोजित करना।

(2) विद्यालय के बाह्य कार्य (External Functions of School) – बाह्य परिसर कार्यों के अन्तर्गत निम्न कार्य किये जा सकते हैं –

1. नगर, गांव तथा मुहल्लों में स्वच्छता अभियान चलाकर।

2. छात्रों को पर्यटन एवं पर्यावरण सम्बन्धी विधियों को प्रत्यक्ष रूप से दिखाकर।

3. बंजर भूमि (Wasteland) के संरक्षण की विधियां ग्रामवासियों को बतलाकर।

4. पर्यावरण संरक्षण सम्बन्धी नारे और चित्र लिखकर प्रदर्शित करना।

5. वृक्षारोपण कार्यक्रमों तथा वन महोत्सव कार्यक्रम आयोजित करना।

(3) विद्यालय का पर्यावरण सूचना तंत्र के रूप में कार्य (Function of School as Environmental Information System) – पर्यावरण सूचना तंत्र के अन्तर्गत सूचनायें एकत्र करना, उनकी प्रक्रिया एवं विश्लेषण सम्मिलित है। इन्हीं सूचनाओं एवं आंकड़ों के आधार पर योजनाओं का निर्माण किया जाता रहा है। पर्यावरण संबन्धी सूचनायें राष्ट्रीय स्तर पर एकत्र करने के लिये राष्ट्रीय पर्यावरण सूचना तंत्र (National Environmental Information System) की स्थापना आवश्यक है। प्राप्त सूचनाओं एवं आंकड़ों को एकत्र करके उनका मानचित्र तैयार किया जाये और उसे जन सामान्य तक पहुंचाया जाये। इस प्रकार से भौगोलिक सूचना तंत्र (Geographical Information System) भी इसमें अत्यन्त सहायक हो सकता है।

(4) पर्यावरण मानक एवं सूचक सम्बन्धी कार्य (Functions related to Environmental Standards and Indices) – पर्यावरण के मानक निर्धारण में सूचकों की महत्वपूर्ण भूमिका होती है। हानिकारक प्रदूषकों का स्तर सूचकों द्वारा ज्ञात किया जाता है। सूचक मूल्य उच्च होने पर पर्यावरण संकटग्रस्त माना जाता है। सूचकों से पर्यावरण का सहिष्णुता स्तर (Tolerence Level) भी ज्ञात किया जा सकता है।

(5) पर्यावरण मूल्यांकन सम्बन्धी कार्य (Functions Related to Environmental Evaluation) – पर्यावरण प्रबन्धन एवं संरक्षण और पूर्वानुमान पर्यावरण प्रभाव मूल्यांकन द्वारा ही संभव है। निगरानी (Monitoring) द्वारा आंकड़ों का एकत्रण तथा विभिन्न तकनीकों द्वारा उनका विश्लेषण करके उसके प्रभाव का मूल्यांकन किया जाना। पर्यावरण प्रभाव मूल्यांकन के परिणाम जनमानस तक पहुंचा कर पर्यावरण संरक्षण सम्बन्धी जागरूकता उत्पन्न की जा सकती है और पर्यावरण प्रबन्धन को सरल बनाया जा सकता है।

(6) विद्यालय के कार्य विभिन्न पर्यावरणीय संरक्षण के रूप में (Functions of School and as Various Environmental forms) – बालकृष्ण जोशी के शब्दों में 'विद्यालय आध्यात्मिक संगठन है, जिसका अपना स्वयं का विशिष्ट व्यक्तित्व है। विद्यालय गतिशील सामुदायिक केन्द्र है, जो चारों ओर जीवन और शक्ति का संचार करता है। विद्यालय एक आश्चर्यजनक भवन है, जिसका आधार सद्भावना है – लोगों की सद्भावना, माता-पिता की सद्भावना, छात्रों की सद्भावना।'

के. जी. सैयदैन के मतानुसार, " नवीन विद्यालय बालक की स्वतंत्रता को बहुत महत्व देता है। यह इस मनावैज्ञानिक तथ्य में विश्वास करता है कि बालक का विकास तभी होगा जब उसकी जन्मजात शक्तियों और योग्यताओं को परिवेश में पूर्ण स्वतंत्रता मिलेगी। इस प्रकार से नवीन विद्यालय बालक को समृद्ध, सक्रिय एवं उल्लासपूर्ण पर्यावरण प्रदान करने का प्रयास करता है। ऐसे परिवेश में बालक को विविध खेलों, सामाजिक सहयोग, हस्त कौशल, रचनात्मक कार्य और अपनी रुचि की पुस्तकें पढ़ने का अवसर प्राप्त होता है।

विद्यालयों के पर्यावरण संरक्षण सम्बन्धी विभिन्न भूमिकायें –

(i) स्कूल सामुदायिक जीवन के केन्द्र के रूप में (School as a centre of Community life)

(ii) विशिष्ट पर्यावरण के रूप में बल (School in the form of Special Environment)

(iii) स्कूल रचनात्मक परिवेश के रूप में (School in the form of creactive Environment)

(iv) स्कूल सक्रिय पर्यावरण के रूप में (School in the form of an Active Environment)

(1) स्कूल सामुदायिक जीवन के केन्द्र के रूप में (School as a centre of Community life) – शिक्षा आवश्यक सामाजिक कार्य है। बालक अपने सामुदायिक जीवन में सहभागी बने इसके लिये विद्यालय उसे प्रशिक्षित करता है।

(2) विशिष्ट पर्यावरण के रूप में बल (School in the form of special Environment) – विद्यालय एक विशिष्ट परिवेश की रचना करता है जिसमें बालक के वांछित विकास हेतु विशिष्ट प्रकार के जीवन एवं कार्यों की व्यवस्था की जाती है। ड्यूवी (Dewey) के अनुसार विद्यालय के विशिष्ट पर्यावरण में निम्नलिखित तीन विशेषतायें होती हैं –

(i) विशुद्धीकृत पर्यावरण (Purified Environment) – सामाजिक जीवन से केवल शुद्ध और दोष रहित बातों को विद्यालय अपनाता है तथा दोषयुक्त बातों को त्याग देता है। इस प्रकार विद्यालय के पवित्र परिवेश का बालक के भावी विकास और अच्छे समाज के निर्माण में सहायता मिलती है।

(ii) सरलीकृत पर्यावरण (Simplified Environment) – विद्यालय का पर्यावरण स्थायी महत्व के जीवन मूल्यों को सरल ढंग से प्रस्तुत करता है जिससे बालक सरलता से समझ सके।

(iii) सन्तुलित पर्यावरण (Balanced Environment) – विद्यालय का पर्यावरण सन्तुलित होता है। वहां सामाजिक समरूपता होती है, परिणामतः बालक संकीर्णताओं से बाहर निकलकर व्यापक विचारों के परिवेश में रहता है।

(3) स्कूल रचनात्मक परिवेश के रूप में (School in the form of a creative Environment) – वर्तमान विद्यालय बालक के सर्वांगीण विकास के लिये पाठ्य–सहगामी क्रियाओं यथा–प्रायोगिक कार्य, राष्ट्रीय सेवा, एन. सी. सी., खेलकूद आदि पर विशेष ध्यान देते हैं।

(4) स्कूल सक्रिय पर्यावरण के रूप में (School in the form of an Active Environment) – विद्यालय स्फूर्तिमय जीवन का केन्द्र होता है। वह अपने चारों ओर की वास्तविकताओं से जुड़ा रहता है। टी0 पी0 नन के अनुसार, "विद्यालय को मुख्य रूप से ज्ञान प्राप्ति का स्थान नहीं वरन् ऐसा स्थान समझा जाना चाहिए जहां बालकों को कुछ प्रकार के कार्यों में प्रशिक्षित किया जाता है।"

विद्यालय के कार्य (Functions of a School) – बालकों के व्यक्तित्व के विकास के लिये विद्यालय जो कार्य करते हैं उन्हें दो वर्गों में विभक्त किया जा सकता है।

(i) औपचारिक कार्य (**Formal Functions**)

(ii) अनौपचारिक कार्य (**Informal Functions**)

(i) औपचारिक कार्य (**Formal Functions**) – विद्यालय के औपचारिक कार्य निम्नवत् हैं –

1. बालकों के विचार शक्ति तथा निर्णय करने की क्षमता का विकास करना।

2. बालकों का चरित्र निर्माण करना तथा आध्यात्मिक ज्ञान प्रदान करना।

3. अपनी सांस्कृतिक विरासत और ज्ञान का संरक्षण, संवर्धन एवं गुणकारी बनाकर अगली पीढ़ी को हस्तांतरित करना।

4. छात्रों में नेतृत्व का विकास करना।

5. बालक में गतिशील और सन्तुलित मस्तिष्क का विकास करना।

6. जीविका की समस्या को हल करने की क्षमता का विकास करना।

(ii) अनौपचारिक कार्य (**Informal Functions**) – विद्यालय के अनौपचारिक कार्य निम्नवत् हैं –

1. सक्रिय पर्यावरण का निर्माण करने वाले बालकों की रचनात्मक क्रियाओं को प्रोत्साहित करना।

2. समाज सेवा तथा सामाजिक उत्सवों के आयोजन द्वारा छात्रों को सामाजिक जीवन का प्रशिक्षण देना।

3. वाद विवाद, चित्रकला, प्रदर्शनी, संगीत कार्यक्रम, नाटकों आदि के माध्यम से छात्र-छात्राओं के भावात्मक पक्ष को प्रोत्साहित करना।

4. एन. सी. सी., खेलकूद, स्काउटिंग, व्यायाम, योग आदि की व्यवस्था करके छात्रों को शारीरिक विकास हेतु प्रशिक्षण देना।

शिक्षाविद्‌ों द्वारा विद्यालय के पर्यावरण संरक्षण सम्बन्धी कार्य (Activities Related to Environmental Conservation by the Educationists)

औपचारिक एवं अनौपचारिक कार्यों को कुछ विद्वानों ने अपने मतानुसार वर्गीकृत किया है जिनका विवरण निम्नवत् है –

(1) थामसन (Thomson) का वर्गीकरण – थामसन ने विद्यालय कार्यों को पांच वर्गों में विभक्त किया है –

(i) सामुदायिक जीवन का प्रशिक्षण (Training of Community life)

(ii) चारित्रिक प्रशिक्षण (Character Building Training)

(iii) बौद्धिक प्रशिक्षण (Intellectual Training)

(iv) राष्ट्रीय गौरव एवं देश भक्ति का प्रशिक्षण (Training for National Pride and Patriotism)

(v) स्वास्थ्य एवं स्वच्छता का प्रशिक्षण (Training of Health and Sanitation)

(2) ब्रूबेकर का वर्गीकरण (Brubacker's Classification) – ब्रूबेकर ने विद्यालय कार्यों को तीन वर्गों में विभक्त किया है –

(i)प्रगतिशील कार्य – समय के अनुसार समाज को प्रगति के पथ पर ले जाना।

(ii) निष्पक्ष कार्य – शाश्वत मूल्यों की शिक्षा देना।

(iii) संरक्षण कार्य – अपनी संस्कृति विरासत की रक्षा करना।

पर्यावरण संरक्षण सम्बन्धी अन्य कार्य (Functions Related to Environmental Conservation)

(1) निम्न प्रभाव डालने वाली तकनीकी का प्रयोग (Application of Low-Impact Technology) – निम्न प्रभाव वाली तकनीकी को उचित वैकल्पिक प्राविधिकी या कोमल प्राविधिकी (Soft Technology) भी कहते हैं। निम्न प्रभाव प्राविधिकी पारितंत्र को अस्थिर किये बिना संसाधनों की पर्याप्तता को सुनिश्चित करती है। यह प्राविधिकी वर्तमान पारितंत्र की पोषण क्षमता को बनाये रखने पर बल देती है। यह विकेन्द्रित एवं श्रम साध्य प्रक्रिया को प्रोत्साहन प्रदान करती है। अतः ग्रामीण क्षेत्रों में सौर एवं पवन ऊर्जा एवं कार्बनिक अपशिष्ट ऊर्जा का प्रयोग पारिस्थितिकी की दृष्टि से लाभदायक है। एक अनुमान के अनुसार गोबर से बनाई जाने वाली बायोगैस सम्पूर्ण ग्रामीण जनसंख्या को भोजन पकाने के लिये ऊर्जा प्रदान कर सकती है। इसी प्रकार से खेतों की बंधियों एवं बरबाद भूमि पर शीघ्र तैयार होने वाले वृक्ष लगाकर खाना पकाने का ईंधन प्राप्त किया जा सकता है।

अधिक व्यापक एवं दीर्घकालीन संदर्भ में सांस्कृतिक जीवन पद्धति का विकास अधिक सामाजिक सुरक्षा तथा मन्द जनसंख्या वृद्धि पर्यावरण प्रबन्ध के उपयोगी साध्य हैं। पर्यावरणीय संकटों यथा – भूरक्षण, सूखा, अतिवृष्टि, कीटनाशकों और ऊर्जा मूल्यों की वृद्धि जैसी समस्याओं ने विकसित जगत को ऐसी रणनीति अपनाने पर बाध्य कर दिया है जिससे पर्यावरणीय समस्यायें कम से कम उत्पन्न हों।

(2) आनुवंशिक विविधता का संरक्षण तथा बाह्य मनोरंजन का प्रावधान (Conservation of Genetic Variety and Provision of outdoor Recreation) – वर्तमान सभय में कीटनाशकों एवं रोगनाशकों का व्यापक प्रयोग होने के कारण जैव–विविधता (Bio-diversity) का ह्रास हो रहा है जो पर्यावरण संरक्षण के लिये घातक है। पर्यावरण संरक्षण के लिये

आनुवंशिक विविधता बढ़ाना आवश्यक है। प्राणी उद्यान तथ वनस्पति उद्यान आनुवांशिक बढ़ाने के अवसर प्रदान करते हैं। कोई नहीं जानता कि कौन–सा जंगली पौधा या पशु कब उपयोगी हो। कोई भी पौधा फसल पर दबाव नहीं डाल सकता है जैविक नियन्त्रण का अभिकर्ता हो सकता है अथवा एक नई फसल के रूप में लोकप्रिय हो सकता है। इसी प्रकार से किसी जीव प्रगति का विलुप्त होना हमारी भोज्य श्रृंखला को खतरे में डाल सकता है।

प्रकृति–संरक्षण कार्यक्रम के अन्तर्गत पर्यावरण विभाग ने जैव मण्डलीय भण्डार के रूप में 19 संभावित क्षेत्रों की पहचान की है। पश्चिमी घाट में नीलगिरि, अरूणाचल प्रदेश में नमदफा, मेघालय में तुराजेना, उ. प्र. में फूलों की घाटी, केरल में शान्त घाटी आदि ऐसे ही क्षेत्र हैं।

(3) **संरक्षित भूदृश्य पारितंत्र की रक्षा (Maintenance of Protected Land Scape Ecosystem)** – भूदृश्य पारितंत्रों के अन्तर्गत राष्ट्रीय उद्यान, प्राकृतिक भण्डार, क्रीड़ा उद्यान आदि का संरक्षण निवेश कानेन बनाकर किया जा सकता है। इन उद्यानों में न केवल वृक्षों एवं पशुओं की दुर्लभ प्रजातियों की रक्षा की जानी चाहिए बल्कि सम्पूर्ण पारितंत्र की रक्षा की जानी चाहिए। वृक्ष प्रजातियों की रक्षा के लिये चिपको आन्दोलन की तर्ज पर आन्दोलन चलाये जाने चाहिए तथा विलुप्त हो रही प्रजातियों के संरक्षण के लिये प्रोजेक्ट टाइगर (Project Tiger) जैसी योजनायें चलाई जानी चाहिए।

(4) **संरक्षण एवं प्रबन्ध को कम करना (Minimization of Conservation and Management Cost)** – वर्तमान समय में पर्यावरण प्रबन्ध की लागत बहुत अधिक है। उदाहरण के लिये 1980–85 के पांच वर्षों में 40 करोड़ रु. से भी अधिक की धनराशि व्यय की गई। इस धनराशि में से 15 करोड़ रु. पर्यावरण नियोजन, क्षेत्रीय कार्यों के प्रदर्शन, सूचना एकत्रण तथा निगरानी में 10 करोड़ रु. पारिविकास कार्यक्रमों में, 5 करोड़ पारिस्थितिकी एवं पर्यावरण शिक्षा में 5 करोड़ भारतीय वनस्पति सर्वेक्षण विभाग द्वारा तथा 5 करोड़ रु. प्राणी सर्वेक्षण विभाग को प्रदान किये गये।

(5) **समन्वित उपागम पर बल (Emphasis on Integrated approach)** – पर्यावरण प्रबन्ध की रणनीति बनाते समय अन्तः सम्बन्धित चरों को सम्मिलित किया जाना चाहिए। उदाहरणार्थ प्रदूषण नियंत्रण के लिये बनाई जाने वाली रणनीति में अनेक अनुशासन यथा – भूगोल, भूगर्भशास्त्र, पारिस्थितिकी, समुद्र विज्ञान, अर्थशास्त्र तथा पर्यावरण अभियांत्रिकी आदि को सम्मिलित किया जाये। इसके पश्चात् कानूनी एवं तकनीकी उपायों का मूल्यांकन किया जाये तथा जन जागरूकता, सामाजिक आर्थिक दशाये एवं स्थिरता पर

विचार किया जाये। स्वयं–सेवी संस्थाओं तथा जन सामान्य को रचनात्मक कार्यों में सहभागी बनाना चाहिए।

(6) **कोमल ऊर्जा मार्गों का उपयोग (Use of Soft Energy Paths)** – अणु एवं जीवावशेष ऊर्जा के विकल्प के रूप में भूतापीय एवं ज्वारीय शक्ति का उपयोग लाभदायक है। ऊर्जा के इन स्रोतों का उपयोग करने से विकिरण तापीय प्रदूषण तथा भारी अपशिष्ट की मात्रा से बचा जा सकता है तथा वायुमण्डल में तापवृद्धि को रोका जा सकता है।

(7) **पर्यावरण संरक्षण के लिये शिक्षा (Education for Environmental Conservation)** – पर्यावरण संरक्षण एवं प्रबंध के लिये जन सामान्य को पर्यावरण सम्बन्धी शिक्षा देना आवश्यक है। पर्यावरण का अर्थ है 'पर्यावरण शिक्षा पर्यावरण के माध्यम से पर्यावरण के बारे में एवं पर्यावरण के लिए।' **(Environmental education is education through environmet, about environment and for environment).**

पर्यावरण की शिक्षा देने के निम्न उद्देश्य हैं –

1. समस्याओं के निराकरण के लिये वचनबद्धता का विकास करना।
2. पर्यावरण सम्बन्धी समस्याओं के प्रति जन जागरूकता एवं संवेदनशीलता उत्पन्न करना।
3. समस्याओं के निदान के लिये जन सामान्य में समुचित उपायों एवं क्रियान्वयन की दक्षता उत्पन्न करना।
4. बहुआयामी समस्याओं के समाधान में विविध पक्षों की विश्लेषण क्षमता का विकास करना।

(8) **पर्यावरणीय शिक्षा के कार्य (Functions of Environmental Education)** – पर्यावरण शिक्षा एक समन्वित प्रक्रिया है अतः इसकी रक्षा का प्रसार करते समय क्षेत्रीय संसाधनों, निर्धनता, पर्यावरण मानव प्रतिक्रिया आदि का अध्ययन करके ही पर्यावरण संरक्षण के उपाय सुझाये जा सकते हैं। इसमें विभिन्न अनुशासनों से सम्बन्धित विद्वानों यथा – अर्थशास्त्रियों, भूगोलविदों, चिकित्सकों, अभियन्ताओं, प्रशासकों एवं राजनेताओं को सम्मिलित करके एक समन्वित शिक्षण योजना सभी आयु वर्गों के लोगों के लिये तैयार करनी चाहिए। यह औपचारिक रूपों में दी जानी चाहिए।

पर्यावरण संरक्षण के लिये व्यूह रचनायें (Strategy for Environment Conservation) – पर्यावरणीय समस्यायें औद्योगिक एवं विकसित देशों में विकासशील देशों की तुलना में अधिक गंभीर हैं। किन्तु विकासशील देश भी पर्यावरण संरक्षण के प्रति कम चिन्तित नहीं हैं उनकी इस चिन्ता के निम्न कारण हैं :

1. विकासशील देश भी जीवन की गुणवत्ता बनाने के प्रति विशेष चिन्तित हैं।

2. कुछ समस्याएं तथा नगरों में प्रदूषण की समस्या विकसित एवं विकासशील देशों में एक जैसी है।

3. अनेक पर्यावरणीय समस्यायें राष्ट्रीय सीमाओं को पार कर जाती हैं और सम्पूर्ण विश्व में खतरा उत्पन्न करती हैं।

पर्यावरण संरक्षण सम्बन्धी रणनीतियां देश काल, परिस्थिति, मूल्यों, आवश्यकताओं, लक्ष्यों, कुशलताओं एवं अभियान के अनुसार बदलती रहती हैं। फिर भी रणनीति बनाने के लिये कुछ सामान्य मानदण्ड आवश्यक होते हैं। यह इस प्रकार हैं –

(i) जीवावशेष ईंधन के स्थान पर नवीन ऊर्जा स्रोतों का उपयोग।

(ii) विशाल योजनाओं द्वारा जैव-भूचक्रों को बाधित करने वाले प्रभावों का मूल्यांकन तथा ऐसे विकल्पों को ढूंढना जो सामाजिक आर्थिक उद्देश्यों को बाधित किये बिना दुष्प्रभावों को रोक सकें।

(iii) पर्यावरण प्रबन्ध सम्बन्धी रणनीति बनाने में जैव-भौमिक पर्यावरण पर मानव क्रियाओं का लघुकालिक तथा दीर्घकालिक मूल्यांकन आवश्यक होता है।

(iv) भौगोलिक पर्यावरण के अनुकूल प्राविधिकी का विकास कार्यों के लिये उपयोग।

(v) प्राकृतिक आपदाओं के दबाव को पारितंत्र को बिना संकट में डाले कम करना।

(vi) पर्यावरण के लाभदायक प्रभावों के प्रति जनता में जागरूकता उत्पन्न करना।

(vii) व्यक्तिगत स्वार्थों को रोकने तथा जनहित को बढ़ावा देने वाले नियमों का निर्माण एवं क्रियान्वयन।

उक्त तथ्यों को ध्यान में रखते हुए किसी भी क्षेत्र के पर्यावरण प्रबन्ध की रणनीति तैयार की जा सकती है।

जैफर्स ने पांच अवस्था वाली संसाधन प्रबन्ध नियोजन प्रबन्ध प्रक्रिया बतलाई है जो इस प्रकार है –

(i) लक्ष्यों एवं उद्देश्यों की पहचान करना।

(ii) प्रासंगिक समस्याओं को समझाने के लिये शोध प्रारंभ करना।

(iii) लक्ष्यों की प्राप्ति के लिये वैकल्पिक व्यूहरचनाओं की पहचान तथा मूल्यांकन करना।

(iv) विशिष्ट व्यूहरचना का चयन एवं क्रियान्वयन।

(v) परिणाम की देख–रेख करना तथा मूल्यों एवं मांग के अनुरूप योजना में परिवर्तन करना।

पर्यावरणीय विकास में स्कूल का प्रभाव
(Impact of School on Environmental Development)

रॉस (Ross) के अनुसार 'Schools are these institutions devised by civilized man for the purpose of aiding in the preparation of the young for well adjusted and efficient membership of society.' (विद्यालय वे संस्थायें हैं जिनको सभ्य मनुष्य द्वारा इस उद्देश्य से स्थापित किया जाता है कि समाज में सुव्यवस्थित और कुशल सदस्यता के लिये बालकों की तैयारी में सहायता प्राप्त हो।)

समायोजन, आदर्शों, मानसिक प्रवृतियों – प्रेम, सहयोग, परोपकार, सहिष्णुता, कर्तव्यपालन, आज्ञापालन, अनुशासन आदि का विकास उपयुक्त पर्यावरण से होता है। प्लेटो (Plato) का कथन है – 'If you want the child to appreciate and create beautiful things surround him with beautiful things.' (यदि आप चाहते हैं कि बालक सुन्दर वस्तुओं की प्रशंसा करे और रचना करे तो उसे सुन्दर वस्तुओं से घेर दीजिए।)

विद्यालय शब्द विद्या या ज्ञान तथा आलय या घर का अर्थ देता है अर्थात् विद्यालय ज्ञान का घर है। आंग्ल भाषा का स्कूल (School) शब्द लैटिन भाषा के 'Schola' शब्द अथवा ग्रीक भाषा के 'Schole' शब्द से बना है जिसका अर्थ है आराम (Rest) अथवा अवकाश (Leisure) किन्तु इसका अपना व्यापक अर्थ है। विद्यालय बालक के शारीरिक और मानसिक विकास का केन्द्र होता है जिसका उद्देश्य समाज के सांस्कृतिक एवं नैतिक मूल्यों तथा ज्ञान का संरक्षण एवं संवर्धन है। जान डेवी (John Dewey) ने स्कूल की परिभाषा इस प्रकार से दी है – 'विद्यालय एक ऐसा विशिष्ट परिवेश है जहा जीवन के विशिष्ट गुणों, क्रियाओं तथा व्यवसायों की शिक्षा इस उद्देश्य से दी जाती है कि बालक का विकास वांछित दिशा में हो।

विद्यालय के भौतिक, सामाजिक, सांस्कृतिक एवं मनोवैज्ञानिक पर्यावरण का बहुमुखी प्रभाव होता है जो शिक्षा और प्रभाव घर तथा समाज में संभव नहीं वह विद्यालय के परिवेश में सरलता से संभव है। विद्यालय शिक्षा केन्द्र तो हैं हीं, वे सांस्कृतिक विरासत को भी एक पीढ़ी से दूसरी पीढ़ी को हस्तांतरण करते हैं। अतः "किसी भी राष्ट्र की प्रगति का निर्णय विधानसभाओं, न्यायालयों और फैक्ट्रियों में नहीं वरन् विद्यालयों में होता है। (The progress of a nation is decided not in legislatures, not in courts, not in factories but in schools).

पर्यावरण संरक्षण सम्बन्धी विभाग के कार्य (Functions of the Development of Environment Conservation Department) – भारत में पर्यावरण नियोजन समिति एवं पर्यावरण विभाग अन्तर्अनुशासनिक अस्थाई उपसमितियां बनाकर विविध प्रकार की परियोजनाओं का मूल्यांकन करता है। इन उप–समितियों में परियोजना के विकास अधिकारियों तथा कर्मचारियों को भी सम्मिलित किया जाता है। यद्यपि पर्यावरण विभाग की संस्तुतियां परियोजनाओं के क्रियान्वयन में अनिवार्य रूप से लागू नहीं की जाती तथापि इन पर उचित ध्यान दिया जाता है। किसी भी परियोजना के क्रियान्वयन में प्रदूषण रोधी प्राविधिकी तथा पर्यावरण सुरक्षा के उपाय आवश्यक रूप से लागू किये जाते हैं। उदाहरणार्थ – मुदुमलाई वन्य जीवन शरण स्थली नीलगिरी (तमिलनाडु) के मध्य में एक जल विद्युत परियोजना बनाई जानी थी। भारतीय पर्यावरण विभाग ने इस परियोजना से होने वाली पारिस्थितिक हानि से तमिलनाडु सरकार को अवगत कराया और यह परियोजना रोक दी गई।

राष्ट्रीय पर्यावरण नियोजन समिति और योजना आयोग औद्योगिक परियोजनाओं, सड़क एवं रेल निर्माण, खनन, जलविद्युत एवं सिंचाई सम्बन्धी परियोजनाओं के पर्यावरण प्रभाव मूल्यांकन की प्रश्नावली रखते हैं जिसे सम्बन्धित परियोजना के अधिकारियों को पूर्ण करना पड़ता है।

वर्ष 1981-82 के अन्त तक 183 जल विद्युत परियोजनायें पर्यावरण विभाग को संदर्भित की गई। 60 नदी घाटी परियोजनाओं का मूल्यांकन किया गया तथा पर्यावरण सुरक्षा के उपाय संस्तुत किये गये। ताप विद्युत संयंत्रों के 23 प्रस्तावों का पुनर्निरीक्षण किया गया। विभिन्न उद्योगों के पर्यावरणीय प्रभावों का मूल्यांकन भी पर्यावरण विभाग द्वारा किया जाता है। सभी मंत्रालयों को निर्देश दिये गये कि सरकारी परियोजनाओं के व्यय में प्रदूषण रोधी उपायों को अवश्य सम्मिलित करें। विशिष्ट परियोजनाओं तथा टिहरी बांध शान्तघाटी, मथुरा तेल शोधनशाला तथा ताजमहल के लिये विशेषज्ञ दल बनाये गये हैं। मुंबई के निकट (Nhave) न्हावे में सुदूर तटवर्ती क्षेत्र में तेल की खुदाई के लिये निगरानी समितियां (Monitoring Committees) बनाई गई हैं।

पर्यावरण संरक्षण के कानूनी एवं प्रशासनिक पक्ष (Legislative and Administrative aspects of Environmental Conservation) – पर्यावरण प्रबन्ध में कानून एवं प्रशासन की महत्वपूर्ण भूमिका होती है। अतः इनके महत्व को समझना आवश्यक होता है।

(1) प्रशासनिक पहलू (Administrative Aspects) – राष्ट्रीय विकास प्रक्रिया को अक्षुण्ण बनाये रखने के लिये पर्यावरण संरक्षण अत्यन्त

आवश्यक है अतः प्रशासकीय उपाय भी अनिवार्य हो जाते हैं। पर्यावरण विभाग प्रशासनिक उपायों के क्रियान्वयन के लिय ही बनाया गया है। पर्यावरण विभाग पर्यावरण प्रबन्ध के विविध पक्षों की देखभाल करता है। यह प्रदूषण नियंत्रण एवं पारिस्थितिक पुनः स्थापना (**Eco-restoration**) के कार्यों में अपनी भूमिका अदा करता है। प्रशासनिक उपायों की क्षमता नीति संरचना से जुड़ी हुई है जिसमें प्रक्रिया, कारणों, वरीयताओं एवं प्रशासनिक रुचियों की गणना की जाती हैं समुचित प्रशासनिक उपायों के लिये एक राष्ट्रीय पर्यावरण नीति की आवश्यकता है।

(2) कानूनी पहलू (Legislative Aspects) – कानूनी उपाय पर्यावरण संरक्षण के प्रभावशाली कारक हैं। पहले उल्लेख किया जा चुका है, पर्यावरण संरक्षण के लिये भारत में अनेक कानून बनाये गये हैं। राष्ट्रीय स्तर से स्थानीय स्तर तक पर्यावरण संरक्षण के लिये लगभग 100 कानूनी उपाय किये गये हैं। लेकिन प्रदूषण नियंत्रण के लिये कारगर तकनीक का अभाव अधिकारियों में कानून लागू करने की लगन एवं समर्पण का अभाव उपायों की प्रभाविता को कम कर देते हैं।

भारतीय संविधान की धारा 48 A तथा 51 A(g) में पर्यावरण संरक्षण की व्यवस्था की गई है। इस व्यवस्था के अन्तर्गत पर्यावरण संरक्षण प्रत्येक व्यक्ति एवं राज्य का दायित्व है। 'राज्य पर्यावरण की रक्षा एवं सुधार देश के वनों एवं वन्य जीवन की रक्षा का प्रयत्न करेगा।'

(The state endeavours to protect and improve the environment and to safeguard the forests and the wild life of the country) धारा 48 A.

धारा 51 (g) के अन्तर्गत पर्यावरण संरक्षण प्रत्येक भारतीय का कर्तव्य बतलाया गया है। 'प्राकृतिक पर्यावरण जिसके अन्तर्गत वन, झीलें, नदियां और वन्य जीवन है की रक्षा एवं सुधार प्रत्येक भारतीय नागरिक का कर्तव्य होगा तथा जीवित प्राणियों के प्रति दया रखना प्रत्येक भारतीय का कर्त्तव्य होगा।

(It shall be the duty of every cityzen of India to protect and improve the natural environment including forests, lakes, rivers and wild life and to have compassion for living creatures.) धारा 51 (g).

कानूनी पक्ष से जुड़ी हुई मुख्य समस्या कानून के क्रियान्वयन की है। 1968 में कीटनाशक अधिनियम बनाया गया था परन्तु डी. डी. टी. और वी. एच. सी. का प्रयोग लगातार बढ़ रहा है। 1974 में जल अधिनियम तथा 1981 में वायु अधिनियम बनाये गये किन्तु प्रभावकारी क्रियान्वयन न होने के कारण देश की विशाल

नदियों में लगातार प्रदूषण बढ़ा तथा उद्योगों की समुचित स्थानों पर स्थापना न होने के कारण वायु प्रदूषण भी रोका नहीं जा सका।

भारत सरकार ने राष्ट्रीय पर्यावरण नियोजन समिति गठित की है जो अनेक उपसमितियां बनाकर विकास परियोजनाओं का क्रियान्चयन कराता है। 1980 में पर्यावरण प्रदूषण के मुख्य आयामों को जानने के लिए एन. डी. तिवारी समिति का गठन किया गया। इस समिति ने जल, वायु, मिट्टी तथा ध्वनि प्रदूषण की स्थिति को उजागर किया। हिमालय के नाजुक पारितंत्र में इस समिति ने निर्वनीकरण, भूक्षरण, अवसादन, कटी पिटी भूमि, बाढ़ें, सूखा आदि का मूल्यांकन किया तथा इस तथ्य पर बल दिया कि एक समृद्ध परितन्त्र (Eco-system) के निर्माण में 5 करोड़ वर्ष का समय लगता है लेकिन उसे केवल 150 वर्षों में नष्ट किया जा सकता है। फलस्वरूप इस समिति ने भूमि सन्धान का संरक्षण, जैव विविधता की रक्षा, नगरीय एवं ग्रामीण क्षेत्रों की आवासीय दशाओं में गिरावट तथा जल की अपर्याप्त आपूर्ति के सम्बन्ध में चिन्ता व्यक्त की।

टिकाऊ विकास में विद्यालय के कार्य (Role of School in Sustainable Development)

टिकाऊ विकास (Sustainable Development)

संविकास (Eco-development) का सामान्य अर्थ है 'बिना विनाश किए विकास' (Development without destruction) अथवा सन्तुलित विकास (Balanced development) अथवा ठोस विकास (Sound Development) आदि नामों से अभिहित किया जाता है। वास्तव में प्रकृति को हानि पहुंचाए बिना विकास की ओर अग्रसर होना ही संविकास या पारिस्थितिक विकास है।

टिकाऊ विकास के प्रमुख पहलू (Main Aspects of Sustainable Development)

1960 ई0 के दशक के अन्त तक सामान्यतः यह माना जाता था कि वातावरणीय संरक्षण (Environmental Protection) तथा विकास एक दूसरे के विलोम (Opposite) हैं। दूसरे शब्दों में, वातावरण को क्षति पहुंचाए बिना विकास असम्भव है। यदि विकास करना है तो वातावरण की गुणवत्ता के ह्रास के रूप में उसकी कीमत चुकानी होगी। परन्तु अब यह अनुभव किया जाने लगा है दोनों एक–दूसरे के विलोम या विरोधी नहीं, वरन् अनुगामी हैं।

संयुक्त राष्ट्र संघीय पर्यावरण कार्यक्रम (U.N.E.P.) के पूर्व महासचिव मुस्तफा कमाल तोल्वा का मत है कि "वातावरण संरक्षण के बिना विकास नहीं हो सकता और बिना विकास से वातावरण संरक्षण नहीं हो सकता"।

आज विश्व के विकसित देश वातावरणीय संरक्षण पर तथा विकासशील देश विकास पर बल दे रहे हैं। संविकास, ऐसा विकास है जो सामाजिक दृष्टि से वांछित, आर्थिक दृष्टि से सन्तोषप्रद एवं पारिस्थितिक दृष्टि से स्वस्थ्य हो।

टिकाऊ विकास के निम्नलिखित पक्ष हैं :–

1. ठोस या टिकाऊ विकास (Sustainable Development),
2. समन्वित या समग्र विकास (Integrated or Total Development),
3. सन्तुलित विकास (Balanced Development)

1. ठोस या टिकाऊ विकास (Sustainable Development) – ठोस या टिकाऊ विकास की अवधारणा वर्तमान के साथ–साथ भविष्य को भी समेटती है। इसे संधृत विकास भी कहते हैं। इसका तात्पर्य यह है कि विकास ऐसा हो, जो न केवल मानव समाज की तात्कालिक आवश्यकताओं की पूर्ति करे, प्रत्युत स्थायी तौर पर भविष्य के लिये निर्बाध विकास का आधार प्रस्तुत करे। इसका उद्देश्य है – 'मानव समाज की विद्यमान मौलिक आवश्यकताओं की पूर्ति को, बिना भावी पीढ़ियों की मौलिक आवश्यकताओं की पूर्ति की क्षमता को किसी प्रकार क्षति पहुंचाये, सुनिश्चित करना।' ठोस विकास पर्यावरण के ऐसे संरक्षण पर जोर देता है, जो मानव द्वारा जैव मण्डल के उपयोग से विद्यमान पीढ़ी को अधिकतम स्थायी लाभ प्रदान करते हुए भावी पीढ़ियों की जरूरतों एवं आकांक्षाओं के लिये उसकी सम्भाव्यता को अक्षुण्ण रखे। इसमें पारितंत्र के घटकों का परिरक्षण (preservation), रख–रखाव (maintenance), पुनर्स्थापना (restoration), दीर्घावधिक एवं अनुकूलतम उपयोग, अभिवृद्धि (increase) आदि सम्मिलित हैं। ठोस विकास से मानव समाज की वर्तमान व भावी आवश्यकताओं की पूर्ति की जा सकती है।

2. समन्वित या समग्र विकास (Integrated or Total Development) – ऐसा विकास जो पारितन्त्र की समग्रता को ध्यान में रखकर किया जाता है, समन्वित विकास कहलाता है। किसी राष्ट्र के सभी पर्यावरणीय घटकों – कृषि, मिट्टी, जल, वायु, वनस्पति, वन्य जीव-जन्तु, पशु-पक्षी, ऊर्जा तन्त्र, उद्योग, विकास, विज्ञान एवं प्राविधिकी की जब एक साथ कोई विकास-नीति बनाई जाती है फिर पर्यावरण को खतरों से बचाया जा सकता है। वर्तमान में आर्थिक विकास के कारण पर्यावरण के एक-दो तत्त्वों पर इतना अधिक दबाव बढ़ गया है, जिससे प्रदूषण जैसी समस्याओं ने जन्म लिया हैं ऊर्जा संकट, पर्यावरण संकट, विकास संकट तथा सामाजिक विषमता जैसी अनेक समस्याएं एक-दूसरे से भिन्न होते हुए भी एक-दूसरे से जुड़ी हैं। विश्व के किसी भाग में होने वाली छोटी-सी घटना भी पर्यावरण के ह्रास तथा संसाधनों के विनाश का

कारण बन सकती हैं। इसलिये सभी पक्षों को एक साथ रखकर विकास-नीति निर्धारित करनी चाहिए। ब्राजील में अमेजन घाटी के सेल्वा (Selve) वनों की कटाई से सम्पूर्ण विश्व की जलवायु पर प्रभाव पड़ा है। सेल्वा वनों को 'पृथ्वी के फेफड़े' (Earth's lungs) की संज्ञा दी जाती है। अमेजन घाटी के वनों की लगातार कटाई करते रहने से 'हरित गृह प्रभाव' (Green House Effect) का परिणाम पूरे विश्व को भोगना पड़ रहा है। अतः संविकास संकल्पना का यह पक्ष विकास और पारिस्थितिकी दोनों को अन्योन्याश्रित मानते हुए समन्वित या समग्र विकास (Integrated or Total Development) पर बल देता है।

ठोस विकास ऐसा पर्यावरणीय संरक्षण नहीं है, जो पर्यावरण के संसाधन-दोहन (Resource Exploitation) पर अंकुश लगाने की ओर इंगित करता हो। यह मानव एवं वातावरण के मध्य सामंजस्य की किसी स्थैतिक दशा को बनाए रखने पर नहीं, वरन् एक ऐसी परिवर्तनशील प्रक्रिया को बल देता है, जो संसाधन-दोहन, पूंजी निवेश, प्राविधिकी विकास के झुकाव एवं संस्थागत परिवर्तनों को मानव समाज की वर्तमान और भावी आवश्यकताओं से सामंजस्य स्थापित करने की क्षमता दे सके। विकास के नाम पर पर्यावरण के साथ की गई छेड़छाड़ को प्रकृति प्रत्युत्तर देने लगी है। कहीं पानी में नहाने व पीने मात्र से ही मौतें हो रहीं हैं, कहीं मछलियों के खाने से शरीर में पारा पहुंच रहा है, कहीं ध्वनि-प्रदूषण व धुएं से कैंसर, मानसिक बेचैनी व अनिद्रा की समस्याएं उत्पन्न हुई हैं।

3. सन्तुलित विकास – यह ऐसी विकास व्यवस्था है, जिसमें पर्यावरण को क्षति पहुचाए बिना समाज के प्रत्येक सदस्य के लिये न्यूनतम सुविधा का प्रबन्ध हो। आज असमानता (Inequality) विश्व की सबसे बड़ी पारिस्थितिक समस्या है। यह विकास के मार्ग में भी बाधक है। विकास के लाभ का वितरण सभी को समान रूप में नहीं मिला है, जिससे विश्व के देशों में असमानता बढ़ी है। विकसित देशों के निवासी जहां एक ओर विविध भौतिक वस्तुओं का अधिक मात्रा में अनावश्यक उपयोग करते हैं, वहीं दूसरी ओर विविध अल्पविकसित देशों के निवासी जीवित रहने के लिये आवश्यक सुविधाओं से भी वंचित हैं। स्विट्जरलैंड का एक नागरिक उतना उपभोग करता है जितने में सोमालिया के 40 व्यक्तियों का गुजारा हो सकता है। विश्व के 150 करोड़ व्यक्ति ईंधन के लिये केवल वनों पर निर्भर करते हैं। उनकी प्रति व्यक्ति प्रति वर्ष आय 50 डॉलर से भी कम है। यदि ऐसे लोग वातावरण को संरक्षण करने की सोचने लगें तो उन्हें 3 'F' – चारा (fodder), ईंधन (fuel) तथा भोजन (food) कहां से उपलब्ध होगा। उनके लिये वातावरण संरक्षण का अर्थ, मृत्यु का वरण करना।

गरीबी ऐसा दुश्चक्र (Vicious circle) है, जो विपन्नता में सतत् वृद्धि करता

है। यही पर्यावरण के विनाश की भी जननी है। जब इस दुश्चक्र को सन्तुलित विकास के अस्त्र से तोड़ा जाता है तो टिकाऊ विकास की स्थिति आती है। 'पर्यावरणीय विकास के विश्व आयोग' (World Commission on Environment Development - W.C.E.D.) के अनुसार, '' असामानता (Inequity) विश्व की सबसे बड़ी पारिस्थितिकीय समस्या है। यही विकास की भी सबसे बड़ी समस्या है।'' अतः स्पष्ट है कि संविकास ऐसे आर्थिक विकास पर बल देता है, जिससे विकसित व अल्पविकसित देशों के मध्य सन्तुलन बना रहे।

अध्याय - 7

टिकाऊ विकास एवम् सरकार के कार्य

पक्षियों का संरक्षण (Conservation of Birds)

पक्षी हमारे पर्यावरण के महत्वपूर्ण अंग हैं तथा 'भोज्य शृंखला' (Food chain) में इनकी महत्वपूर्ण भूमिका है। भारत के विविध पारितन्त्र में 2061 प्रकार के पक्षी पाये जाते हैं। इनमें से 1750 प्रकार के पक्षी भारत में ही निवास करते हैं। शीत ऋतु में मध्य एशिया और साइबेरिया से उड़कर भारत आते हैं। विश्व के कुल 28 वर्गों के पक्षियों में से 20 वर्गों के पक्षी भारत में पाये जाते हैं। हिमालय से प्रायद्वीपीय भारत तक अनेक प्रकार के जल पक्षी पाये जाते हैं। ये जलपक्षी देश के पक्षी-विहारों में बड़ी संख्या में पाये जाते हैं। तालाबों, झीलों, जलाशयों तथा सागरों में वे जलपक्षी निवास करते हैं। देश के निम्नलिखित पक्षी विहार पक्षियों को शरण देने तथा उन्हें आकर्षित करने के लिये प्रसिद्ध हैं:—

1. कैलीभार पक्षी विहार, तमिलनाडु
2. प्वाइण्ट पक्षी विहार, तमिलनाडु
3. रंगन थिट्ट पक्षी विहार, कर्नाटक
4. बेडान्थागल पक्षी विहार, तमिलनाडु
5. केवलादेवा घाना, भरतपुर (राजस्थान)
6. सजनखली पक्षी विहार, सुन्दरून (पं0 बंगाल)

इसी प्रकार कच्छ, सौराष्ट्र केरल एवं राजस्थान में पक्षी विहार बन गये हैं। मोर जो केवल भारत में पाया जाता है। इसके संरक्षण हेतु इसे राष्ट्रीय पक्षी घोषित किया गया है। 1972 में वन्य जीव संरक्षण अधिनियम द्वारा पक्षियों के शिकार पर रोक लगा दी गई है।

जल में निवास करने वाले भारतीय पक्षियों में पनडुब्बी, जांघिल, गैबर, घोंघिल, अंजन, मंतग, बुज्जा, दाबिल, जलसिंह आदि है। मांसाहारी पक्षियों में गिद्ध, चील, बाज, मोर आदि कीटभक्षी पक्षियों में नीलकण्ठ, कौडिल्ला, हुद-हुद धनेडा

आदि हैं। इनके अतिरिक्त मुर्गा, कबूतर कोयल, पपीहा, तोता, उल्लू, खंजन, गौरैया, कौवा, बुलबुल, बया, भुजंगा इयामा आदि अनेकानेक पक्षी भारतीय पर्यावरण के अंग हैं। इनका संरक्षण प्रत्येक नागरिक का कर्तव्य है। राज्य वन जीव सलाहकार समिति की पक्षी शाखा (Bird wing) तथा 1958 में स्थापित वाइल्ड लाइफ प्रिजर्वेशन सोसाइटी आफ इण्डिया पक्षियों के संरक्षण में लगी है।

वन्य जीव संरक्षण की अन्य परियोजनाएं
(Other Projects of Wild life Conservation)

बाद्य परियोजना के अतिरिक्त भारत में अन्य अनेक वन्य जीव संरक्षण परियोजनाएं चल रही हैं। ये परियोजनाएं निम्नलिखित है। :–

(1) हाथी परियोजना (Projects Elephant)

(2) गैंडा परियोजना (Project Rhinoceros) पं0 बंगाल में (बंगाल गैंडा सुरक्षा कानून, 1932)

(3) मगर परियोजना (Project Crocodile)

(4) सिंह परियोजना (Project Lion) – गिर राष्ट्रीय उद्यान गुजरात में।

टिकाऊ विकास एवं पारिमित्र तकनीकी
(Sustainable Development and Eco-friendly Technology)

मानव एक विकासशील प्राणी है। मानव विकास प्रक्रिया एवं संसाधन सन्तुलन को बनाये रखना ही संविकास है। मानव अपने विकास के लिये सदैव से पर्यावरण में उपलब्ध संसाधनों पर निर्भर करना रहा है। वह वन्य, पशुचारण, कृषि, उद्योग तथा तकनीकी अवस्थाओं से गुजरता हुआ चन्द्रमा पर जा पहुंचा है तथा मंगल एवं बृहस्पति ग्रहों पर पहुंचने का प्रयास कर रहा है। अपनी इस विकास प्रक्रिया में उसने संसाधनों का अन्धाधुन्ध एवं अविवेकपूर्ण विदोहन किया है, परिणामतः मृदा, जल, वायु, वन, खनिज, पर्वत, पठार, सागर सभी पर्यावरण घटक घातक परिणाम उत्पन्न करने लगे हैं। बढ़ती हुई जनसंख्या, लोकप्रियता प्राप्त कर रही। उपभोक्तावादी संस्कृति एवं तज्जन्य व्यापक औद्योगिकरण एवं संसाधन विदोहन, पर्यावरण संरक्षण के अपर्याप्त उपाय एवं जन चेतना का अभाव जैसी पर्यावरण विरोधी प्रक्रियाओं ने हरितभवन प्रभाव, ओजोन ह्यस, ग्लोबीय तापमान में वृद्धि, जलवायु, परिवर्तन, रेडियोधर्मी, विकिरण आदि ग्लसवीय समस्याओं को जन्म दिया है। यदि यही प्रक्रियाएं जारी रहीं तो मानव को न केवल अपना विकास रोकने के लिये बाध्य होना पड़ेगा बल्कि उसके अस्तित्व की भी समस्या उत्पन्न हो जायेगी। अतः समय रहते मानव को सचेत होना होगा,

अपनी विकास प्रक्रिया तथा संसाधन उपलब्धता जो जीवन-निर्वाही तन्त्र (Life Supporting System) का आधार है के मध्य सन्तुलन समन्वय स्थापित करके ही अपने विकास कदम बढ़ाने होंगे।

वर्तमान समय में बड़ी-बड़ी बहुउद्देशीय योजनाएं एवं बांध बनाये जा रहे हैं, ताप विद्युत एवं अणु विद्युत गृह स्थापित किये जा रहे हैं, घातक गैसें निष्कासित करने वाले औद्योगिक संयंत्र लग रहे हैं तथा विशाल वन क्षेत्र एवं पर्वतों को साफ किया जा रहा है और विकास के नाम पर पर्यावरण सन्तुलन को बिगाड़ा जा रहा है। पर्यावरणवादी इन परियोजनाओं के विरुद्ध आन्दोलन करते हैं और पर्यावरण को अक्षत बनाये रखने का प्रयत्न करते हैं।

वर्तमान में परियोजनाओं तथा औद्योगिक विकास को रोक पाना असम्भव प्रतीत होता है। इस समस्या का एक ही समाधान है – वह है समुचित तकनीक अथवा पारिमित्र तकनीक (Eco-friendly Technology)। उक्त परियोजनायें औद्योगिक सयंत्रों की स्थापना हमारी आवश्यकता है। अतः ऐसी परियोजनाएं एवं औद्योगिक संयंत्र लगाते समय ऐसी तकनीक का उपयोग किया जाना चाहिए जो प्रदूषण रोधी हो तथा पर्यावरण को हानि न पहुंचाये। इन संयंत्रों में सभी प्रकार की प्रदूषण रोधी विधियां (Devices) लगाई जायें तथा समय-समय पर उनके पर्यावरण प्रभाव मुल्यांकन के लिये निगरानी (Monitoring) की जाये। संयंत्रों से निकलने वाले जल एवं वायु का समुचित उपचार करके ही उन्हें छोड़ा जाये। कठोर नियम एवं दण्ड-विधान किया जाये। भारत के पर्यावरण संरक्षण अधिनियम 1956 जैसे कानून प्रत्येक राज्य में कठोरता से लागू किये जायें। पर्यावरण शिक्षा का व्यापक प्रचार एवं प्रसार किया जाये जिससे पर्यावरण के प्रति जन-सामान्य का दृष्टिकोण बदले। इसके अतिरिक्त सम्पूर्ण ग्लोब में मानव को अपनी जीवन-शैली बदलनी होगी। उपभोक्तावादी संस्कृति के स्थान पर सरल एवं सादगी पूर्ण जीवन पद्धति अपनानी होगी। हमें स्वच्छता, जलापूर्ति एवं जल निकास, कर्मकाण्ड एवं सर्वोपरि जनसंख्या नियन्त्रण पर ध्यान देना होगा। टिकाऊ विकास हेतु हमें सर्वांगीण उपागम (Holistic Approach) अपनानी होगा।

पारिमित्र तकनीकी (Eco-friendly Technology)

पारिमित्र तकनीक का अर्थ ऐसी तकनीक से है जो संविकास को बनाये रखते हुए पर्यावरण का संरक्षण करे। कृषि, उद्योग, ऊर्जा उत्पादन संसाधन विदोहन आदि क्षेत्रों मे प्रयुक्त वर्तमान तकनीक पर्यावरण के प्रति अत्यन्त घातक रही है। कृषि के क्षेत्र में प्रयुक्त हरित क्रांति तकनीक (Green Revolution Technology) वन, खनिज, जैव एवं सागरीय संसाधनों के विदोहन में प्रयुक्त तकनीक, ताप एवं अणु ऊर्जा उत्पादन तकनीक तथा जनसंख्या नियन्त्रण तकनीक आदि पर्यावरण संरक्षण मे उपयोगी न होकर विनाशकारी रही है, अतः इन क्षेत्रों में पारिमित्र तकनीक का आविष्कार एवं उसका प्रयोग वर्तमान समय की मांग है।

1. पारिमित्र जैव तकनीक (Eco-friendly Biological Technology)

इस भूमण्डल पर जीवन को निम्नलिखित चार वर्गों में विभक्त कर सकते हैं:–

1. पशु जगत (Animal world)
2. पादप जगत (Plant world)
3. मानव जगत (Human World)
4. सूक्ष्म जीवाणु जगत (Microbial world)

पारिमित्र जैव तकनीक के अन्तर्गत हमें ऐसे भूमण्डल को बनाये रखना है जिसमें वैविध्यपूर्ण जैव-मण्डल विकसित हो। जैव विविधता भू-मण्डल की वर्तमान मांग है। जैव विविधता का अर्थ है भूमण्डल में जीवन के समस्त स्वरूपों का भण्डार। इस विविधता को समझने के लिये पारितन्त्रीय विविधता (Ecosystemic Diversity), प्रजातीय विविधता तथा आनुवंशीय विविधता (Genetic Diversity) जैसी संकल्पनाओं का वैज्ञानिक उपयोग करते हैं। जैव विविधता बनाये रखने के लिये जीवों के आवास स्थलों (Habitats) का संरक्षण करना होगा।

भारत में 133 वन्य जीव प्रजातियों के विलुप्त होने के खतरे को देखकर भारत सरकार ने वन जीवन संरक्षण अधिनियम 1972 बनाया है जिसके अनुसार वन्य जीवों के शिकार तथा उनके व्यापार पर कठोर प्रतिबन्ध लगा दिया है। 1952 में स्थापित भारतीय वन्य जीव परिषद ने 13 वन्य जीवों को दुर्लभ घोषित किया है तथा उनके संरक्षण के लिये प्रोजेक्ट टाइगर प्रोजेक्ट एलीफेंट, घड़ियाल परियोजना, हिरण नियोजन आदि परियोजनाएं, क्रियान्वित की है। 1972 में भारत में सभी राज्यों में राज्य वन्य जीव सलाहकार समिति का गठन किया गया है तथा इसे तीन भागों जन्तु विभाग (Zoo wing), वनस्पति विभाग (Flora wing), तथा पक्षी विभाग (Bird wing) में विभक्त कर दिया है। 1958 में देहरादून में भारतीय वन्य जीवन संरक्षण समिति (Wild life Preservation society of India) की स्थापना की गई थी जो वन्य जीवों के संरक्षण एवं शोध पर महत्वपूर्ण कार्य कर रही है। वन्य जीवों के संरक्षण के लिये विश्व में सर्वप्रथम सं. राज्य अमेरिका में 1872 में 'यलोस्टोन' नामक राष्ट्रीय उद्यान की स्थापना की गई थी जिससे प्रेरित होकर कनाडा, आस्ट्रेलिया, न्यूजीलैंड तथा दक्षिणी अफ्रीका एवं अनेक योरोपीय देशों में राष्ट्रीय उद्यान स्थापित किये गये। भारत में1934 में

राष्ट्रीय उद्यान स्थापित करने के लिये कानून बनाया गया तथा 1936 में हैलो राष्ट्रीय उद्यान, पातलीदून (नैनीताल एवं पौड़ी जिले) में स्थापित किया गया जो बाद में जिम कार्बेट राष्ट्रीय उद्यान के नाम से प्रसिद्ध हुआ। वर्तमान समय में भारत में 66 राष्ट्रीय उद्यान हैं जिनमें से असम का काजीरंगा, बिहार का हजारीबाग एवं पालामऊ, गुजरात का बालाराम, मध्य प्रदेश का कान्हा, बन्डावागढ़ तथा शिवपुरी, महाराष्ट्र का तरोबा, कर्नाटक का विष्णुगोपाल, उड़ीसा का सिम्पलीपाल, उ0 प्र0 के जिमकाबैंट तथा राजाजी, अण्डमान निकोबार का रॉस आइलैण्ड आदि महत्वपूर्ण हैं। इनमें गैंडा, काला हिरण, शेर, चीता, हाथी, जंगली भैंसा, चीतल आदि विलुप्त हो रहे जीवों का संरक्षण किया जा रहा है। राष्ट्रीय उद्यानों के अतिरिक्त देश में 386 पशु विहार जिनमें अनेक वन्य जीवों एवं पक्षियों को संरक्षण दिया जा रहा है। भारत सरकार ने अनेक क्षेत्रों में पक्षी विहार भी स्थापित किये हैं जो पक्षियों की सुरक्षा करते हैं तथा जैवविविध संवर्धन में सहयोग दे रहे हैं।

वैज्ञानिकों का मानना है कि इस भू-मण्डल के जैव-मण्डल में एक से आठ करोड़ जीव प्रजातियां हैं। इसमें से अभी तक केवल 14 लाख प्रजातियों की पहचान हो सकी है। मानव ने अपने विकास की अन्धी चाल में जीवों के अनेक आवास स्थलों को नष्ट कर दिया है जिससे अनेक प्रजातियां विलुप्त होने के निकट हैं। उपलब्ध रिपोर्टो से ज्ञात हुआ है कि केवल वनावरण समाप्त होने से लगभग 100 मेरूदण्ड विहीन प्रजातियां विलुप्त होने के कगार पर है। अनेक स्तनधारियों और मांसाहारी जीवों की प्रजातियां दिन प्रतिदिन घट रही हैं। जैवमण्डल में प्राइमेट्स-बन्दर और मानव की 150 प्रजातियां हैं जिसमें से 100 प्रजातियां विलुप्त होने की स्थिति में हैं। पक्षी वर्ग की 3/4 प्रजातियों की संख्या घट रही है। उभयचर जीवों तथा मछलियों की संख्या में भारी कमी आयी है। डायनासोर जैसे विशालकाय जीवों का लुप्त हो जाना हमारे सामने है।

भारत में जीवों की 65,000 तथा वनस्पतियों की 45,000 प्रजातियां पाई जाती हैं। जीवों की 15,000 प्रजातियां तथा वनस्पतियों की हजारों प्रजातियां लुप्त होने की स्थिति में हैं। भारत के कुछ भौगोलिक क्षेत्र 32.9 करोड़ हेक्टेयर में से 17.5 करोड़ हेक्टेयर भू–क्षरण, क्षारीयता, लवणीयता, सोडीयता तथा अन्य अनेक कारणों से बर्बाद भूमि के अन्तर्गत हैं। यह बर्बाद भूमि जैव विविधता के विकास में बाधक है अतः इसका समुचित प्रबन्ध होना चाहिए तथा जैव विविधता की सुरक्षा तथा विकास के लिये एक कानूनी कार्य योजना होनी चाहिए। अन्तर्राष्ट्रीय प्रकृति संरक्षण संगठन (I.U.C.N.) सं0 राष्ट्र पर्यावरण कार्यक्रम (UNEP) तथा विश्व वन्य जीवन निधि (WWF) के अनुसार सभी देशों में पर्यावरण कानूनों की एक व्यापक व्यवस्था होनी चाहिए जो मानवाधिकारों के साथ-साथ

पर्यावरण एवं जैविक विविधता की सुरक्षा करें।

वन्य जलवायु को सन्तुलित रखते हैं, वर्षा प्रदान करते हैं, भूक्षरण रोकते हैं, मृदा उर्वरता बढ़ाते हैं, ईंधन, जड़ी-बूटियां फल, चारा, रेशा, गोंद, शहद आदि प्रदान करते हैं, बाढ़ रोकते हैं, औद्योगिक जलस्तर को स्थिर रखते हैं, आंधियों को रोकते हैं, मरूस्थल प्रसार पर नियन्त्रण करते हैं, सुरम्य स्थल प्रदान करते हैं। लेकिन वनों का व्यापक पैमाने पर विनाश किया गया है। भारत में 1952-53 में कुल भौगोलिक क्षेत्र के 23 प्रतिशत भाग पर वन थे जो 1982 में कटकर 19.5 प्रतिशत भाग पर ही रह गये। 1951 से 1980 तक के 30 वर्षों में 432 हजार हेक्टेयर वन क्षेत्र विनष्ट कर दिया गया। कृषि भूमि प्राप्त करने के लिये 2623, नदी घाटी परियोजनाओं में 502, औद्योगिक एवं नगरीय प्रसार में 134, परिवहन एवं संचार प्रसार में 61 तथा अन्य परियोजनाओं के निर्माण में 1008 हजार हेक्टेयर वन क्षेत्र नष्ट हुआ।

वन्य जीवन की भांति विश्व में ईंधन, उद्योग, कृषि, बाग, बांध, परियोजना, नगरीकरण आदि अनेक उद्देश्यों के लिये वनों की अन्धाधुन्ध कटाई की गई है, परिणामतः अनेक प्रकार के पर्यावरणीय संकट उत्पन्न हो गये तथा अनेकानेक बहुउपयोगी वनस्पतियां विलुप्त हैं। हम अपने भोजन, वस्त्र, मकान, औषधियों, ईंधन आदि के लिए वनस्पतियों पर ही निर्भर करते हैं। चावल गेहूं और मक्का केवल तीन पौधे विश्व की आधी जनसंख्या का पोषण प्रदान करते हैं। वनों की जल-चक्र में विशेष भूमिका होती है। वनस्पतियां तेल, कोयला आदि ईंधन प्रदान करती हैं। रबर, कागज, फर्नीचर , कीटनाशक औषधि आदि उद्योगों के लिए आधार प्रस्तुत करते हैं। औषधियों में अनेक दर्द-निरोधक, जन्म नियन्त्रण, मलेरिया नियन्त्रण सम्बन्धी औषधियां वनस्पतियों से ही प्राप्त होती हैं। भारत में 2500 तथा चीन में 5000 पौधे औषधियों के रूप में प्रयोग किए जाते हैं।

वन विनाश को बचाने के लिए सामाजिक वानिकी, कृषि वानिकी तथा वन कृषि को प्रोत्साहित करना होगा। मानव जनसंख्या तथा पशु संख्या को सन्तुलित करना होगा, दैनिक जीवन में लकड़ी के प्रयोग को कम करना होगा, वन महोत्सव, वृक्षारोपण तथा वन संरक्षण को प्रोत्साहित करना होगा। जनजातीय क्षेत्रों में झूमिंग कृषि प्रणाली पर नियन्त्रण करके अन्य वनाधारित उद्योग यथा – जड़ी-बूटी एकत्रित करना, शहद एकत्रित करना, रेशम के कीड़े पालना, गोंद एकत्रित करना जैसे कार्यों को बढ़ावा दिया जाना चाहिए।

2. पारिमित्र कृषि तकनीकी (Eco-friendly Agro-technology)

कृषि क्षेत्र में उन्नत बीजों, उर्वरकों, मशीनों तथा अति सिंचन के कारण मृदा पर्यावरण एवं पारिस्थितिकी बदल गये हैं। कुछ वर्षों तक उच्च उत्पादन प्राप्त

करने के पश्चात अब इस हरित क्रान्ति तकनीक से कृषि करने पर उत्पादन स्थिर हो गया है। प्रतिवर्ष 6000 मीट्रिक टन मिट्टी कटकर बह जाती है जिससे उर्वरकता गिर गई है।

पंजाब, हरियाणा, उ. प्र. में तथा महाराष्ट्र, कर्नाटक, म. प्र. और आन्ध्र प्रदेश के काली मिट्टी वाले क्षेत्रों में नहरों द्वारा सिंचाई करने से मिट्टी का खारापन एवं क्षारीयता बढ़ जाती है और मिट्टी अन्ततोगत्वा रेह या कल्लर में परिवर्तित होकर बंजर हो जाती है। मिट्टी की रासायनिक संरचना बढ़ जाती है, pH स्तर घट या बढ़ जाता है। रेह को परिशोधित करने के लिए जिपसम का प्रयोग करना चाहिए तथा तीन वर्ष तक खेत में ढँचा बोना चाहिए और उसी खेत में डेढ़ फीट का होने पर जुताई कर देना चाहिए। इस प्रकार खेत कृषि योग्य बनाया जा सकता है।

संयुक्त राज्य अमेरिका में मृदाक्षरण को रोकने के लिए पवन, रोधन, समोच्चरेखीय कृषि, सीढ़ीदार कृषि तथा क्षरण पेटी पट्टियां अपना कर मृदाक्षरण की समस्या को नियंत्रित करने में उल्लेखनीय सफलता प्राप्त की है। भारत में काली मिटटी क्षेत्र उच्च पशुचारा वाले शिवालिक पर्वतीय क्षेत्र में 4 से 6 सेन्टीमीटर ऊपरी पर्त प्रतिवर्ष कट जाती है जबकि 1 सेन्टीमीटर मिट्टी बनने में 500 से 1000 वर्ष तक का समय लगता है अतः भारत में भी मृदाक्षरण को रोकने के लिए उक्त तकनीकें अपनायी जानी चाहिए।इससे न केवल मृदाक्षरण पर नियन्त्रण होगा बल्कि नदियों में सिल्टिंग क्रिया भी कम होगी। विगत कुछ वर्षो में गंगा नदी का तल आधा मीटर ऊंचा हो गया है। तराई की नदियां प्रतिवर्ष 15 से 30 सेन्टीमीटर ऊंची हो जाती हैं। बंगाल की खाड़ी में 'पुरवासा' द्वीप जो लगभग 2 वर्ग किलोमीटर है, गंगा और बह्मपुत्र में हुए सिलरिंग का ही परिणाम है।

वर्तमान समय में सम्पूर्ण विश्व में रासायनिक उर्वरकों का प्रयोग फसल उत्पादन में दिनों-दिन बढ़ रहा है। फसलों की स्वास्थ्य वृद्वि के लिए 70 रासायनिक तत्वों की आवश्यकता होती है जो प्राकृतिक मिट्टी या कम्पोस्ट खाद युक्त मिट्टी होती है। उर्वरक के प्रयोग से फसलों का विकास असन्तुलित होता है। बनारस हिन्दू विश्वविद्यालय के डॉ. गिरीश चन्द्र चौधरी ने उ. प्र. और बिहार के 50 क्षेत्रों में निरीक्षण किया और पाया कि –

1. कृत्रिम उर्वरकों द्वारा उगाये गये कार्न तथा गेहूं में प्रोटीन की मात्रा 20 से 25 प्रतिशत कम तथा कार्बोहाइड्रेट की मात्रा अधिक पाई जाती है।

2. कृत्रिम उर्वरक सूक्ष्म जीवों का पोषण नहीं करते अतः मिट्टी में पोषक तत्वों एवं ह्यूमस का अभाव हो जाता है।

3. कृत्रिम उर्वरक मिट्टी में विद्यमान प्राकृतिक उपयोगी खनिजों को बाहर कर देते हैं।

4. नाइट्रेट युक्त उर्वरक तालाबों, कुओं, और झीलों में पहुंचकर जल को मानव उपयोग के अनुपयुक्त बना देते हैं।

5. प्रोटीन असन्तुलन शरीर के कोशिका निर्माण को दुष्प्रभावित करता है।

6. प्रोटीन परमाणुओं में अमीनो एसिड का सन्तुलन बिगड़ जाता है।

7. आन्त्रिक पथ में रहने वाले बैक्टीरिया कुछ दशाओं में नाइट्रेट को नाइट्राइट में परिवर्तित कर देते हैं। नाइट्राइट रक्त से होकर हीमोग्लोबिन में मिल जाती है जिससे ऊतकों की फेफड़ों से ऑक्सीजन ग्रहण करने की क्षमता समाप्त हो जाती है। जिससे श्वसन क्रिया सम्बन्धी बीमारियों हो जाती हैं जो मृत्यु का कारण बनती हैं।

उर्वरकों के अतिरिक्त फसलों को रोगाणुओ से बचाने के लिये अनेक कीटनाशकों जैसे – डी. डी. टी., डी. डी. डी. एल्ड्रिन, डाइ-एल्ड्रिन, बी. एच. सी. हेप्टाक्लोर, टिक-20, गैमेक्सीन, फिनोल आदि का उपयोग किया जाता है। अनेक खरपतवार नाशक भी प्रयोग में लाये जाते हैं। ये बड़े ही दुराग्रही और दीर्घकाल तक अस्तित्व में रहते हैं ये जल, वायु एवं भोजन में अनेक माध्यमों से पहुंचकर अनेक प्रकार की शारीरिक बीमारियों को जन्म देते हैं। अतः कीटनाशकों के छिड़काव के समय और उसकी दक्षता में परिवर्तन किया जाना चाहिए।

पारिमित्र कृषि तकनीक के अन्तर्गत मृदा की प्राकृतिक पारिस्थितिकी को बनाये रखना बहुत आवश्यक होगा। सघन कृषि क्षेत्रों में फसल चक्र और फसल समुच्चय का भी वैज्ञानिक चयन करना होगा जिससे मिट्टी की प्राकृतिक उर्वरता, जीवांश की मात्रा तथा रासायनिक संरचना न बिगड़े। इसके प्रत्येक फसल के पश्चात् मृदा परीक्षण अनिवार्य रूप से होना चाहिए।

3. पारिमित्र औद्योगिक तकनीकी
(Eco-friendly Industrial Technology)

हमारे आर्थिक विकास के साथ विविध उद्योग विकसित हो रहे हैं। अप्रयाप्त तकनीक के कारण नये–नये उद्योग प्रदूषण उत्पन्न करते हैं और हमारा भविष्य खतरे में डाल रहे हैं। अतः विविध उद्योगों की तकनीक में सुधार आवश्यक है।

रासायनिक उर्वरक संयंत्र क्लोरीन गैस सल्फर डाय–ऑक्साइड एवं ट्राय आक्साइड नाइट्रोजन आक्साइड, आमोनिया तथा हाइड्रोकार्बन निकालते हैं। इनके नियन्त्रण के लिये बड़े ही सस्ते सन्त्र उपलब्ध हैं। उर्वरक संयंत्रों को चाहिए कि सावधानीपूर्वक प्रदूषणरोधी यंत्रों को लगायें तथा पर्यावरण में उक्त प्रदूषण जाने से रोकें।

लौह फाउण्ड्रिया भट्टियों में लौह अयस्क पिघलाती है जिससे सल्फर डाइ-ऑक्साइड, कार्बन-मोनो-आक्साइड, नाइट्रोजन आक्साइड तथा धूल कण

निकलते हैं और पर्यावरण कोप्रदूषित करते हैं। अतः लौह फाउण्ड्रियों में निम्नलिखित प्रबन्ध किये जाने चाहिए –

1. प्रभावी रोशनदानों की व्यवस्था होनी चाहिए।

2. धूल एकत्र करने वाले संयंत्र जैसे – साइक्लोन सेपरेटर्स, बैग फिल्टर्स, इलैक्ट्रोस्टेरिक सेपरेटर्स लौह संयंत्र में लगाये जाने चाहिए।

3. संयंत्र की डिजाइन कम से कम प्रदूषणकारी हो।

4. ढलाई में निकलने वाली कार्बन ऑक्साइड को पर्याप्त ऊंचाई पर जला देने की व्यवस्था हो।

5. हिलाने की प्रक्रिया (Shake out process) में उचित आवरण की व्यवस्था हो जिससे निकलने वाली गैसें नम स्क्रकर्स तथा फैवरिक फिल्टर्स की ओर जा सकें।

आधारभूत कार्बनिक रसायन उद्योग भारी मात्रा में अर्ध ठोस अवशेष छोड़ते हैं। एक रसायन उद्योग की इकाई जो नाइट्रो और क्लोरानाइट्रो ऐरामैटिक्स बनाती है, एनीलीन एवं मेटामिनोफिनोल बनाती हैं, वह 5 टन अवशेष छोड़ती है जिसमें अनेक हानिकारक अम्ल होते हैं। वर्तमान समय में हम कीटनाशक, फ्यूमीगैंट, खरपतवार नाशक, कांसनाशक, कृन्तक नाशक, कृमिनाशक तथा एण्टीबायोटिक कृषि एवं घरेलू उपयोग के लिये बनाते हैं। इनसे अनेक अम्ल अपशिष्ट जल में मिलकर आ जाते हैं और हानिकारक प्रभाव रखते हैं। इसी प्रकार साबुन एवं रंग उद्योग भी घातक हैं। इनके अपशिष्ट जल का उपचार उद्योगों के निकट ही आवश्यक है। चर्मशोधन उद्योग जो कानपुर, कोलकाता और चेन्नई में बड़े पैमाने पर होता है, पर्यावरण को बहुत हानि पहुंचाता है। इसी प्रकार कागज मिलें जल एवं वायु दोनों को प्रदूषित करती है।

वस्त्र उद्योग नम वातावरण में कार्य करता है तथा अनेक कार्बनिक रसायनों का उपयोग करता है। इन कारखानों से धूल, धुआं, ज्वलनशील पदार्थ, केरोसीन, नेष्था वाष्प, सल्फूरिक अम्ल, नाइट्रोजन आक्साइड, क्लोरीन, फार्मएल्डिहाइड, क्लोरीन डाइ–आक्साइड आदि गैसें निकली हैं। इन गैसों में लगातार सांस लेने से बसिनोसिस, फेफड़े की बीमारियां, टी. बी. ब्रांकाइटिस आदि बीमारियां हो जाती हैं। एक टेक्सटाइल इकाई में 50,000 से 1,25,000 लीटर केरोसीन अथवा नेष्था वाष्प उपयोग करती हैं। इसकी गैस को रोकने की व्यवस्था की जानी चाहिए तथा बड़ी इकाइयों के स्थान पर उन्नत चरखा प्रयोग में लाया जाना चाहिए।

4. पारिमित्र आनुवंशिक तकनीकी
(Eco-friendly Genetic Technology)

विलुप्त हो रहीं जीव एवं वनस्पति प्रजातियों के संरक्षण के लिये आनुवंशिक

तकनीकें अत्यन्त उपयोगी हो सकती हैं। डी0 एन0 ए0 के आविष्कार ने आनुवांशिकी विकास को और सरल बना दिया है। आनुवांशिक विविधता स्वस्थ पर्यावरण की अनिवार्य आवश्यकता है। इस आवश्यकता की आपूर्ति आनुवंशिकी–अभियांत्रिकी द्वारा सम्भव है। अब जेनेटिक इंजीनियरिंग द्वारा भ्रूणों में अन्य जीन्स को क्लोन करके मिश्रित जीन वाले जीव बनाये जा सकते हैं। अब वैज्ञानिक क्लोनिंग विधि द्वारा जीवों का स्वरूप भी प्राप्ट करने में सफल हो गये हैं। 1997 में स्कॉटलैण्ड के वैज्ञानिकों ने क्लोण्ड या अनियोजित भेड़ 'डाली' के क्लोनिंग विधि द्वारा तैयार करने का समाचार विश्व को दिया। इसी विधि द्वारा अमेरिकी वैज्ञानिकों ने बन्दर पैदा करने का दावा किया। ताइवान के वैज्ञानिकों ने 6 चूहे पैदा करने की बात कही। इस विधि द्वारा किसी भी जीव का डी0 एन0 ए0 गर्भाशय में रखकर एक समान गुण तथा रूप का क्लोन तैयार किया जा सकता है। 5 जुलाई, 1997 को एडिनबर्ग स्थित सेसलिन इन्स्टीच्यूट में 6 वर्ष की एक भेड़ के थन से एक कोशिका तथा एक अन्य भेड़ के शुक्राणु को मिलाकर तैयार करने से डाली का रूप कोशिका वाली भेड़ की तरह है। इस क्लोनिंग विधि को विलुप्त हो रहे जीवों के संवर्धन में प्रयुक्त किया जा सकता है तथा जैव विविधता बनायी जा सकती है। इसी प्रकार प्लाण्ट पैथेलोजी की सहायता से पौधों की विलुप्त हो रही प्रजातियों को बचाया जा सकता है।

पर्यावरण प्रभाव का मूल्यांकन एवं कानून
(Evaluation and Legislation of the Impact of Enviroment)

पारिमित्र तकनीक के समुचित उपयोग एवं क्रियान्वयन के लिये पर्यावरण प्रभाव मूल्यांकन एवं कानून का प्रभावी ढंग से लागू करना महत्वपूर्ण कार्य है। पर्यावरण प्रभाव मूल्यांकन क्या है ? पर्यावरण प्रभाव मूल्यांकन वह कार्य है जिससे जैव भौतिक पर्यावरण एवं मानव स्वास्थय एवं कल्याण पर पड़ने वाले प्रभाव की पहचान एवं भविष्यवाणी की जाती है तथा प्रभावों का विश्लेषण एवं सम्प्रेषण किया जाता है। (An Environment Impact Assessment (EIA) is an activity designed to identity and predict the impact of an action on the bio-geo-physical environment and on man about the impacts). पर्यावरण प्रभाव मूल्यांकन के अन्तर्गत आवश्यक भौतिक, जैविक, आर्थिक एवं सामाजिक कारकों का अध्ययन एवं मध्यम कालिक तथा दीर्घ कालिक प्रभाव सम्बन्धी भविष्यवाणियां सम्मिलित हैं। यह सही निर्णय का आधार है यह ऐसे साधन प्रदान करता है जिनके द्वारा बड़ी-बड़ी परियोजनाओं के पर्यावरणीय प्रभावों का सहज अनुमान हो जाता है। पर्यावरण प्रभाव मूल्यांकन पारिमित्र तकनीक को सभी परियोजनाओं में लागू किये जाने को प्रोत्साहित करता है।

पर्यावरण इसलिए भी बहुत आवश्यक है कि यह स्थानीय, प्रादेशिक, राष्ट्रीय एवं अन्तर्राष्ट्रीय स्तर पर किया जाता है। यह पारिमित्र तकनीक को प्रोत्साहित करके न केवल पर्यावरण की सुरक्षा करता है बल्कि परियोजना, उद्योग, कृषि आदि की आर्थिक दक्षता बढ़ाता है। पर्यावरण प्रभाव मूल्यांकन में निगरानी (Monitoring) की व्यवस्था होती है, इससे उपयुक्त समय में प्रदूषण रोकने के लिए सही उपाय किये जाते हैं।

औद्योगिक संस्थान स्थापित करते समय निम्नलिखित पहलुओं पर बल देना चाहिए।

1. वन संरक्षण अधिनियम 1980 के अनुसार वन क्षेत्र में उद्योग नहीं लगाया जा सकता।
2. उच्च ज्वार रेखा से 1/2 किमी की दूरी के बाद ही उद्योग लगाना चाहिए।
3. पर्यावरण की दृष्टि से संवेदनशील क्षेत्र से कम से कम 25 किलोमीटर दूर उद्योग लगाना चाहिए।
4. बाढ़ नियन्त्रण तन्त्र से 1/2 किलोमीटर दूरी पर।
5. 300,000 आबादी वाले अधिवास से 25 से 50 किलोमीटर की दूरी पर।
6. परिवहन तन्त्र– राजमार्ग या रेलवे लाइन से 1/2 किलोमीटर की दूरी पर।
7. एक किलोमीटर चौड़ी हरित पेटी विकसित की जाये।
8. कृषि क्षेत्र को औद्योगिक क्षेत्र में न परिवर्तित किया जाये।
9. औद्योगिक संस्थान के पास पर्याप्त जगह होनी चाहिए जिससे बर्बाद जल का उपचार करके मत्स्य पालन विद्युत उत्पादन सिंचाई आदि उपयोगों में लाया जा सके।
10. वायु की गुणवता नापने के लिए उद्योग में तीन स्टेशन हों।
11. ठोस अपशिष्ट के लिए पर्याप्त भण्डारण क्षेत्र होना चाहिए।
12. उद्योग में लगे कर्मचारियों का नगर किसी भौतिक अवरोध (पर्वत आदि) के पार बनाया जाए।

पर्यावरण संरक्षण के लिए बनाये गए कानून भी पारिमित्र तकनीक के महत्वपूर्ण अंग हैं। इन कानूनों का सही क्रियान्वयन पर्यावरण संरक्षण में बहुत सहायक है। राष्ट्रीय और अन्तर्राष्ट्रीय स्तर पर अनेक संगठनों तथा राष्ट्रीय सरकारों ने पर्यावरण संरक्षण हेतु कानून बनाये जाने और उनके कठोरता से पालन पर बल दिया है। अन्तर्राष्ट्रीय वैज्ञानिक संघ समिति (International Council of Scientific Unions: ICSU) तथा यूनस्को (UNESCO) ने अपने सहयोगी संगठनों की सहायता से पर्यावरण संरक्षण में विशेष योगदान किया है। अन्तर्राष्ट्रीय जीव वैज्ञानिक कार्यक्रम (International Biological

Programme IBP 1964-74), अन्तर्राष्ट्रीय जलाशय (International Hydrological Decade, IHD 1965-74) , मानव एवं जैवमण्डल कार्यक्रम, (MAB 1970) अन्तर्राष्ट्रीय प्रकृति संरक्षण संघ (International Union for Conservation or Nature: IUCN) पर्यावरण समस्याओं पर वैज्ञानिक समिति (Scientific Committee on Problems of Environment: SCOPE, 1969) आदि संगठनों ने पर्यावरण संरक्षण पर अपना-अपना योगदान किया है।

भारत में पर्यावरण संरक्षण एवं प्रबन्ध के लिए अनेक संगठन एवं नियम इस प्रकार हैं।

1. पर्यावरण एवं सहयोग पर राष्ट्रीय समिति (National Committee on Environmental Planning and Co-ordination (NCEPC, 1972)
2. राज्य प्रदूषण नियन्त्रण बोर्ड (State Pollution Control Boards, 1976)
3. केन्द्र एवं राज्य सरकारों में पर्यावरण एवं वन मन्त्रालयों की स्थापना।
4. स्वयं सेवी संस्थाएं।
5. पर्यावरण विभाग की स्थापना।
6. हमारे भारतीय संविधान की धारा 484 तथा 51 Ag में भी पर्यावरण संरक्षण की व्यवस्था है। इसके तहत पर्यावरण संरक्षण राज्य सरकार तथा व्यक्ति का कर्तव्य है।

पर्यावरण संरक्षण के राष्ट्रीय स्तर पर प्रयास (Efforts of Environmental Conservation at National Level) – भारत में भी पर्यावरण की बिगड़ती स्थिति को देखकर अनेक सरकारी तथा गैर सरकारी संगठनों ने पर्यावरण प्रबन्ध एवं संरक्षण के लिए चिन्ता व्यक्त की है। स्वयं पर्यावरण मंत्रालय, भारत सरकार ने राष्ट्रीय पर्यावरण जागरूकता अभियान चला रखा है तथा पर्यावरण प्रबन्ध एवं संरक्षण के लिए अनेक समितियों एवं परिषदों की स्थापना की है। इसके अतिरिक्त भारत सरकार ने प्रदूषण एवं पर्यावरण के उद्देश्य के कुछ महत्वपूर्ण कानून भी बनाये हैं। जिनका विवरण निम्नवत है।

1. पर्यावरण नियोजन एवं सहयोग राष्ट्रीय समिति (National Comittee on Enviornmental Planning and Co-ordination : NCEPC, 1972)
2. राज्य प्रदूषण नियंत्रण परिषदों की स्थापना (State Pollution Control Boards, 1976)
3. कीटनाशक अधिनियम, 1968
4. वन्य जीवन संरक्षण अधिनियम, 1972
5. जल प्रदूषण निरोधन एवं नियंत्रण अधिनियम,1974 (Water Prevention and Control of Pollution Act, 1974)

6. जल प्रदूषण कर अधिनियम Water Pollution Cess Act, 1978)
7. वायु प्रदूषण निरोधन एवं नियन्त्रण अधिनियम, 1981 (Air Prevention and Control of Pollution Act, 1981)
8. केन्द्र एवं राज्य सरकारें में वन एवं पर्यावरण मंत्रालयों की स्थापना।
9. पर्यावरण विभाग की स्थापना, 1980
10. पर्यावरण विभाग के अन्तर्गत भारतीय वनस्पति सर्वेक्षण विभाग, भारतीय प्राणी सर्वेक्षण विभाग तथा राष्ट्रीय प्राकृतिक इतिहास संग्रहालय भी पर्यावरण प्रबन्ध एवं संरक्षण के क्षेत्र में कार्यरत हैं।

पर्यावरण संरक्षण के अन्तर्राष्ट्रीय स्तर पर प्रयास (Efforts at International Level) वर्तमान में पर्यावरण प्रदूषण अन्तर्राष्ट्रय स्तर की समस्या बन चुकी है। अतः अन्तर्राष्ट्रीय स्तर पर प्रदूषण नियंत्रण एवं पर्यावरण संरक्षण के व्यापक प्रयास किये गये हैं। अनेक वैज्ञानिकों तथा अन्तर्राष्ट्रीय संगठनों ने पर्यावरण प्रबन्ध एवं संरक्षण के क्षेत्र में महत्वपूर्ण योगदान दिये हैं। इस दिशा में अन्तर्राष्ट्रीय वैज्ञानिक संघ समिति (International Council of Scientific Unions, ICSU) और यूनेस्को (Unesco) ने प्रशंसनीय कार्य किये हैं। इन्होंने अपने अनेक सहयोगी संगठन बनाये हैं और पर्यावरण संरक्षण में महत्वपूर्ण योग दान दिया है। अन्तर्राष्ट्रीय स्तर पर पर्यावरण प्रबन्ध एवं संरक्षण के लिए अनेक संगठन कार्यरत हैं। इनमें से कुछ महत्वपूर्ण संगठन–अन्तर्राष्ट्रीय जीव वैज्ञानिक कार्यक्रम (International Biological Programme IBP 1964-74) अन्तर्राष्ट्रीय जल दशक (International Hydrological Decade IHD-1965 -74) अन्तर्राष्ट्रीय जल कार्यक्रम International Hydrological Programme, IHP) मानव एवं जैवमण्डल कार्यक्रम (Man and Biosphere Programme MAB, 1970), पर्यावरणीय समस्याओं पर वैज्ञानिक समस्याओं पर वैज्ञानिक समिति (Scientific Committee on Problems of Environment (Scope, 1969) तथा यूनेप (UNEP United Nationas Environmental Programme, 1972) मांट्रियाल प्रोटोकाल (Montreal Protocol 1987), वियना सम्मेलन, 1985 आदि हैं इन संस्थाओं के प्रयास से पर्यावरण संरक्षण के प्रति अन्तर्राष्ट्रीय स्तर पर बड़ी जागरूकता आई हैं।

पर्यावरण संरक्षण कानून
(Environmental Protection Law)

भारत में इस समय पर्यावरण संरक्षण के लिये लगभग 200 से अधिक प्रमुख कानून विद्यमान हैं जिन्हें केन्द्रीय व राज्य सरकारें लागू करती हैं। इनमें से

प्रमुख कानून है –

1. खान एवं खनिज सम्पत्ति (विनिमस एवं विकास) अधिनियम 1947
2. नदी मंडल अधिनियम 1956
3. वन्य जीवन (संरक्षण) अधिनियम 1972
4. जल (प्रदूषण निवारण एवं नियंत्रण) उपकरण अधिनियम 1977
5. वन (संरक्षण) अधिनियम 1980
6. जल (प्रदूषण निवारण एवं नियंत्रण) अधिनियम 1974 तथा संशोधन 1978
7. नदी मंडल अधिनियम 1956
8. वायु (प्रदूषण निवारण एवं नियंत्रण) अधिनियम 1981
9. कीटनाशक अधिनियम 1979
10. मोटर वाहन अधिनियम 1938 संशोधन 1988
11. फैक्टरी अधिनियम
12. बम्बई स्मोक न्यूसेंस अधिनियम 1912
13. भारतीय वन अधिनियम 1927
14. गुजरात स्मोक न्यूसेंस अधिनियम 1963
15. भूरक्षण अधिनियम 1955
16. बिहार अनुपयुक्त भूमि (कृषि सुधार एवं विकास) अधिनियम 1946
17. राष्ट्रीय वनस्पति अधिनियम 1988

अध्याय - 8

पर्यावरण सुरक्षा एवम् प्रतीक अध्ययन

(1) पर्यावरण (संरक्षण) अधिनियम, 1986

(The Environment (Protection) Act, 1986

प्रस्तावना – यह अधिनियम पर्यावरण संरक्षण तथा उसके सुधार तथा इससे सम्बन्धित अनेक बिन्दुओं के लिये बनाया गया। इसका मुख्य उद्देश्य, राष्ट्र संघ द्वारा मानव पर्यावरण' पर 1972 में स्टॉकहोम में आयोजित कान्फ्रेन्स, जिसमें भारत ने भी भाग लिया था, में मानव पर्यावरण के संरक्षण और सुधार के निर्णयों के क्रम में, कोई उचित योजना तैयार करना था, तथा इसके आधार पर ही प्राणीमात्र को पर्यावरण विकृतियों से बचाना और अनेक पर्यावरणीय समस्याओं को दूर करने का एक प्रभावी उपकरण उपलब्ध कराना था।

इसे संसद के दोनों सदनों ने पास किया और भारत के राष्ट्रपति ने इसे 23 मई 1986 को सहमति प्रदान की।

केन्द्रीय सरकार ने, पर्यावरण (संरक्षण) अधिनियम, 1986 की धारा (सैक्शन) 6 व 25 द्वारा प्रदत्त शक्तियों का प्रयोग करते हुए नियम बनाये जिन्हें पूर्व प्रधानमन्त्री स्व0 श्रीमती इन्दिरा गांधी के जन्म दिवस (19 नवम्बर, 1986) के दिन से सम्पूर्ण भारत में लागू किया गया। अधिनियम विवरण – इस अधिनियम में 4 अध्यायों के अन्तर्गत धाराएं हैं यह अग्र प्रकार हैं –

पर्यावरण (संरक्षण) अधिनियम, 1986 का विवरण

क्र. सं.	अध्याय का शीर्षक
1.	प्रारम्भिक (Preliminary)
2.	केन्द्र सरकार की सामान्य शक्तियां (General Powers of the Central Government)
3.	पर्यावरण प्रदूषण का निवारण, नियंत्रण और रोकथाम (Prevention Control and Abatement of Environmental Pollution)
4.	विविध (Miscellaneous)

धारा 2[1] में पर्यावरण सम्बन्धी अनेक शब्दों को विशेष रूप से परिभाषित किया है जो निश्चय ही प्रशंसनीय है। संभवतः इस प्रकार पर्यावरण क्षेत्र की कई परस्पर विरोधी व्याख्याओं को बहुत स्पष्ट कर दिया गया है। इसके अनुसार –

1. संचालन (Handling) – किसी भी वस्तु के सन्दर्भ में, इसका आशय, निर्माण, प्रक्रिया, प्रबन्ध, भण्डारण, ढुलाई, प्रयोग, एकत्रीकरण (संचयन), विनाश, परिवर्तन, विक्रय, दूसरी जगह ले जाना सभी क्रियाकलापों से है।
2. पर्यावरण (Environment) – इसमें जलवायु, और भूमि सम्मिलित हैं तथा इनसे मानव, अन्य जीवित प्राणी, पेड़–पौधे सूक्ष्म जीव व सम्पत्ति के मध्य परस्पर सम्बन्ध आते हैं।
3. पर्यावरणीय प्रदूषण (Environmental Pollution) – इसका अर्थ पर्यावरण में पर्यावरण प्रदूषकों का रहना है।
4. पर्यावरणीय प्रदूषक (Enviornmental Pollution) – इनका आशय ऐसे ठोस, द्रव तथा गैसीय पदार्थों के इतनी मात्रा में संकेन्द्रित (concentration) होने से है, जिससे पर्यावरण को हानि पहुंचती है अथवा पहुंच सकती है।
5. खतरनाक वस्तुएं (Hazardous Substances) – इनसे आशय ऐसी वस्तुओं अथवा बनाये गये पदार्थों से है जिनके रासायनिक अथवा भौतिक रासायनिक गुणों अथवा उनके कतिपय संचालन (handling) से पर्यावरण अथवा उसमें रहने वाले मानव, अन्य जीवित प्राणी, पेड़-पौधे, सूक्ष्म जीव तथा सम्पति को हानि पहुंचती हो।
6. निर्देशित (Prescribed) – इस अधिनियम के अन्तर्गत बनाये गये नियमों के अनुसार निर्देशित होना।
7. पदाधिकारी (Occupier) – किसी उद्योग के सन्दर्भ में यह वह व्यक्ति है जो किसी वस्तु का मालिक भी है और उस आयोग के ऊपर उसका नियन्त्रण भी है।

अध्याय 2 (धारा 3 से 6 तक) में केन्द्रीय सरकार की सामान्य शक्तियों का वर्णन है। धारा 3 के अधीन केन्द्र सरकार की उन शक्तियों का विवरण है जिसके द्वारा पर्यावरण की गुणवता की सुरक्षा एवं सुधार तथा पर्यावरणीय प्रदूषण से रोकने, नियन्त्रित करने अथवा कम करने के आवश्यक उपाय किये जा सकते हों। धारा 4 में उपर्युक्त सुझाये गये उपायों के कारगर रूप से लागू करने के लिये केन्द्र सरकार किसी भी अधिकारी को नियुक्त कर सकती है तथा उसको शक्तियां प्रदान कर उन्हें निश्चित कार्य का उत्तरदायित्व दे सकती है। धारा 5 के तहत

केन्द्र सरकार किसी भी व्यक्ति, अधिकारी अथवा विशेषज्ञ को इस अधिनियम के अनुपालन में निर्धारित किसी भी प्रकार के निर्देश प्रदान कर सकती है और वे इन निर्देशों के पालन के लिये बाध्य होंगे। यहां यह भी स्पष्ट किया है कि वे इन निर्देशों में – (1) किसी भी उद्योग के संचालन को रोकना, अथवा (2) उसके जल, विद्युत या अन्य किसी सेवा को रोकना अथवा निर्धारित करना शामिल है। धारा 6 के अन्तर्गत पर्यावरणीय प्रदूषण को नियन्त्रण करने हेतु विभिन्न नियमों के बनाने का प्रावधान है, जिसमें (अ) वायु, जल और भूमि की गुणवत्ता, (ब) विविध क्षेत्रों में विविध पर्यावरण प्रदूषकों की अधिकतम स्वीकार्य सीमा, (स) खतरनाक वस्तुओं के संचालन हेतु तरीके व सुरक्षा उपाय, (द) खतरनाक वस्तुओं के संचालन में रोक तथा प्रतिबन्ध, (इ) विभिन्न क्षेत्रों में उद्योगों के स्थान के लिये रोक तथा प्रतिबन्ध और (फ) पर्यावरणीय प्रदूषण के कारण होने वाली विभिन्न दुर्घटनाओं को रोकने व प्रतिबन्धित करने के उपाय सम्मिलित हैं।

अध्याय 3 (धारा 7 से 17 तक) – पर्यावरण प्रदूषण के रोकने, नियन्त्रण तथा उसके निवारण से सम्बन्धित हैं। धारा 7 के अन्तर्गत यह निर्देश दिये गये हैं कि कोई भी व्यक्ति जो उद्योग संचालित करता है वह निर्धारित मानकों से अधिक पर्यावरण प्रदूषकों को उत्सर्जित या विमुक्त न तो करेगा और नही किये जाने की अनुमति देगा। धारा 8 में खतरनाक वस्तुओं का संचालन पूर्व निर्देशित सुरक्षा के तौर तरीकों के विपरीत नहीं करेगा। धारा 9 के तहत यह निर्देशित है कि यदि कहीं निर्धारित मानकों से अधिक पर्यावरणीय प्रदूषकों का उत्सर्जन हो अथवा उत्सर्जन की आशंका हो तो सम्बन्धित व्यक्ति उसे कम करने अथवा रोकने हेतु बाध्य होगा। साथ ही यह भी उल्लेखनीय है कि ऐसी घटना होने की आशंका की सम्बन्धित अधिकारी को सूचना देगा और बताये अनुसार सभी प्रकार के सहयोग देने को बाध्य होगा। धारा 10 में केन्द्र सरकार द्वारा अधिकृत व्यक्ति का किसी भी उद्योग संस्थान में प्रवेश तथा उसके द्वारा निरीक्षण करने का अधिकार होगा। धारा 11 में अधिकृत व्यक्ति द्वारा ही विश्लेषण के उद्देश्य से उद्योग में बनने वाली वस्तु तथा वहां के जल, वायु और भूमि के नमूने लेकर विधिवत कार्यवाही करने का अधिकार होगा। धारा 12, 13 व 14 में विश्लेषण हेतु प्रयोगशाला संस्थापित करने, किसी विशेषज्ञ को विश्लेषण हेतु अधिकृत करने तथा विशेषज्ञ द्वारा दी गई रिपोर्ट को अधिकृत दस्तावेज मानने सम्बन्धी विवरण है। धारा 15 में अधिनियम, नियम, आदेश तथा निर्देशों का उल्लंघन पर दण्ड देने का प्रावधान है। इसके अनुसार उल्लंघन करने वाले व्यक्ति को – (1) पांच वर्ष तक की कैद अथवा एक लाख रुपये तक का आर्थिक दण्ड अथवा दोनों का प्रावधान है, (2) यदि उल्लंघन पुनः होता है अथवा जारी रहता है तो प्रतिदिन पांच हजार रुपये

तक के आर्थिक दण्ड का अतिरिक्त प्रावधान है। यदि यह उल्लंघन एक वर्ष से अधिक अवधि तक भी जारी रहता है तो कैद की सजा सात वर्ष तक बढ़ाई जा सकती है। धारा 16 में कम्पनी द्वारा उल्लंघन करने पर उसके प्रभारी प्रबन्धक को तथा 17 में राजकीय विभागों में विभागाध्यक्ष को यही सजायें प्रस्तावित हैं।

अध्याय 4 (धारा 18 से 26 तक) में विविध विवरण हैं जिनमें कुछ महत्त्वपूर्ण हैं। धारा 18 के अनुसार इस अधिनियम के अन्तर्गत किसी भी व्यक्ति द्वारा कार्यरत सरकार, अधिकारी एवं कर्मचारी के विरुद्ध इस अधिनियम के सन्दर्भ में कोई अभियोग नहीं चलाया जा सकेगा। धारा 19 के तहत किसी भी व्यक्ति द्वारा पर्यावरण प्रदूषण के मामले में वद दायर करने का अधिकारी है। धारा 20 में केन्द्र सरकार को किसी भी व्यक्ति, अधिकारी अथवा सरकार से इस अधिनियम के अन्तर्गत कोई रिपोर्ट अथवा सूचना लेने का अधिकार है। धारा 21 में इस अधिनियम के अन्तर्गत कार्य करने वाले सभी स्तर के व्यक्ति भारतीय दण्ड सहिंता के सेक्शन 21 में वर्णित सरकारी कर्मचारी समझे जायेंगे। धारा 22 किसी भी कोर्ट को इस अधिनियम के अन्तर्गत किये गये निर्णय को सुनने से रोका गया है। धारा 23 में शक्तियों का हस्तान्तरण तथा धारा 24 में इसके कानूनों से पड़ने वाले प्रभावों पर टिप्पणी दी गई है। धारा 25 के तहत केन्द्र सरकार राजपत्र में नोटीफिकेशन देकर नियम बनाने को अधिकृत है। धारा 26 में यह बताया गया है कि इस अधिनियमों के अन्तर्गत बनाये गये नियमों को संसद सं पारित कराना आवश्यक होगा।

पर्यावरण को क्षेत्र में बढ़ते प्रदूषण को रोकने तथा और प्रदूषण न होने के लिये भारत सरकार को निश्चय ही यह एक समयानुकूल महत्त्वपूर्ण प्रयास है। साथ ही इस अधिनियम से जल स्रोतों की तथा वायुमण्डल और भूमि की शुद्धता और निरापदता की रक्षा भी सम्भव है। ऐसा अनुमान लगाया गया है कि कठिन कानून तथा इसके नियमों के उल्लंघन के फलस्वरूप लगाये गये भारी आर्थिक दण्ड व कारावास की सजा से भी लोगों को एकाएक ऐसा कार्य करने का साहस न होगा, जिससे सामान्य नागरिकों को कोई नुकसान हो अथवा नुकासान की सम्भावना हो। दण्ड प्रक्रिया में उद्योग चलाने (संचालन) वाले व्यवस्थापक को अथवा राज्य या केन्द्र सरकार के विभागों के विभागाध्यक्ष तक को 'दोषी' के कटघरे में लाने का साहसिक कदम भी अत्यन्त सराहनीय एवं प्रशंसनीय है। इससे यह डर पैदा हुआ है कि प्रदूषण फैलाने वाले को दण्ड प्रक्रिया में कहीं फंसना सम्भव हो सकता है।

केन्द्र सरकार ने इस अधिनियम के तहत नियम बनाकर संसद से पारित कराके 19 नवम्बर, 1986 से पूरे देश में लागू कर दिये हैं, और केन्द्र के तथा राज्य

के पर्यावरण विभाग कहीं-कहीं पर स्वतन्त्र रूप से और कहीं 'प्रदूषण नियन्त्रण मण्डल' के सहयोग से अब उद्योगों के प्रदूषणों को नियन्त्रित कर रहे हैं।

अधिनियम के दोष – विशेषज्ञों के मतानुसार, इस अधिनियम में कुछ दोष भी हैं, जो इस प्रकार हैं –

1. पर्यावरण (संरक्षण) अधिनियम, 1986 के अध्याय 3 की धारा 15 में प्रदूषण फैलाने वाले उद्योग संचालक पर 5 वर्ष का कारावास तथा एक लाख रुपये तक के आर्थिक दण्ड अथवा दोनों का प्रावधान है। यह सजा व आर्थिक दण्ड लगातार प्रदूषण फैलाने पर और बढ़ाया जा सकता है जो सात वर्ष तक के कारावास तथा 5 हजार रूपये प्रतिदिन तक सम्भव है, लेकिन अध्याय 4 की धारा 24 (2) में यह प्रावधान दिया है कि जब कोई जुर्म (अपराध) इस अधिनियम के साथ-साथ किसी अन्य अधिनियम के भी अन्तर्गत समान रूप से आता हो, तो दोषी को दूसरे अधिनियम के अनुसार ही सजा दी जा सकती है। इससे भारी आर्थिक दण्ड अथवा कारागार की सजा की प्रबलता स्वयं ही नष्ट हो गई है।
2. किसी भी उद्योग को प्रारम्भ करने से पूर्व इसका 'पर्यावरणीय प्रभाव मूल्यांकन' (Environment Impact Assessement) की व्यवस्था इस अधिनियम में नहीं है।
3. देश में बढ़ते औद्योगीकरण से पर्यावरणीय प्रदूषण सम्बन्धी अधिक वाद होंगे अतः इन्हें सुलझाया जाना सम्भ्व नहीं है।

(1) गंगा नदी का प्रतीक अध्ययन
(A Case Study of River Ganga)

उत्तर प्रदेश के उत्तरकाशी जिले के 7010 मीटर ऊँचे गंगोत्री हिमनद से भागीरथ नाम से निकलने वाली उत्तर भारत की अत्यंत महत्वपूर्ण नदी गंगा 2525 कि0 मी0 की लम्बाई में प्रवाहित है। यह नदी अपने स्वच्छ एवं प्रदूषण रहित जल के लिये सदैव से प्रसिद्ध रही है लेकिन बढ़ती हुई जनसंख्या, नगरीकरण और औद्योगीकरण की प्रवृतियों ने गंगा जल को अत्यधिक प्रदूषित कर दिया है। वर्तमान समय में इसके किनारे पर 40 एक लाखी नगर तथा 60 से अधिक द्वितीय श्रेणी के नगर स्थित हैं। इन नगरों से घरेलू एवं औद्योगिक अपशिष्ट जल सीवरों और नालियों द्वारा गंगा में मिल जाता है और उसे प्रदूषित कर देता हैं उ. प्र. के हरिद्वार, बिजनौर, गढ़मुक्तेश्वर, फर्रुखाबाद, फतेहगढ़, कन्नौज, बिठूर, कानपुर, फतेहपुर, इलाहाबाद, मिर्जापुर, चुनार, वाराणसी, गाजीपुर, बलिया, बिहार के गया, पटना, छपरा, सोनपुर, मुंगेर, भागलपुर और पं. बंगाल के मुर्शिदाबाद, बहरामपुर, नवद्वीप, कोलकाता, हावड़ा जैसे नगर अपने अपशिष्ट

गंगा के तट पर बसे नगरों में गंगा जल का रासायनिक एवं भौतिक विवरण (1982)

क्रम	नगर	तापमान	क्षारीयता	डी.ओ. मिग्रा./ ली. बी.डी.ओ.	मिग्रा./ ली.क्लोराइड्स	कठोरता	कोलीफार्म	पी.पी.एम.
1.	ऋषिकेश	15.5	.64	8.5	6.6	4.5	63	100
2.	हरिद्वार	18	70	8	7.2	3	68	2400
3.	नरोरा	29	127	7.4	7.2	5	76	350
4.	कन्नौज	29	171	6	7	6	136	23
5.	कानपुर	29	215	6	10	9	120	2400
6.	इलाहाबाद	30	218	6.5	9.3	23.5	138	2400
7.	वाराणसी	31	218	5.8	10	32.5	154	2400

स्रोत – Dept. of Civil Engineering, I.I.T. Kanpur.

पदार्थ गंगा में कई दशकों से छोड़ रहे हैं। कानपुर, इलाहाबाद (नैनी) वाराणसी, पटना, भागलपुर, हावड़ा और कोलकाता बड़े औद्योगिक केन्द्र हैं। कानपुर में 45 चर्म, 20 सूती वस्त्र, 3 ऊनी वस्त्र और दो जूट मिलों का अपशिष्ट जल तथा अनेक प्रकार के रसायन एवं प्रयोगशालाओं का जल गंगा में प्रवाहित कर दिया जाता है। वाराणसी में औद्योगिक अपशिष्ट जल के अतिरिक्त घाटों पर जलाये जाने वाले शवों की राख, अधजले शव तथा बहाये गये शव गंगा जल को प्रदूषित करते रहते हैं। वाराणसी में 71 स्थानों पर गंगा में अपशिष्ट जल छोड़ा जाता है। हावड़ा में केवल हुगली के किनारे 175 औद्योगिक इकाइयाँ हैं। कानपुर में 4 करोड़ गैलन तथा वाराणसी में 105 करोड़ गैलन अपशिष्ट जल सीवरों में गिराया जाता है। हरिद्वार, गढ़मुक्तेश्वर, कानपुर, प्रयाग, गया आदि नगरों में कुंभ मेले के अवसर पर अपशिष्ट मल की मात्रा बहुत बढ़ जाती है।

विभिन्न नगरों में गंगा जल की भौतिक एवं रासायनिक विशेषताएं तालिका में प्रदर्शित की गई हैं।

गंगा कार्य योजना (Ganga Action Plan) – गंगा प्रदूषण की गंभीर स्थिति को देखते हुए भारत सरकार के पर्यावरण विभाग ने 1984 में प्रदूषण नियन्त्रण के लिये गंगा कार्य योजना तैयार की। इस योजना में गंगा के किनारे बसे 27 प्रथम श्रेणी के नगरों को लिया गया। इन नगरों के अपशिष्ट जल को साफ करना मुख्य उद्देश्य बनाया गया। अपशिष्ट जल को गंगा में जाने से रोकना, उसे दूर ले जाकर साफ करना, सिंचाई, मत्स्य पालन, जल जीवन संवर्धन आदि इस योजना के मुख्य उद्देश्य थे।

जून 1985 में भारत सरकार के पर्यावरण विभाग ने इस योजना के क्रियान्वयन एवं संचालन के लिये गंगा सफाई प्राधिकरण (Ganga Cleaning Authority) का गठन किया। 14 जून सन् 1986 को तत्कालीन प्रधानमंत्री स्व. श्री राजीव गांधी ने डॉ0 राजेन्द्र प्रसाद घाट पर 260 करोड़ रुपये लागत वाली गंगा कार्य योजना को राष्ट्र को समर्पित किया। इस कार्य योजना में 262 उपयोजनायें हैं जिनका विवरण इस प्रकार से है –

गंगा नदी सम्बन्धी अन्य उपयोजनाओं का विवरण

क्रम	उपयोजना	संख्या	लागत (करोड़ रुपये में)
1.	मलोपचार संयंत्र लगाना	32	105.08
2.	अपशिष्ट जल को रोककर अन्यत्र ले जाना	90	99.50

3.	विद्युत शवदाह गृह का निर्माण	29	10.44
4.	न्यून लागत की सफाई	42	20.40
5.	जल जीवन एवं नदी जल की गुगवत्ता की संरक्षण	35	10.37
6.	नदी के किनारे सुविधायें प्रदान करना एवं आवश्यक सुधार करना	34	13.47
	योग	262	259.26

उपचार संयंत्रों का 10 केन्द्रों पर जीर्णोद्धार तथा 22 केन्द्रों पर नवीन संयंत्र लगाये गये हैं। 24 केन्द्रों पर उपचारित जल की सिंचाई के लिये तथा 8 स्थानों पर मत्स्य पालन के लिये प्रयोग किया जा रहा है।

गंगा कार्य योजना के अन्तर्गत कुछ विकास योजनायें भी सम्मिलित हैं। वाराणसी और इलाहाबाद में नदी तटों के विकास के लिये योजनायें बनाई गई हैं। तटवर्ती ढालों की सुरक्षा, सामुदायिक शौचालयों का निर्माण, मार्ग सुधार एवं विद्युतीकरण आदि वाराणसी विकास योजना के मुख्य लक्ष्य हैं। इलाहाबाद में भी एक बड़ी योजना तैयार की गई है। स्वीकृत योजनाओं के अन्तर्गत 3,000 से अधिक शौचालयों का निर्माण किया जा रहा है।

लावारिस, अधजले तथा पशुओं के शवों द्वारा होने वाले प्रदूषण को रोकने के लिए विद्युत शवदाह गृहों के निर्माण की योजना है। इसके अतिरिक्त इस योजना क़ी संचालन समिति ने एक विशेषज्ञ दल का गठन किया है। जिसने गंगा के किनारे स्थित 264 औद्योगिक इकाईयों की समीक्षा में पाया कि 68 इकाइयां 10 लाख लीटर से भी अधिक प्रदूषित जल एवं कचरा गंगा में प्रवाहित कर रही है। इनमें से 34 ईकाइयाँ उ. प्र. में, 5 बिहार में तथा 29 पं0 बंगाल में हैं। इन इकाइयों को आदेश दिया गया है कि समयबद्ध कार्यक्रम के अनुसार अपने अपशिष्ट जल का उपचार करने की व्यवस्था करें।

गंगा कार्य योजना ने एक अनुसंधान समिति का गठन किया है जिसका उद्‌देश्य नदी के संसाधनों का संरक्षण करना, नीतियां बनाना तथा टेक्नोलॉजी के प्रयोग को प्रोत्साहित करना हैं गंगा कार्य योजना की उपयोजनाओं के क्रियान्वयन एवं निगरानी (मानीटरिंग) के मुख्य उद्‌देश्य अग्रलिखित हैं–

क. नदी के विषय में अधिकाधिक एवं बेहतर जानकारी।

ख. अपशिष्ट जल को निर्धारित स्थान तक ले जाना और उसके उपचार के लिए विकसित नवीनतम टेक्नोलॉजी का ज्ञान प्राप्त करना।

ग. संसाधनों के संरक्षण के लिए अनुसंधान करना, तथा

घ. विचार विनियम के लिए मंच तैयार करना।

(2) यमुना नदी का प्रतीक अध्ययन
(A Case Study of the River Yamuma)

यमुना नदी कुमायूं हिमालय क्षेत्र के ग्रेटर हिमालय श्रेणी की बन्दरपूंछ चोटी (6387 मी0) के पश्चिमी ढाल पर स्थित यमुनोत्री (6320 मी0) हिमानी से निकलती है और 1376 किमी0 का प्रवाह मार्ग तय करके इलाहाबाद में गंगा नदी से मिल जाती है। इसका अपवाह क्षेत्र 2,26,000 वर्ग कि0मी0 से भी अधिक है। नदी जल में प्रदूषण को रोकने के लिए उनके सम्पूर्ण बेसिन क्षेत्र का नियोजन किया जाना चाहिए। यमुना की अनेक सहायक नदियां, चम्बल, सिंध, बेतवा, केन और पयस्वनी हैं जो अपने - अपने प्रवाह क्षेत्र से प्रदूषित तत्व लाकर यमुना में छोड़ देती हैं। यमुना नदी के किनारे अनेक औद्योगिक नगरों का विकास हुआ है। यमुना नगर, पानीपत, सोनीपत, दिल्ली,, फरीदाबाद, मथुरा, आगरा तथा इलाहाबाद जैसे बड़े नगर स्थित हैं जो अपना घरेलू, औद्योगिक तथा कृषि क्षेत्रों के प्रदूषक पदार्थ नालों, सीवरों तथा वर्षा जल द्वारा यमुना में छोड़ देते हैं जिससे यमुना नदी के जल की गुणवत्ता नष्ट हो रही है।

यमुना नगर में कागज, चीनी, चमड़ा और स्टील के बर्तन , पानीपत में ऊनी वस्त्र, कम्बल, कालीन और चीनी उद्योग, सोनीपत में साइकिल, कृषि उपकरण, रसायन, रबर उद्योग, फरीदाबाद में इंजीनियरिंग, कांच, रबर रसायन, चमड़े का सामान दिल्ली में सूती वस्त्र, रसायन विद्युत उपकरण, खाद्य पदार्थ, प्लास्टिक, वैज्ञानिक उपकरण आदि अनेक उद्योग हैं। दिल्ली की जनसंख्या 1.5 करोड़ से अधिक है। यहीं सूती एवं ऊनी वस्त्र चमड़ा, रबर, रायायनिक, इंजीनियरिंग तथा अनेक लघु उद्योग विकसित हैं। इटावा में चावल एवं चीनी मिलें हैं। उक्त सभी नगरों की जनसंख्या एक लाख से अधिक है। इन नगरों से भारी मात्रा में निकलने वाला अपशिष्ट यमुना नदी को प्रदूषित कर रहा है।

यमुना नदी दिल्ली में 48 कि.मी. तक प्रवाहित है तथा दिल्ली नगर क्षेत्र की जलापूर्ति का प्रमुख स्त्रोत है। यहां के उद्योगों, नगरीय जलापूर्ति, तापविद्युत गृह तथा अन्य संस्थानों में प्रतिदिन यमुना का 120 करोड़ लीटर पानी प्रयोग किया जाता है जिसका लगभग 80 प्रतिशत पानी 17 खुले नलों द्वारा पुनः यमुना में वापस चला जाता है। फरीदाबाद और ओखला के बीच यमुना में सर्वाधिक कचड़ा एवं अपशिष्ट जल मिलता है। इस अपशिष्ट जल में 150 टन बी.ओ.डी. 300 टन घुलित ठोस तथा 150 टन लटकते ठोस रहते हैं। जो यमुना जल को जहरीला बना रहे हैं। यही स्थित फरीदाबाद, आगरा और मथुरा में हैं। निम्न तालिका विभिन्न स्थानों पर यमुना जल की भौतिक और रासायनिक विशेषतायें प्रदर्शित करती हैं –

यमुना नदी से जल सम्बन्धी भौतिक एवं रासायनिक विवरण

क्रम	नगर	बी.ओ.डी. मि.ग्रा.	डी. ओ. मिग्रा/ली.	कुल घुलित ठोस मि.ग्रा./ली.	कोली फार्म एम.पी.एन.	प्रकाशा–वरोध
1.	हाथी कुण्ड	1	9	200	160	15
2.	यमुनानगर	1.5	8	210	1500	16
3.	पानीपत	2	8	210	1500	22
4.	सोनीपत	2	8.2	200	1600	23
5.	वजीराबाद	7.5	2.3	350	150000	30
6.	ओखला	7.5	2.3	360	150000	30
7.	मथुरा	4	6.5	580	1500	25
8.	आगरा	8	10	600	15000	30
9.	इटावा	4.5	8	570	1500	15
10	हमीरपुर	1.8	8	340	1500	15
11.	इलाहाबाद	1.6	8	340	10000	12

उपर्युक्त विवरण से स्पष्ट होता है कि दिल्ली और आगरा में यमुना का जल सर्वाधिक प्रदूषित है। दिल्ली में बी.ओ.डी. की मात्रा अधिक है। यहां पर क्लोरोफार्म की संख्या 150, 000 प्रति 100 लीटर से भी अधिक पाई जाती है। प्रकाशावरोध (गंदलापन) भी दिल्ली और आगरा में सर्वाधिक है। इसलिए घुलित ऑक्सीजन की मात्रा भी दोनों नगरों के निकट न्यूनतम है।

गंगा और यमुना की भांति भारत की गोमती, चम्बल, नर्मदा, दामोदर, गोदावरी, कृष्णा और कावेरी नदियों के जल की गुणवत्ता भी बहुत गिरी हुई है। लखनऊ में गोमती नदी का जल बहुत प्रदूषित हो गया है। गंदे नालों, पेपर मिलों, शराब के कारखानों, चीनी मिलों आदि से निकलने वाले अपशिष्ट जल ने गोमती जल को जहरीला बना दिया है। गोमती के जल से सिंचाई करने पर तरबूज तक जहरीला पाया गया है। चम्बल नदी में कोटा नगर के कारखानों से निकलने वाले जल के मिश्रण से अनेक प्रजातियों की मछलियां तथा अन्य जीव समाप्त हो गए हैं।

इसके जल में नाइट्रोजन तथा फास्फोरस की मात्रा बहुत बढ़ गई है। दामोदर नदी आसनसोल और दुर्गापुर के मध्य औद्योगिक प्रवाहों से मिलने के कारण अत्यन्त प्रदूषित हो गई है। उद्योगों द्वारा इसमें प्रतिदिन 159 हजार घनमीटर गंदा पानी मिलाया जाता है। इसी प्रकार गोदावरी नदी भी औद्योगिक प्रवाहों के

मिलने के कारण प्रदूषित हो गई है। अमरकंटक से निकलने वाली नर्मदा का जल जबलपुर से लेकर अरब सागर तट तक अनेक कल-कारखानों द्वारा दूषित किया जा रहा है। कावेरी नदी के किनारे भी अनेक कारखानें हैं जिन्होंने इसके जल की भौतिक एवं रासायनिक संरचना को बदल दिया है। राजस्थान में लूनी नदी के जल में छपाई और रंगाई कारखानों से निकलने वाले विषैले तत्वों के मिलने के कारण प्रदूषण बहुत अधिक बढ़ गया है।

(3) टिहरी बांध परियोजना
(Movement Against Tehri Dam Project)

टिहरी बांध परियोजना उ.प्र. के टिहरी जनपद में टेहरी नगर से थोड़ी दूर पर भागीरथी नदी घाटी में चलाई जा रही है। इस परियोजना के क्रियान्वयन से वनों तथा वन्य जीवन में समृद्व भागीरथी घाटी का हजारों हैक्टेयर क्षेत्र वनावरण रहित एवं वन्यजीवन रहित हो जायेगा। सम्पूर्ण टेहरी क्षेत्र भूकम्प ग्रस्त हो जायेगा। इसीलिए लागों ने टेहरी परियोजना को भविष्य का टाइम बम्ब कहा है।

टेहरी बांध आन्दोलन वयोवृद्व पर्यावरण विद् श्री सुन्दर लाल बहुगुणा द्वारा चलाया जा रहा है। उनहोंने इस बांध के विरोध में 56 दिन तक अनशन रखा। केन्द्र सरकार ने आश्वासन दिया कि बांध निर्माण एवं विस्थापितों के पुनर्वास के कार्य साथ-साथ चलते रहेंगें तथा परियोजना के भविष्य के विषय में विशेषज्ञों की राय मानी जायेगी।

इस परियोजना की लागत 6500 करोड़ रूपया है। इससे 2400 मेगावाट विद्युत प्राप्त होगी। पश्चिमी उ.प्र. के 2.1 लाख हेक्टेयर क्षेत्र की सिंचाई होगी। परियोजना पूर्ण होने पर दिल्ली को 300 क्यूसेक तथा पश्चिमी उ. प्र. को 200 क्यूसेक पेयजल प्राप्त होगा। टेहरी जलविद्युत विकास निगम के अध्यक्ष एम. एल. गुप्त के अनुसार अब तक इस परियोजना के निर्माण कार्य में 1450 करोड़ रूपये व्यय हो चुके हैं।

केन्द्रीय ऊर्जामन्त्री डॉ. वाई. के. अलघ तत्कालीन प्रधानमन्त्री आई. के. गुजराल के कहने पर टेहरी गये और उन्होंने बहुगुणा को आश्वासन दिया कि परियोजना का कार्य चलता रहेगा तथा स्थानीय लोगों के रोजगार के अधिकार तथा अन्य हितों को सुरक्षित रखा जायेगा तथा सरकार विशेषज्ञों की राय पर कार्य करेगी एवं श्री बहुगुणा द्वारा उठाये मुद्दों पर गम्भीरता से विचार करेगी। डॉ. अलघ के आश्वासन पर प्रतिक्रिया व्यक्त करते हुए श्री बहुगुणा ने कहा कि ' आप उस मकान' का निर्माण कार्य जारी रखने की बात कर रहे हैं जिसकी आधारशिला की अभी जांच नहीं हो पाई हैं।

भागीरथी बेसिन का 68% क्षेत्र अति उपयोगी वनों से आच्छादित हैं। ये वन यहां के वनाधारित उद्योगों के लिए कच्चा माल प्रदान करते हैं, जड़ी- बूटियां प्रदान करते हैं। जनजातियों (भूटिया) के लिए चारागाह प्रदान करते हैं, वन्य जीवों के शरण स्थल बनते हैं, तथा उनके भूटिया गांवों के स्थल हैं। यह परियोजना इन सब प्राकृतिक संसाधनों को विनष्ट कर सकती हैं।

(4) नर्मदा बचाओ आन्दोलन
(Save the Narmada Movement)

नर्मदा नदी पर दो विवादास्पद परियोजनाएँ – सरदार सरोवर परियोजना और नर्मदा सागर परियोजनाएँ चल रही हैं। इन परियोजनाओं के क्रियान्वयन से पर्यावरण को होने वाली क्षति को रोकने के लिए गांधीवादी समाजसेवी बाबा आम्टे ने अपने अनेक साथियों के साथ इन परियोजनाओं को 'नर्मदा बचाओ आन्दोलन' के झण्डे तले विरोध किया है।

इन परियोजनाओं के सम्बन्ध में बंगला पत्रिका 'सानन्दा' ने 18-4-91 को गुजरात के तत्कालीन मुख्यमन्त्री श्री चिमनभाई पटेल से साक्षात्कार लिया। इस साक्षात्कार में उन्होंनें कहा – " यह गलत धारणा है कि जल केवल नगरीय लोगों के लिए है। दो-तिहाई जल ग्रामीण लोगों के लिए है। 132 नगरों की तुलना में 7234 गांवों को पेयजल उपलब्ध होगा। सरकार ने पहले ही सूखोन्मुख कच्छ और सौराष्ट्र में कार्य प्रारम्भ कर दिया है। अन्ततः ये परियोजनाएँ इन क्षेत्रों को सिंचाई तथा पेयजल प्रदान करेंगी। उन्होंने स्वीकार किया पर्यावरण का थोड़ा नुकसान होगा लेकिन सरकार ने व्यापक वृक्षारोपण शुरू कर दिया है। इसके विपरीत उसी दिन पत्रिका ने बाबा आम्टे का साक्षात्कार लिया।

बाबा आम्टे ने कहा कि वे केवल नर्मदा परियोजनाओं के विरूद्व नहीं है बल्कि सभी ऐसी परियोजनाओं के विरुद्व हैं। जब उनसे कहा गया कि सरदार सरोवर परियोजना गुजारत की जीवन रेखा है। तब उन्होंने कहा –' कुछ लोगों के लिए यह जीवन रेखा हो सकती हैं किन्तु अन्य लोगों को लिए यह मौत का पैगाम है"। उन्होंने कहा कि वे मृत्यु पर्यन्त इन परियोजनाओं के विरुद्ध लड़ते रहेंगे। उन्हे सफल होने की आशा है। ख्यातिलब्ध सामाजिक कार्यकर्ता कुंठ मेघा पाटेकर भी बाबा आम्टे के नर्मदा बचाओ आन्दोलन में सम्मिलित हो गई। उन्होंने अनेक बार इन परियोजनाओं के विरूद्ध उपवास किया। उन्होंने सरकार पर यह आक्षेप किया कि सरकार के पास कोई दूरदृष्टि नहीं है तथा परियोजना बिना किसी सुविचारित नीति के बनाई गई हैं। प्राकृतिक इतिहास समिति, बम्बई के संरक्षक अधिकारी भारत भूषण ने कहा, 'परिपूरक वनीकरण वन विनाश का

कोई हल नहीं है। यह वन जीवन और पशुज को वापस नहीं ला सकता।

नर्मदा सागर परियोजना तथा सरदार सरोवर परियोजना की स्थिति, लागत, जलभराव क्षेत्र तथा जनसंख्या विस्थापन का विवरण अग्र तालिका से स्पष्ट है।

नर्मदा सागर तथा सरदार सरोवर परियोजनाएँ

	नर्मदा सागर परियोजना	सरदार सरोवर परियोजना
1.	स्थित-पुनासा, जिला-खण्डवा (म0 प्र0)	बड़गाम, जिला-भड़ौच, गुजरात
2.	लाभ-सिंचाई 1.23 लाख हेक्टेयर, शक्ति 1000 मेगावाट बाढ़ नियन्त्रण, मत्स्य पालन, पर्यटन, नगरीय जलापूर्ति	सिंचाई-18.7 लाख हेक्टेयर, शक्ति 1450 मेगावाट बाढ़ नियन्त्रण, मत्स्य पालन, पर्यटन, नगरीय जलापूर्ति
3.	जलभराव-91000 हे0 वन-40,000 हेक्ट0 कृषि भूमि-44000 हेक्टेयर	39000 हेक्टेयर, वन 14000, कृषि भूमि 1000 हेक्टेयर
4.	विस्थापन – 129000, जनजातीय लोग 31000	66000 लोग, अनुसूचित जाति/जनजाति 48000
5	लागत – 6000 करोड़ रुपये	9000 करोड़ रुपये

नर्मदा भारत की पाँचवीं सबसे बड़ी नदी है तथा सरदार सरोवर इस पर अन्तिम जलाशय है। योजना आयोग ने 5 अगस्त, 1960 को इसे भड़ौच सिंचाई परियोजना के रूप में स्वीकार किया।

नर्मदा घाटी भूकम्पीय क्षेत्र है। विगत दो शताब्दियों में यहां 30 से अधिक भूकम्प आ चुके हैं। 1938 में आया सतपुड़ा भूकम्प 6.3 सघनता का था। नर्मदा सागर योजना के जलाशय में जलीय वनस्पति का विकास होगा, धारा की गति परिवर्तित होगी तथा भौतिक एवं रासायनिक परिस्थितियां बदल जाने से एल्गी की प्रजातियां बदल जाती हैं। सिवार तथा खज्झा के बढ़ जाने से सौर्यिक शक्ति की उपलब्धता कम हो जाने से मछलियों का भोजन प्रभावित होता है। नर्मदा नदी में मछलियों की 76 प्रजातियां हैं तथा मगरमच्छ भी पाये जाते हैं। ऐसे परिवर्तनों से इनकी संख्या प्रभावित होगी।

नर्मदा बेसिन वनस्पति वैज्ञानिकों का स्वर्ग के नाम से विख्यात है। घाटी के 32 प्रतिशत भाग में अत्यन्त मूल्यवान वन हैं। साल और टीक के वनों में बॉस भी हैं जो नेपा तथा ओरिएण्ट पेपर मिल अमलाई की आवश्यकता की पूर्ति करते हैं। तेंदू पत्तियां, औषधीय पौधे, साल के बीज, चिरौंजी, माइरोवोलन आदि महत्वपूर्ण उत्पाद पाये जाते हैं। इस परियोजना के पूर्ण होने पर 91000 हेक्टेयर क्षेत्र में जल भर जायेगा जिससे वनस्पतियों तथा वन्य जीवों की सैंकड़ो प्रजातियां समाप्त हो जायेंगी।

(5) शान्त घाटी केरल परियोजना
(Silent Valley Project)

सर्वप्रथम 1921 में केरल राज्य की शान्त घाटी में प्रवाहित कुन्तीपुज्झा नदी पर बाँध बनाकर जल विद्युत उत्पन्न करने पर विचार किया गया। शान्तघाटी उष्णकटिबन्धीय वर्षा वाले वनों का क्षेत्र है जिसे आधुनिकीकरण के प्रभाव ने प्रभावित नहीं किया अतः शान्त घाटी विश्व में जैविक तथा आनुवंशिक विरासत में सर्वाधिक समृद्ध है। मालाबार प्रदेश जिसमें शान्त घाटी स्थित है, केरल का कम से कम विकसित क्षेत्र है। भारतीय वनस्पति वैज्ञानिक सर्वेक्षण विभाग के अनुसार शान्त घाटी में 900 से अधिक फूलदार पौधे तथा झाड़ियां हैं। बहुत सी प्रजातियां जो अन्यत्र विलुप्त हो चुकी हैं, वे शान्तघाटी में पाई जाती हैं। यहां कई पौधे बिल्कुल नये पाये गये। यहां औषधीय मसाले तथा दालें प्रदान करने वाले पौधे भी पाये जाते हैं। इन पौधों में आनुवंशिक विविधता रोग प्रतिरोधी क्षमता तथा प्रोटीन की मात्रा प्रचुरता से पाई जाती है। यहां की पादप आनुवंशिक विविधता एक विशाल आर्थिक संसाधन हैं जिसे केरल राज्य खोना नहीं चाहेगा। यहां के रोग प्रतिरोधी पौधों को क्रास-बीडिंग द्वारा खेतों में उगाया जा सकता है।

भारतीय प्राणी वैज्ञानिक सर्वेक्षण विभाग ने यहां अनेक दुर्लभ तथा विलुप्त हो रही जैविक प्रजातियों की पहचान की है। यहां अनेक प्रकार की तितलियां, चिड़ियां, मछलियां, उभयचर, सरीसृप एवं स्तरपायी पाये जाते हैं। तीन उभयचर प्रजातियां यहां प्राप्त होने के पूर्व अज्ञात थीं। अनेक कीड़े, काली नारंग मक्खी कपड़ चिड़ियां, सफेद भूरी बुलबुल, पहाड़ी मयना हार्नबिल केवल शान्त घाटी में ही पाये जाते हैं। तीन विलुप्त प्रायः स्तनपायी यथा-शेर की पूंछ वाला मकाक, चीता तथा नीलगिरी ताहर यहां पाये जाते हैं। शेर की पूंछ वाला मकाक विश्व में सर्वाधिक दुर्लभ स्तन पायी जीव है।

केरल शास्त्र साहित्य परिषद के अनुसार 1990-91 में केरल राज्य की कुल विद्युत आवश्यकता 7730 मिलियन किलोवाट घण्टे है। यदि शान्त घाटी परियोजना पूर्ण हो गई तो उससे 522 मि0 मि0 ध0 अथवा 7 प्रतिशत ही प्राप्त होगा अतः यह परियोजना सीमान्तक रूप से ही महत्वपूर्ण है। इसके विकल्प में विद्युत लाइनें इदुक्की परियोजना से इस क्षेत्र में लाई जा सकती हैं तथा सिंचाई के लिये अधोभौतिक जल का उपयोग किया जा सकता है। अन्य विकल्प के रूप में बारापुज्झा नदी पर एक जलविद्युत परियोजना बनाई जा सकती है अथवा एक ताप विद्युत गृह स्थापित किया जा सकता है। राज्य सरकार ने इदुक्की जिले के देवीकुलम तालुका में पिण्डीमेदू स्थान पर पूयमकट्टी जल विद्युत परियोजना की सलाह शान्तघाटी के विकल्प के रूप में दी है। किन्तु इस

परियोजना में भी वनावरण की कटाई करनी होगी।

शान्तघाटी परियोजना के क्रियान्वयन में हजारों एकड़ क्षेत्र के वनावरण तथा जैविक विविधता को समाप्त करना होगा। भविष्य में पर्यावरण के अपक्रमित हो जाने से गम्भीर खतरों का अनुमान लगाकर पर्यावरण वैज्ञानिको, समाजसेवियों तथा स्वयंसेवी संगठनों ने इस परियोजना के विरूद्ध जनमत तैयार करके केन्द्रीय सरकार से इसे रूकवा दिया है।

मिल्टन रॉकी ने दो प्रकार के मूल्यों-सहायक (इंस्ट्रूमेण्टल) तथा अन्तिम (टर्मिनल) मूल्य की चर्चा की है। ये दोनों मूल्य तन्त्र क्रियात्मक रूपों से परस्पर सम्बन्धित हैं। व्यवहार के रूपों से सम्बन्धित सभी मूल्य अन्तिम अवस्थाओं से सम्बन्धित सभी मूल्यों की प्राप्ति में सहायक होते हैं। व्यवहार का एक ढंग एक विशिष्ट अन्तिम मूल्य के बजाय अनेक अन्तिम मूल्यों की प्राप्ति में सहायक हो सकता है तथा अनेक प्रकार के व्यवहार रूप किसी एक अन्तिम मूल्य की प्राप्ति में सहायक हो सकते हैं। सभी अन्तिम मूल्यों को अस्तित्व की आदर्शीकृत अन्तिम अवस्थाएं माना जा सकता है। तथा आदर्शीकृत व्यवहार रूपों के लिए 'सहायक मूल्य' शब्द प्रयोग किया जा सकता है। 'अभीष्टता' अन्तिम की बजाय नैतिकता से सम्बन्धित सहायक मूल्यों का आवश्यक गुण है। मूल्यों के अभीष्टता या कर्त्तव्य गुण का उद्‌भव समाज में होता है तथा हमसे एक विशिष्ट प्रकार से व्यवहार करने की माँग करता है जिससे दूसरों को लाभ न कि नुकसान हो। रॉकी ने निम्न मूल्यों का उल्लेख किया है :–

आन्तरिक मूल्य (Internal values)	**सहायक मूल्य** (Instrumental values)
1. एक आरामदायक जीवन (एक सम्पन्न जीवन)	1. महत्त्वाकांक्षी (परिश्रमी, अभिलाषी)
2. एक उत्तेजक जीवन (एक उद्दीप्त करने वाला सक्रिय जीवन)	2. उदारचरित (खुले मन वाला)
3. उपलब्धि का भाव (स्थायी योगदान)	3. समर्थ (योग्य, प्रभावी)
4. शान्तिमय विश्व (युद्ध तथा संघर्ष रहित)	4. प्रसन्न (आनन्दमय, हल्का मन)
5. सौंदर्य का विश्व (प्रकृति व कला की सुन्दरता)	5. स्वच्छ (साफ, व्यवस्थाप्रिय)
6. समानता (भ्रातृत्व, सभी के लिए समान अवसर)	6. साहसी (विश्वासों का साथ निभाने वाला)

7. परिवार सुरक्षा
(प्रिय व्यक्तियों की देखभाल)
8. स्वतन्त्रता
(आजादी, स्वतन्त्र चयन)
9. प्रसन्नता
(सन्तुष्ट होना)
10. आन्तरिक समरसता
(आन्तरिक द्वन्द्व से स्वतन्त्रता)
11. परिपक्व प्रेम
(लैंगिक व आध्यात्मिक घनिष्ठता)
12. राष्ट्रीय सुरक्षा
(आक्रमण से रक्षा)
13. आनन्द
(सुखद, सुविधाजनक जीवन)
14. मोक्ष
(मुक्त, शाश्वत जीवन)
15. आत्म सम्मान
(स्वाभिमान)
16. सामाजिक स्वीकरण
(आदर, प्रशंसा)
17. सही मित्रता
(घनिष्ठ साथ)
18. बुद्धिमानी
(जीवन का परिपक्व अवबोध)

7. क्षमाशील
(दूसरों को क्षमा देने का इच्छुक)
8. सहायक
(दूसरों के कल्याण हेतु कार्यरत)
9. ईमानदार
(सत्यवादी, निष्कपट)
10. कल्पनाप्रिय
(सृजनशील, निर्भीक)
11. स्वतन्त्र
(आत्मनिर्भर)
12. बौद्धिक
(बुद्धिमान, विचारशील)
13. तार्किक
(सुसंगत, तर्कप्रिय)
14. स्नेही
(कोमल, प्रिय)
15. आज्ञाकारी
(कर्त्तव्यनिष्ठ, आदर देने वाला)
16. विनम्र
(सुसंस्कृत, शिष्ट)
17. उत्तरदायी
(विश्वसनीय, भरोसे का)
18. आत्म नियन्त्रण
(स्वानुशासित, नियन्त्रित)

उपर्युक्त मूल्यों के मापन के लिये रॉकी ने मूल्य सर्वेक्षण उपकरण की रचना की तथा 1409 अमरीकावासियों के मूल्यों का कारक-विश्लेषण (Factor analysis) करके सात कारकों की उपस्थिति प्रमाणित की। ये सात कारक निम्न हैं—

1. तात्कालिक बनाम बिलम्बित पुष्टि
2. प्रवीणता बनाम धार्मिक नैतिकता
3. आत्म संकुचन बनाम स्वविस्तारण
4. सामाजिक बनाम वैयक्तिक अनुस्थापन
5. सामाजिक बनाम पारिवारिक सुरक्षा
6. आदर बनाम स्नेह
7. आन्तरिक बनाम अन्य-निदेशित

अध्याय - 9

वन्य संसाधन, वन्य जीव एवम् जैव विविधता

मानव की विभिन्न गतिविधियों तथा प्राकृतिक सम्पदाओं के मानमाने ढंग से प्रयोग के कारण प्राकृतिक वातावरण का सन्तुलन बिगड़ने लगा और कई प्रकार के पारिस्थितिक संकट पैदा हो गये। इससे स्वयं मानव जाति के अस्तित्व के लिये खतरा पैदा हो गया। इन परिस्थितयों से निपटने के लिये मानव को जागरूक होना पड़ा। उसने प्रकृति संरक्षण के लिये मानव को जागरूक होना पड़ा। उसने प्रकृति संरक्षण के लिये राष्ट्रीय स्तर पर प्रयास आरम्भ कर दिये।

राष्ट्रीय स्तर पर प्रयास – हमारे देश भारत में प्रकृति-संरक्षण के की दिशा में अनेक प्रयास हुए। केन्द्र सरकार तथा प्रदेशीय सरकारों ने 'पर्यावरण' नाम के एक अलग विभाग की स्थापना की। इस विभाग का मुख्य उद्देश्य पर्यावरण के सुधार के कार्य में तेजी लाना और पर्यावरण से सम्बन्धित विभिन्न संगठनों में परस्पर समन्वय स्थापित करना है इसी विभाग की देखरेख में निम्नलिखित प्रयास हुए –

(1) सन् 1952 में वन्य जीवों के संरक्षण के कार्यों को देखने के लिये "भारतीय वन जीव-मण्डल" की स्थापना हुई।

(2) शिकार पर रोक लगाने के लिये कानून बनाये गये। इसी सन्दर्भ में सन् 1972 में वन जन्तुओं की विलुप्ति जातियों : जैसे – शेर, बाघ, गैंडे, हाथी व हिरन के शिकार को दण्डनीय अपराध घोषित किया।

(3) मनुष्यों में वन्य जीवों के संरक्षण की जागरूकता बढ़ाने के लिये प्रति वर्ष 1 अक्टूबर से 8 अक्टूबर तक 'वन्य जीव सप्ताह' मनाया जाता है।

(4) वनों को अनाधिकृत रूप से काटने पर रोक लगायी गयी।

(5) प्रदूषण से सम्बन्धित कानून बनाये गये।

(6) राष्ट्रीय स्तर पर वृक्षारोपण अभियान के अन्तर्गत खाली भूमि पर पेड़ लगाये जा रहे हैं।

(7) वन्य जन्तुओं की खाल, दाँत, सींग व हड्डियों से निर्मित वस्तुओं के व्यापार पर प्रतिबन्ध लगा दिया गया।

(8) विलुप्त दिशा की ओर अग्रसर जन्तुओं की जातियों को बचाने के लिये प्राकृतिक वातावरण उत्पन्न करके राष्ट्रीय उद्यान (National Parks) तथा जन्तु-बिहार (Sanctuaries) स्थापित किये गये।

अन्तर्राष्ट्रीय प्रयास – प्रकृति-संरक्षण तथा पर्यावरणीय समस्याओं से सम्बन्धित अन्तर्राष्ट्रीय स्तर पर निम्नलिखित प्रयास हुए –

(1) सर्वप्रथम सन् 1902 में पेरिस में प्राकृतिक संरक्षण के लिये एक अन्तर्राष्ट्रीय प्रतिज्ञा पर सभी यूरोपियन देशों ने हस्ताक्षर किये।

(2) पारिस्थितिक संकट एवं प्राकृतिक असन्तुलन के गहन अध्ययन के लिये सन् 1948 में IUCN नामक अन्तर्राष्ट्रीय संगठन की स्थापना हुई। इस संगठन का कार्यालय स्विट्ज़रलैण्ड में है।

(3) सन् 1962 में IUCN को आर्थिक साधन सुलभ कराने के लिये विश्व वन्य जीवन कोष (World Wild Life Fund) नामक संगठन की स्थापना हुई। 24 देश इस संगठन के सदस्य हैं।

(4) सन् 1972 को अन्तर्राष्ट्रीय प्रकृति संरक्षण वर्ष घोषित किया गया।

(5) सन् 1972 में संयुक्त राष्ट्र संघ (UNO) का पर्यावरण कार्यक्रम प्रारम्भ हुआ।

(6) सन् 1969 में IUNC की एक शाखा भारत में स्थापित हुई यह शाखा भारतीय बस्टर्ड संरक्षण, नीलगिरि टाइगर का संरक्षण, चेन्नई का सर्प उद्यान तथा भारतीय शेर का संरक्षण आदि योजनाओं की देखभाल कर रही है।

अन्तर्राष्ट्रीय रेड-बुक (International Red Book)

इसकी अब तक पाँच पुस्तकें अन्तर्राष्ट्रीय रेड बुक (International Red Book) प्रकाशित हो चुकी हैं, जिसकी प्रथम पुस्तक का प्रकाशन 1 जनवरी, 1972 को हुआ था। इनका विवरण निम्न है –

1.	प्रथम पुस्तक	236 प्रजातियाँ (292 उप-प्रजातियाँ)	स्तरधारी (Mammals)
2.	द्वितीय पुस्तक	287 प्रजातियाँ (341 उप-प्रजातियाँ)	पक्षी (Birds)

3.	तृतीय पुस्तक	36 प्रजातियाँ एवं उप-प्रजातियाँ तथा 119 प्रजातियाँ एवं उप-प्रजातियाँ	मरूस्थलीय उभयचर (Amphibians) सरीसृप-रेंगने वाले (Reptiles)
4.	चतुर्थ पुस्तक	दुर्लभ एवं अप्राप्य प्रजातियाँ एवं उप-प्रजातियां	मछलियाँ (Fishes)
5.	पंचम पुस्तक	दुर्लभ एवं अप्राप्य प्रजातियाँ एवं उप-प्रजातियां	पौधे-वनस्पतियाँ (Plants))

प्रत्येक रेड-बुक में प्रजातियों का निम्नलिखित चार मुख्य भागों में वर्णन है –

1. लुप्त प्राय या लुप्त हो रही प्रजातियाँ जिनके बचाव का पूरा ध्यान रखना आवश्यक है (यह जानकारी लाल रंग के पृष्ठों पर मुद्रित है।
2. ऐसी दुर्लभ प्रजातियाँ जो संख्या में बहुत कम हैं और कुछ निश्चित स्थानों पर ही उपलब्ध हैं। इनके बारे में यह आशंका है कि यह कहीं समाप्त न हो जायें (यह जानकारी सफेद रंग के पृष्ठों पर मुद्रित हैं)।
3. लुप्त हो रही ऐसी प्रजातियाँ जिनकी संख्या निरन्तर और तेजी से कम होती जा रही हैं (यह जानकारी पीले रंग के पृष्ठों पर मुद्रित हैं)।
4. ऐसी प्रजातियाँ जिनके बारे में आशंका है कि वह कम हो रही हैं, पर जिनके बारे में पूरा विवरण उपलब्ध नहीं है (यह जानकारी पुस्तक के अन्त में भूरे रंग के पृष्ठों पर मुद्रित हैं)।

विशेष – बाद में एक भाग उन प्रजातियों के लिये भी जोड़ा गया है, जिन्हें बचा लिया गया है (उनके लिये हरे पृष्ठ लगे हैं)।

राष्ट्रीय स्तर पर भी रेड-बुक बनाई गई है और इनमें राष्ट्र स्तर की नियमित प्रविष्टियों के किये जाने का प्रावधान है। वास्तव में यह वन्य जीव, पौधे तथा वनस्पतियों की रक्षा के लिये ऐसा प्रयास है जिससे दुर्लभ अथवा कम होने वाली प्रजातियों को पूर्ण वैज्ञानिक रूप से बचाने की योजना बनाने तथा उसी क्रियान्विति का अवसर मिलता है।

मानव के लिये वन्य जीव का महत्व (Importance of Wildlife for Man)

वन्य जीवों का महत्व निम्नलिखित है –

1. पर्यावरण की शुद्धता एवं स्वस्थता हेतु – वन्य जीव चाहे स्थलीय

हो, जलचर हो अथवा उभयचर हों, इनकी खास उपस्थिति शुद्ध और अशुद्ध पर्यावरण की सूचना अत्यन्त प्रभावी रूप से देती है। उदाहरण के लिये एक घरेलू मक्खी की उपस्थिति जहाँ प्रदूषित वातावरण (पर्यावरण) बताती है, वहीं एक भँवरा (Black Bee) विशुद्ध वातावरण का द्योतक है, यदि किसी जल स्रोत के इर्द-गिर्द भारी संख्या में टिलुआ (Black winged stilts) जिरिया (Ring Plover) तथा टिटहरी (Sand Pipers) मिलते हों, तो यह पानी की गुणवत्ता (Chemical Properties) में कमी बताते हैं लेकिन यदि वहीं बड़ी कुररी (River Terns), राम चिरैया (King Fishers) अथवा बत्तख (Teals) आदि की अधिकता हो तो निश्चय ही वह जल स्वच्छ है और पीने योग्य है। आकाश में पक्षियों का अभाव वायु-प्रदूषण इंगित करता है। वहीं हुद-हुद (Hoopoe), खंजन पक्षी (Wegtails) और शकरखोरा (Sunbirds) हरियाली और शुद्ध पर्यावरण में ही आते हैं और भी ऐसे कई अन्य उदाहरण सम्भव हैं जो उक्त बात की सत्यता को प्रतिपादित करते हैं।

2. वातावरण का हरियाली प्रदान करना – जिन जंगलों में वन्य पशु रहते हैं वहाँ सामान्यतः न तो कोई घरेलू और पालतू पशु घुस पाते हैं और नही सामान्य आदमी अपना प्रवेश ले पाते हैं। परिणामस्वरूप वन सम्पदा के ह्रास की सम्भावनाएँ बहुत ही कम हो जाती हैं और इसके विपरीत जंगल निर्बाध रूप से पनपते हैं। शाकाहारी जीवों को यथेष्ट भोजन मिलने से भोजन श्रृंखला की गति बनी रहती है। माँसाहारी शीर्षस्थ वन्य जीव सन्तुलन बनाये रखते हैं। वृक्षों की सघनता बढ़ती है और शुद्ध पर्यावरण बना रहता है।

3. परितन्त्र में नियन्त्रण बनाये रखना – प्रकृति में अनेक प्रकार के पशु, पक्षी, कीट-पतंग और जलचर हैं। इनकी वृद्धि इनके अपने नियमानुसार होती है, लेकिन प्रकृति में ही कुछ ऐसा प्रावधान है कि इनमें से प्रत्येक की संख्या को वह अपने शाश्वत नियमों के अनुसार नियन्त्रण में रखती है। वैसे वन्य जीवों की भोजन श्रृंखला के अन्तर्गत भी शाकाहारी और मांसाहारी जीवों में अन्ततः एक सन्तुलन रहता है। इस सन्दर्भ में हम यदि चूहे का उदाहरण लें तो यह जानें कि एक दिन में 6 चूहे एक मनुष्य का भोजन चट कर जाते हैं और इनकी वृद्धि भी इतनी तीव्र होती है कि एक नर-मादा चूहे का जोड़ा एक वर्ष में 880 बच्चे पैदा कर सकता है। और यदि एक जोड़ा अपनी संतति सहित 7 वर्षों तक की अवधि तक सन्तानोत्पत्ति करता रहे तो यह संख्या 9 खरब से ऊपर हो जाएगी (9,40,37,00,00,000), लेकिन साँप, चीलें, बिल्लियाँ, लोमड़ी, नेवला, तिलोर आदि इन्हें चट कर जाते हैं। और इनकी संख्या में वृद्धि नहीं होने देते। इसी प्रकार अनेक कीट-पतंगे भी दूसरे कीड़ों और पक्षियों का भोजन बनते हैं। इसी

सन्दर्भ में टिड्डियों का उदाहरण भी कम दिलचस्प नहीं है। जब यह चलती हैं तो अरबों और खरबों की संख्या में होती हैं और जहाँ पर यह बैठती हैं, वहाँ की वनसम्पति का सफाया कर देती हैं, लेकिन अनेक पक्षी जिनमें कौए, मैना, गोडावन, गिरगिट आदि शामिल होते हैं, इन्हें स्रोत पर ही नहीं बढ़ने देते। इस प्रकार वन्य जीव पर्यावरण में जैविक नियन्त्रण रखते हैं।

4. प्रदूषण के निवारण में सहायक – कुछ वन्य जीव ऐसे भी हैं, जैसे गीदड़, जंगली सूअर और बिज्जू जो वन क्षेत्र की गंदगी को समाप्त कर देते हैं। गिद्ध, कौवे तथा क्रोंच पक्षी सड़े-गले जानवरों को चट कर जाते हैं। बुलबुल, तोता और कई प्रकार के पक्षी पेड़ों से गिरने वाले फूल-फल-पत्तियों को उठा ले जाते हैं और इस प्रकार वनों की सफाई में योगदान देते हैं। कछुआ, मछली, मगर आदि इसी प्रकार पानी की गंदगी को मिटा देते हैं और पानी को स्वच्छ रखते हैं।

5. खादों की प्राप्ति – अपनी स्वाभाविक प्रक्रिया के अनुरूप जब यह चलते हैं, उड़ते हैं तो इनकी बीटें रास्ते में ही गिर जाती हैं। इन बीटों का खाद के रूप में प्रयोग बहुत लाभप्रद हुआ है।

6. आहार में सहायक – वन्य जीव प्रोटीन युक्त मांस देते हैं और इस क्रम में तीतर, चिकोर, हरियल, हिरन, खरगोश, सूअर आदि गिने जाते हैं। मछली, केकड़ा, सांप, झींगा आदि भी भोजन के अंग बने हैं। इससे अन्न की कमी की पूर्ति हुई है।

7. भ्रमण के लिये उपयोगी – अनेक टूरिस्ट (विदेशी व स्वदेशी) वन्य जीव स्थलों को देखने जाते हैं और वन्य जीवों के कार्यकलापों से मनोंरंजन भी प्राप्त करते हैं। विविध प्रकार का बहुमूल्य ज्ञान भी अप्रत्यक्ष रूप से अर्जित होता है। वन्य जीवों के संरक्षण हेतू मानस भी लोगों में बनता है जो शुभ लक्षण है।

8. आर्थिक रूप से सहायक – वन्य जीवों को अलग-अलग इतने आर्थिक लाभ के लिये काम में लिया जाता है कि इनकी सूची समेकित करना भी अत्यन्त कठिन है। हाथी दाँत, गैंडा और जंगली भैंसा सींग, मृग-कस्तूरी, शेर-बघेरा-चीता-साँप और मगर की खालें बहुत ऊँची कीमतों पर विदेशों में बिकती हैं। अनेक जीवों से कपड़े की पोशाकें, सौन्दर्य प्रसाधन और औषधि निर्माण होता है। कुल मिलाकर यह आर्थिक सम्पन्नता के आधार हैं।

9. संस्कृति विरासत की रक्षा – भारत धर्म और संस्कृति का देश रहा है। वन्य जीवों के संरक्षण हेतू इनको अनेक त्यौहारों और पर्वो से जोड़ने के पीछे एक पुष्ट आधार था, जिससे लोग इन्हें बचाये रखें। नागपंचमी (नाग देवता), दशहरा पूजन (अश्व), गोवर्धन पूजा (गोवंश), शिवरात्रि (नन्दी पूजन) आदि ऐसे ही

उदाहरण हैं। इनके अलावा भी मछलियों को आटे की गोली, चींटियों को आटा, गाय को गोग्रास, कुत्ते को रोटी आदि को इसी सन्दर्भ में सम्मिलित किया जा सकता है।

10. खरगोश, लोमड़ी, अल्पाका (Alpacak) तथा शंक (Sunk) आदि वन्य पशुओं का शिकार उनकी त्वचा के लिये किया जाता है। भेड़ों की त्वचा से ऊन और गाय, भैंस आदि की त्वचा से चमड़ा तैयार किया जाता है जिससे जूते, पेटियां, पर्स, अटैचियां आदि तैयार की जाती हैं। ऊँट, सूअर, घोड़े के बालों से ब्रुश बनाये जाते हैं। शेर, चीता, बाघ, तेंदुआ आदि की त्वचा सजावट के लिये प्रयोग में आती हैं।

11. प्रायोगिक उपयोगिता (Practical Value) – विभिन्न वैज्ञानिक प्रयोगों में वन्य प्राणियों को सदा से उपयोग में लाया जाता रहा है। जीव विज्ञान तथा चिकित्सा के क्षेत्र में शोध में प्रगति विभिन्न वन्य प्राणियों के अध्ययन के फलस्वरूप ही सम्भव हुई है। उदाहरणार्थ रीसस बन्दर (Rhesus monkey) के अध्ययन से मानव रक्त के रासायनिक संगठन तथा रोगों के बारे में ज्ञान में वृद्धि हुई है।

12. घोड़ा, ऊँट, हाथी, गधा व खच्चर आदि परिवहन तथा बोझा ढोने के काम आते हैं।

13. सूअर, हायना, गीदड़ आदि स्तनधारी अपमार्जक का कार्य करते हैं। ये सड़े-गले पदार्थों या मृतक जीवों को खाकर प्राकृतिक रूप से सफाई बनाये रखते हैं।

14. चमगादड़ कीटों को खाकर मनुष्य के खेतों की रक्षा करते हैं। अनुमान है कि एक चमगादड़ एक सप्ताह में लगभग 1 कि. ग्रा. कीट खा जाता है। फल खाने वाले चमगादड़ (flying foxes) बीजों के वितरण में बड़ी मदद पहुंचाते हैं।

15. हाथी दांतों से, कुछ स्तनधारियों के सींगों व खुरों से खिलौने और आकर्षक सजावट का सामान बनाया जाता है।

पारिस्थितिक तन्त्र में सभी जीवों का अपना-अपना स्थान है। अजैव अथवा जैविक स्तर पर किसी भी परिवर्तन से जैव समुदाय में जैव-सन्तुलन बिगड़ जाता है और चूंकि मानव भी जैव समुदाय का घटक है। अतः उस पर भी इस असन्तुलन का सीधा प्रभाव पड़ता है और उसे अनेक संकटों का सामना करना पड़ सकता है। अगर मनुष्य अपनी आवश्यकताओं के लिये जंगल में पेड़ो को काटकर मैदान तैय्यार कर ले तो जंगली जानवरों और पक्षियों को निवास के लिये उचित स्थान नहीं मिल पायेगा। पक्षियों की संख्या में कमी होने पर कीटों की संख्या बढ़ जायेगी, क्योंकि बहुत से पक्षी कीट भक्षक हैं। साथ ही जंगल न

होने से वर्षा कम होगी। वर्षा कम होने से फसलें नहीं उग पायेंगी और खड़ी फसलों को कीट, अपने हमले से नष्ट कर देंगे जिससे अनाज बहुत कम पैदा होगा और इसका सीधा परिणाम होगा मनुष्यों को भोजन का अभाव। साथ ही बीमारी फैलाने वाले कीटों की संख्या में वृद्धि के कारण मनुष्यों में अनेकानेक रोग फैल जायेंगे। इन सबका मिश्रित परिणाम मानव जाति के लिये हानिकारक होगा।

एक अन्य उदाहरण में मनुष्य ने सांप से डरने के कारण सांपों को बड़ी संख्या में नष्ट कर दिया। अधिकतर सांप चूहे खाते हैं और चूहों की संख्या का नियन्त्रण नहीं रह पायेगा। इनकी संख्या में बढ़ने से दो प्रकार से मनुष्यों को हानि पहुंचती है। चूहे खेतों में कोमल पौधों की जड़ों को कुतर कर पौधों को नष्ट कर देंगे और संचित अनाज भंडारों में संचित अनाज को भी नष्ट कर देंगे। सामान्यावस्था में चूहे कुल अनाज का 20-25 प्रतिशत नष्ट करेंगे। संख्या में बढ़ने पर तो इनके द्वारा किये गये नुकसान एवं भूख से मरने वाले लोगों का अनुमान लगाना भी कठिन हो जायेगा। परिणाम होगा अकाल और मनुष्य भूखे मरेंगे। साथ ही चूहे प्लेग भी फैलाते है। अतः पारिस्थितिक तन्त्र में प्रत्येक जीव का अपने आस-पास के जीवों के साथ घनिष्ठ सम्बन्ध है।

मानव तथा वन-जीवन में संघर्ष
(Man-Wild Life Conflicts)

मानव सभ्यता के विकास के साथ-साथ मनुष्य की आवश्यकतायें बढ़ती गई हैं। मनुष्य ने किसी न किसी कारणवश अधिक से अधिक जंगलों को नष्ट कर दिया है। कुछ जंगलों को साफ करके उसने रहने और खेती के योग्य बना लिया है। जगह-जगह पर बने गांव और शहर इसके उदाहरण हैं। नये-नये उद्योगों की स्थापना के लिये भी जंगलों को काटकर समतल मैदान बनाये गये हैं। सड़कें बनाने, रेल-मार्ग बिछाने, हवाई अड्डे बनाने आदि के लिये भी जंगलों को ही साफ किया जाता है। पेड़ों को काटकर इमारती लकड़ी को ईंधन के रूप में इस्तेमाल किया जाता है। बहुत से उद्योगों में पेड़ो की लकड़ी काम में आती है। हमारे देश में अब केवल 18 प्रतिशत से भी कम स्थान में जंगल शेष बचे हैं। इससे भारत से जलवायु, वन्य जीवन और मनुष्य को भी खतरा पैदा हो गया है। जंगलों के कम होने से वन्य प्राणियों के लिये प्राकृतिक स्थल कम हो गये हैं।

वन्य जीवों की संख्या आखेट के कारण भी कम हुई है। मनुष्य अपने मनोविनोद के लिये तो आखेट करता है साथ ही कुछ वन्य प्राणियों को वह आर्थिक लाभ के लिये भी मारता है जैसे कस्तूरी मृग को कस्तूरी के लिये, हिरन, सांभर, तेंदूआ, चीता, शेर, खरगोश आदि को उनकी खाल के लिये, हाथी को

उसके दांत के लिये। सरकार की तरफ से वन्य प्राणियों के आखेट को रोकने के लिये विशेष प्रतिबन्ध का अभाव है। वन्य प्राणियों को कोई विशेष संरक्षण प्राप्त न होना।

हमारे देश में अब तक लगभग 200 किस्म के पशु-पक्षी विलुप्त हो चुके हैं तथा लगभग 600 किस्म के वन्य जीवों के विलुप्त होने की आशंका है। इनमें से भी लगभग 600 किस्म के वन्य जीवों के विलुप्त होने की आशंका है। इनमें से भी लगभग 250 किस्म के वन्य प्राणी तो लुप्तावस्था की कगार पर खड़े हैं।

लंगूर जाति का बड़ा बन्दर लगभग दस हजार वर्ष पहले शिकार के कारण नष्ट हो गये थे। इसी तरह से देश के अनेक भागों में अनेक तरह के जीव जन्तु तथा वन्य प्रजातियां मिलती थीं जो अब लुप्त हो गयी हैं।

शिकार करने तथा खाना जुटाने का दौर समाप्त होने के बाद कृषि और पशुपालन व्यवसाय प्रारम्भ हुआ। हमारे देश में व्यवसाय लगभग 5,000 वर्ष से 8,000 वर्ष पूर्व प्रारम्भ हुआ था। इस व्यवसाय का हमारे वन्य जीवों तथा वनों पर अत्यधिक प्रभाव पड़ा।

डी. आर. हैलवेल (1969) के अनुसार वर्तमान समय में विश्व भर में लोगों की परिस्थितिकीय संसाधनों में दिलचस्पी बढ़ती जा रही है क्योंकि पारिस्थितिकीय संतुलन बनने से कई विभिन्न रूपों में उपयोगी सिद्ध होगा।

1. पारिस्थितिकीय संतुलन (पौधों एवं जन्तुओं की प्राकृतिक संख्या के परिरक्षण एवं अनुरक्षण द्वारा पारिस्थितिकीय संतुलन की स्थापना में सहायक होती है)
2. जननिक भण्डार (genetic reserve) प्राकृतिक पारिस्थितिक तंत्रों एवं उनके पारिस्थितिकीय संसाधन के परिरक्षण से नये प्रकार के जन्तुओं एवं वर्णसंकर फसलों के प्रजनन में सहायता मिलती है।
3. विभिन्न उपभोग सम्बन्धी (आखेट, मत्स्य ग्रहण तथा आहार संग्रह द्वारा प्रत्यक्ष भौतिक एवं आर्थिक लाभ),
4. प्राकृतिक पुनर्सरचना (प्राकृतिक पारिस्थितिकीय तंत्रों के आधार पर जीव जगत के इतिहास की पुनर्रचना की जा सकती है।)
5. शोधात्मक महत्व (जीविय कार्यों तथा समस्याओं के अध्ययन के लिये प्राकृतिक पारिस्थितिकीय तंत्र तथा पारिस्थितिकीय संसाधन शोध प्रयोगशालाओं का कार्य करते हैं)।
6. शैक्षिक उपयोग (बच्चों को प्राकृतिक पौधों एवं जन्तुओं तथा उनके जीवीय कार्यों के विषय में सीधे शिक्षा दी जाती है)।

मनुष्य की बढ़ती हुई भीड़ तथा शोर-गुल के कारण वन्य जीव जन्तु अपने

को असुरक्षित महसूस करते हैं। वन्य जीवों पर प्रदूषण के प्रभाव का अध्ययन करने वाले वैज्ञानिकों के अनुसार कारखानों तथा वाहनों से निकलने वाले धुंओं में मिली विषाक्त गैसों तथा ध्वनि से जीव-जन्तुओं के श्वसन तंत्र, गुर्दों एवं शरीर की आन्तरिक क्रियाओं पर अत्यधिक प्रभाव पड़ता है। परिणामस्वरूप कुछ ही दशकों में वन्य जीवों की जन्मदर में कमी तथा मृत्युदर में वृद्धि हो जाती है। घने जंगलों में, हिमालय के दूर-दराज वाले भागों में, जहां मानवीय गतिविधियों का प्रभाव बहुत कम पड़ा है, ऐसे क्षेत्रों में वन्य जीव निर्भय होकर भ्रमण करते हैं।

भारत के लगभग सभी राज्यों में आदिवासी जातियाँ निवास करती हैं जिनकी आजीविका मुख्यतया वन एवं वन्य जीवों से सम्बन्धित पदार्थों पर निर्भर हैं। आदिवासी जातियां अपनी बस्ती बनाकर वनों को उजाड़ देते हैं तथा वन्य पशुओं को मारकर उनकी खाल का व्यापार करती हैं। अतः वन्य जीवों के संरक्षण के लिये आदिवासी जातियों द्वारा पशुओं की खाल के व्यापार पर पूर्णतया प्रतिबन्ध लगाया जाये।

वन्य जीवों और पक्षियों की समस्या वास्तव में वनों की समस्या है। हमारे देश की जनसंख्या में तीव्र दर वे वृद्धि होने तथा औद्योगिकरण के कारण वनों में तेजी से दोहन किया जा रहा है। कृषि भूमि के प्रसार के लिये, सड़कों, नहरों तथा बांध इत्यादि के बनने एवं जलाऊ लकड़ी की प्राप्ति के लिये वन क्षेत्रों के घटने के साथ-साथ राष्ट्रीय उद्यान तथा पशु विहारों के क्षेत्रफल में भी कमी आई है। उदाहरण के लिये उत्तराखण्ड हिमालय में रामगंगा नदी पर कालागढ़ बांध वनने से कार्बेट नेशनल पार्क का 10 प्रतिशत वन क्षेत्र जलमग्न हो गया। वनों के नष्ट होने से वन क्षेत्रों में रहने वाले वन्य जीवों एवं पक्षियों का अस्तित्व भी समाप्त होता जा रहा है। यदि वन कट जाते हैं या उनकी सघनता कम हो जाती है तो उसका सीधा प्रभाव वन्य जीवों पर पड़ता है और उनका अस्तित्व भी संकट में पड़ सकता है।

जैव मण्डल में जैव विविधता का ह्रास पूरे विश्व के लिये चिन्ता का विषय है। यह सच है कि जैवीय लुप्तता प्रकृति का नियम है लेकिन जैवकीय इतिहास से पता चलता है कि प्राचीन समय में शायद एक हजार वर्षों में कहीं जाकर एक जाति लुप्त होती थी लेकिन मानवीय हस्तक्षेप के कारण यह दर बढ़ी है। वर्तमान में इसके विलुप्त होने की दर एक प्रजाति प्रतिवर्ष है जो कि एक खतरनाक संकेत है। विश्व में उष्णकटिबन्धीय वनों का तीव्र गति से ह्रास पर्यावरणविदों के लिये चिन्ता का विषय है। इन वनों में पायी जाने वाली महत्वपूर्ण प्रजातियां धीरे-धीरे समाप्त हो रही हैं। अनुमान है कि विश्व के उष्ण कटिबन्धीय वनों में 50-90 प्रतिशत जैव विविधता पायी जाती है। F.A.O.N.W.C.S. की एक रिपोर्ट से

ज्ञात हुआ है कि उष्ण कटिबन्धीय वन लगातार संकुचित होते जा रहे हैं, यदि संकुचन इसी गति से होता रहा तो अनुमान है कि अगले 30 वर्षों में लगभग 5-10 प्रतिशत वन्य प्रजातियां प्रायः समाप्त हो जायेंगी।

जैव विविधता के सहयोग से पारिस्थितिकीय तंत्र सुजित स्रोत है। इसकी गुणवत्ता समस्त जीवधारियों के लिये कल्याणकारी होता है लेकिन बड़े पैमाने पर वन विनाश विविध उद्देश्यों से इनका शिकार, प्रदूषण, जीवों में प्रति घटती दया भावना कुछ उद्योगों के लिये कच्चा माल, सरकार की उपेक्षापूर्ण नीति और भारतीय मानसिकता में गिरावट के कारण जैव विविधता का बड़े पैमाने पर विनाश हुआ है। अनेक पौधे और जीव-जन्तुओं की जातियां नष्ट हो चुकी हैं और कुछ नष्ट होने की कगार पर हैं।

वन संरक्षण की ओर भारत में अति प्राचीन काल से ध्यान दिया जाता रहा है। भारतीय संस्कृति में अनेक वृक्ष पूज्य माने जाते रहे हैं तथा धार्मिक कार्यों से जुड़े माने गये हैं। इसके पीछे वनस्पति के संरक्षण की भावना थी। जनसंख्या के तीव्र विकास ने मनुष्य का ध्यान वन संरक्षण से हटा दिया। वर्तमान सदी के उत्तरार्द्ध से वनस्पति के अभाव से उत्पन्न प्रदूषण, भूमि रक्षण जेसी समस्यायें उठीं तथा पुनः वन संरक्षण एवं संवर्धन पर बल दिया जाने लगा। बहुउद्देश्यीय कृषि योजना के अन्तर्गत किसानों को खेतों की मेंड़ों पर तथा खाली जमीन पर वृक्षारोपण हेतू प्रोत्साहित किया गया। पहाड़ी ढालों पर वृक्षारोपण की योजनायें बनाई गईं तथा रक्षित वनों के नियम कड़े किये गये। पंचवर्षीय योजनाओं के अंतर्गत सामाजिक वानिकी (Social Forestry) की योजना कार्यान्वित की गई। इसके अनुसार मानव अधिवासों के समीप वृक्षारोपण किया गरा तथा नगरों में पार्क, बाग-बगीचे आदि स्थापित किये गये। इससे अधिवासों का पर्यावरण सुधरा। 'पथ वृक्षारोपण' योजना के अन्तर्गत सड़कों एवं रेल मार्गों के किनारे रेखीय रूप में वनस्पति पेटिकाओं का विस्तार हुआ। इसमें यूकेलिप्टस का वृक्ष महत्वपूर्ण रहा। इसके अतिरिक्त शीशम, सागौन, फलदार वृक्ष, नीम, पीपल आदि के वृक्ष भी लगाये गये। अर्द्ध शुष्क प्रदेशों की सड़कों एवं रेलों के किनारे उन प्रदेशों के लिये उपयुक्त छोटे वृक्ष एवं झाड़ियां लगाई गईं। यह योजना अत्यन्त सफल रही है। वृहदाकार कारखानों के चतुर्दिक वनों की स्थापना को प्रोत्साहन दिया गया। देश के जंगली एवं पहाड़ी भ।गों ने 'वन्य विहार' विकसित किये गये ताकि वनस्पति का संरक्षण किया जा सके। हरे-भरे वृक्षों की कटाई को कानून बनाकर नियंत्रित किया गया। अब किसी वृक्ष को काटने के लिये सक्षम अधिकारी की अनुमति आवश्यक होती है। कृषि वानिकी के अन्तर्गत कृषि भूमि के मेड़ पर वृक्षारोपण कर दोहरा लाभ उठाया जा सकता है।

इमारती लकड़ी, जलाऊ लकड़ी, घास, पशुचारण व अन्य गौण उपजों के लिये हमारे देश के वनों तथा वनों के अन्दर निवास करने वाले वन्य जीवों का बड़े पैमाने पर विनाश हुआ। वन्य जीवों, पक्षियों तथा वनों के विनाश के भय को देखते हुए देश में सर्वप्रथम 1934 में वनस्पतियों तथा वन्य पशुओं को संरक्षण देने के लिये राष्ट्रीय उद्यान तथा पशु विहारों की स्थापना की वैधानिक व्यवस्था की गई। इसके बाद देश का पहला राष्ट्रीय उद्यान 1936 में उत्तर प्रदेश हिमालय के पातलीदून में "हैली नेशनल पार्क" के नाम से स्थापित किया गया जिसका नाम बाद में बदल कर "जिम कार्बेट नेशनल पार्क" रखा गया है।

उसी प्रकार नगरीय वानिकी (Urban Forestry) के अन्तर्गत नगरों की खुली भूमि पर वृक्ष लगाये जाते हैं। ग्रामीण वानिकी में ऐसे वृक्षों के लगाने पर बल दिया जाता है, जो ग्रामीणों को ईंधन भी प्रदान कर सके तथा पर्यावरण संतुलन को बनाये रखें। शासकीय पौधाशालाओं से विभिन्न किस्मों के पौधों को कम दाम में अथवा मुफ्त में वृक्षारोपण संस्थाओं को उपलब्ध कराया जाता है। स्कूली छात्रों एवं शिक्षण संस्थाओं के माध्यम से वृक्षारोपण का विस्तार किया जाता है, जानवरों व पक्षियों को मारना प्रतिबन्धित हो जब तक कि किसी उच्च विभागीय अधिकारी द्वारा अनुमति न मिली हो।

वन संसाधनों के संरक्षण में राष्ट्रीय सुदूर संवेदी अभिकरण की भूमिका (Role of National Remote Sensing Agency in Conservation of Forest Resources)

भारत में वन संसाधनों का उत्तारोत्तर ह्रास होता जा रहा है। राष्ट्रीय सूदूर संवेदी अभिकरण के अनुसार भारत में विभिन्न वन आवरणों को विभिन्न श्रेणियों में बांटा गया है –

भारत में 1972 से 1980 ई. के केवल 8 वर्षों में 91 लाख 70 हजार हेकटेयर वनों का सफाया किया गया। नेशनल रिमोट सेंसिंग एजेन्सी द्वारा 1984 ई. के मध्य में प्रकाशित आंकड़ों के अनुसार 1972-75 से 1980-82 ई. के सात वर्षों की अवधि में लगभग प्रति वर्ष 13 लाख हेक्टेयर क्षेत्र के जंगल नष्ट किये गये। सुदूर संवेदी उपग्रहों से प्राप्त राज्यवर आंकड़ों से स्पष्ट है कि भारत में वनभूमि का बहुत अधिक विनाश हुआ है।

राष्ट्रीय सुदूर संवेदी अभिकरण के अनुसार भारत के भौगोलिक क्षेत्रफल के 14 प्रतिशत भाग पर वन आच्छदित हैं। राष्ट्रीय वन नीति के अनुसार देश के समस्त भौगोलिक क्षेत्रफल का 33 प्रतिशत भाग वनों से ढका होना चाहिए, जबकि वास्तविक वनाच्छादित भाग 14.1 प्रतिशत ही है। भारतीय वन सर्वेक्षण विभाग

की रिपोर्ट के अनुसार भारत के सकल भौगोलिक क्षेत्रफल का 20.4 प्रतिशत भाग वनों से आच्छादित है।

राष्ट्रीय सुदूर संवेदी अभिकरण के अनुसार 1972-75 ई. की अवधि में भारत में 16.89 प्रतिशत भाग पर वन थे, जो 1980-82 ई. में घटकर केवल 14.1 प्रतिशत रह गए हैं। इन सात वर्षों के अन्तराल में 13 लाख हेक्टेयर जंगल प्रति वर्ष की दर से नष्ट हुए हैं।

सुदूर संवेदी उपग्रह बताता है कि अरुणाचल प्रदेश, मणिपुर तथा अण्डमान-निकोबार द्वीप को छोड़कर देश में अन्य कोई प्रान्त या केन्द्रशासित प्रदेश राष्ट्रीय वन नीति व पर्यावरणीय मापदण्डों के अनुसार वरस्पति आवरण नहीं रखता है। हमारे देश में 1952 ई. से जो वन नीति प्रभावी है, जो वास्तव में 1894 ई. में अंग्रेजों द्वारा बनाई गई थी। भारत सरकार ने 1927 ई. के वन कानून में संशोधन करने के लिये जो विधेयक तैयार किया, उसका 1982 ई. में कड़ा विरोध हुआ। जिस वन नीति का प्रारूप 1983 ई. के अन्त में तैयार हुआ और जिसे केन्द्रीय मन्त्रिमण्डल के विचारार्थ भेजा गया, वह प्रारूप जनता के सामने अभी तक नहीं आया है। भारत सरकार ने 1988 ई. में एक नई वन नीति भी बनाई है।

The State of Forest Report-1989 के अनुसार भारत में सुदूर संवेदी उपग्रह द्वारा 1981-83 तथा 1985-87 ई. में लिये गये छायाचित्रों का विश्लेषण क्रमशः 1987 व 1989 ई. में किया गया। इससे ज्ञात होता है कि राज्यवार वन प्रतिशत की दरें पर्याप्त भिन्न हैं। अरुणाचल प्रदेश, चंडीगढ़, दिल्ली , पंजाब उत्तर प्रदेश, सिक्किम, मध्य प्रदेश, हिमाचल प्रदेश, गोवा, मणिपुर, नगालैंड राजस्थान तथा अण्डमान निकोबार द्वीप में वृक्षारोपण क्षेत्र में वृद्वि हो रही है जबकि शेष राज्यों व केन्द्रशासित प्रदेशों के वन-क्षेत्र में कमी हो रही है।

देश में 1952 ई0 की वन नीति के अनुसार पर्वतीय क्षेत्रों की 60% भूमि तथा देश का कुल 33% भाग वनों से ढ़का होना चाहिए। इस शर्त को अरुणाचल प्रदेश, मणिपुर तथा अण्डमान-निकोबार द्वीप ही पूरा करते हैं। वन-विनाश में मध्य प्रदेश सबसे आगे है। यहां 20 लाख हैक्टेयर क्षेत्र के जंगल नष्ट हो चुके हैं। महाराष्ट्र में दस लाख हैक्टेयर, उड़ीसा, आन्ध्रप्रदेश व जम्मू -कश्मीर में दस - दस लाख हेक्टेयर, हिमाचल प्रदेश व राजस्थान में पांच-पांच लाख हैक्टेयर क्षेत्र के जंगल नष्ट हो चुके हैं।

जैव विविधता के संरक्षण के लिये अन्तर्राष्ट्रीय कार्य
(International Efforts for Conserving Biodiversity)

रियो दि जनेरिया (Rio de Janerio) में 1992 ई0 में पृथ्वी सम्मेलन (Earth

Summit) आयोजित किया गया जिसमें जैव विविधता के संरक्षण के लिये प्रस्ताव पारित किया गया। ये प्रस्ताव 29 दिसम्बर, 1993 से अमल में लाया गया। इस प्रस्ताव के मुख्य विषय इस प्रकार हैं –

(i) जैव विविधता का संरक्षण

(ii) जैव विविधता का उपयोग,

(iii) आनुवांशिक स्रोतों के उपयोग से उत्पन्न लाभ का सही बंटवारा।

वर्ल्ड कन्सर्वेशन यूनियन (World Conservation Union) तथा वर्ल्ड वाइड फण्ड नेचर [World Wide Fund for Nature (WWF)] सारे संसार में संरक्षण व जैवमण्डल रिजर्व (biosphere reserve) के रखरखाव को प्रोन्नत करने वाले प्रोजेक्ट को सहायता दे रही है।

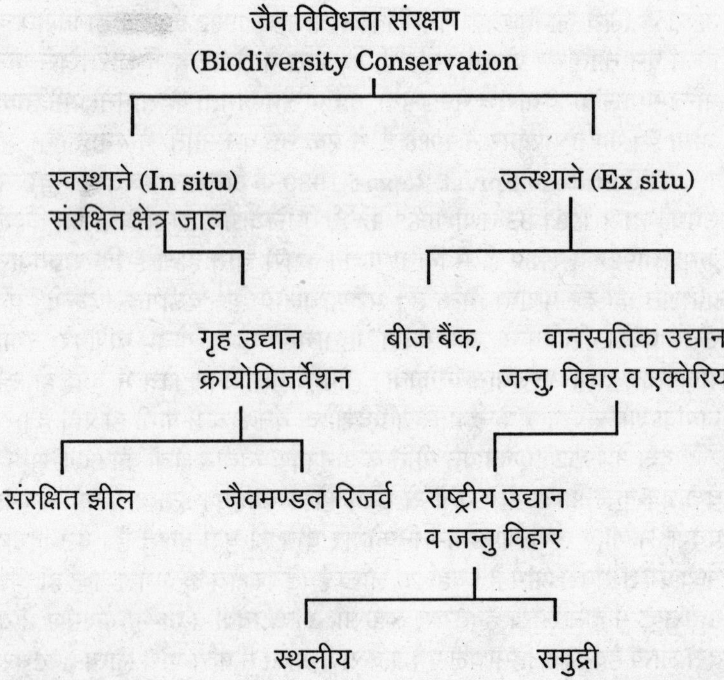

जैव संवेदी क्षेत्र या हॉट स्पॉट
(Biologically Sensitive Areas or Hot spot)

जैव संवेदी क्षेत्र वे क्षेत्र हैं जिनमें जैव विविधता स्पष्ट रूप से मिलती है। इस स्थान को मानव द्वारा अधिक हानि नहीं पहुंचानी चाहिए, ये स्थान धरोहर के रूप

में रखने चाहिए जिससे दुर्लभ सजातियों को भी बचाकर रखा जा सके तथा प्राकृतिक वातावरण में उन्हें उगाया जा सके।

नार्मन मायर (Norman Mayer) ने 1988 ई0 में हॉट स्पॉट कन्सेप्ट (Hot Spot Concept) विकसित किया जिससे उन स्थानों का पता लगाया जहां स्वस्थाने (In situ) संरक्षण किया जा सके। हॉट स्पॉट धरती पर पादप व जन्तु के जीवन में दुर्लभ प्रजातियों के सबसे धनी भण्डार (richest reservoirs) हैं। हॉट स्पॉट को पहचानने के लिये निम्नांकित बातों को ध्यान में रखा जाता है।

(1) एण्डेमिक (endemic) प्रजातियों की संख्या अर्थात् ऐसी प्रजातियां जो और कहीं नहीं मिलती हैं।

(2) प्राकृतिक आवास के बिगड़ते सन्दर्भ में प्रजातियों को होने वाले नुकसान अथवा चेतावनी की मात्रा के आधार पर संसार में लगभग 25 स्थलीय हॉट स्पॉट जैव विविधता को संरक्षित करने के लिये पहचाने गए हैं। ये सभी हॉट स्पॉट पृथ्वी के लगभग 1.4 प्रतिशत भू-भाग पर विस्तृत हैं। 15 हॉट स्पॉट में ट्रॉपिकल वनों (Tropical forests), 5 मेडीटेरेनियन (islands) में विस्तृत हैं। 16 हॉट स्पॉट ट्रॉपिकल क्षेत्र में मिलते हैं। लगभग 20 प्रतिशत मानव आबादी इन हॉट स्पॉट क्षेत्रों में रहती है।

संसार के 25 हॉट स्पॉट क्षेत्रों में से 2 भारत में मिलते हैं जो पड़ोसी देशों तक फैले हुए हैं, जैसे पश्चिमी घाट व पूर्वी हिमालय क्षेत्र।

इन क्षेत्रों में पुष्पी पादप बहुतायत में मिलते हैं। यहां पर सरीसृप (reptiles), उभयचर (amphibians), तितलियां तथा कुछ विशेष स्तरधारी जन्तु एण्डेमिक रूप में मिलते हैं।

पूर्वी हिमालय क्षेत्र का हॉट स्पॉट उत्तर पूर्वी भारत से भूटान तक फैला हुआ है, शीतोषण (temperate) वन 1780-3500 मीटर एल्टीट्यूड (altitude) पर उपस्थित है। इस क्षेत्र में कुछ अलग-अलग घाटियां (semi isolate valeys) हैं जिनमें अधिकांश (endemic) मेग्नोलिया (Magnolia), बेतुला (Betula) आदि मिलते हैं।

पश्चिमी घाट (Western ghat) क्षेत्र भारतीय महाद्वीप के पश्चिमी तट के समानान्तर उपस्थित है। 1,600 कि.मी. का यह क्षेत्र महाराष्ट्र, कर्नाटक, तमिलनाडू, केरल आदि में फैला हुआ है। यहां अधिकांशतः सदाबहार वन हैं। इसके मुख्य जैव विविधता केन्द्र अगस्थ्यमलाई पहाड़ियों (Agasthyamalai hills), साइलेन्ट वैली Silent Valley) तथा न्यू एममबालन रिजर्व (New Amambalan reserve) आदि हैं।

भारत के मुख्य जैव संवेदी क्षेत्र या हॉट स्पॉट
(Main Biologically Sensitive Area or Hot Spots of India)

1. नीलगिरि पहाड़ी [Nilgiri Hills] (तमिलनाडु)]
2. पलनी पहाड़ी [Palni Hills] (तमिलनाडु)]
3. साइलेन्ट वेली [Silent Valley (केरल)]
4. शिवालिक पहाड़ी [Shivalik Hills (हिमाचल प्रदेश)]
5. हिमालय पर्वत [Himayaya Mountains] (भारत/नेपाल)
6. अरावली पहाड़ियां [Aravally Hills (राजस्थान)]
7. दूर घाटी [Doon Valley (उत्तरांचल)]
8. नारायण सरोवर [Narayan Sarovar (गुजरात)]
9. चिलका झील [Chilka Lake (उड़ीसा)]
10. सरिस्का [Sariska (राजस्थान)]
11. गिर जंगल [Gir forest (गुजरात)]
12. भरतपुर झील [Bharatpur Lake of Wet land (राजस्थान)]
13. मानस [Manas (असम)]
14. सुन्दर वन [Sunder ban (पश्चिम बंगाल)]
15. थार रेगिस्तान [Thar Desert (राजस्थान)]
16. उत्तर-पूर्वी हिमालय [North-Eastern Himalaya (भारत)]
17. पश्चिमी घाट [Western Ghat (भारत)]
18. कोडाई झील [Kodai Lake (तमिलनाडू)]
19. डल झील [Dal Lake (कश्मीर)]
20. कच्छ की खाड़ी [Little Rann of Kach (गुजरात)]
21. ऊटी झील [Ooty Lake (तमिलनाडु)]

भारत में जैव विविधता
(Biodiversity in India)

भारत में बहुत अधिक जैव विविधता पाई जाती है। यहां पर लगभग 75,000 पशुओं की तथा 45,000 पादपों की प्रजातियां मिलती हैं। देश के विभिन्न जीव-भौगोलिक क्षेत्रों को उनमें पाये जाने वाले जीव-जन्तुओं व पेड़-पौधों के विशिष्ट लक्षणों के आधार पर पहचाना जा सकता है। उत्तर हिमालय में चीड़ के वन बहुतायत से पाये जाते हैं। यहां कश्मीरी मृग, भूरा भालू तथा हिम चीता आदि मिलते हैं। हिम चीता संकटग्रस्त प्रजाति है। हिमालय की निचली पहाड़ियों पर साल के वन, घास के मैदान पाये जाते हैं तथा इस क्षेत्र में बाघ, हाथी, चीते, हिरण

आदि मिलते हैं।

मध्य भारत के पठारी भाग में साल के विशाल वन हैं। यहां हाथियों के बदले गैर (भारतीय 'बिसन') पाए जाते हैं। ये प्राणी सतपुड़ा की पहाड़ियों और गोदावरी नदी के दक्षिण में मिलते हैं। इन स्थानों पर उत्तर की लाल मुर्गी, दक्षिण की भूरी मुर्गी तथा उत्तर के रीसस बन्दर व दक्षिण के बनोट भी मिलते हैं। साल तथा टीक यहां के मुख्य वृक्ष हैं। पश्चिमी घाटी के सदाबहार वनों में नीलगिरी लंगूर व शेर पूंछ वाले दुर्लभ बन्दर भी मिलते हैं।

पश्चिमी घाटी के सूखे पर्णपाती और कांटे वाले जंगलों में आदर्श एण्टीलोप पाये जाते हैं। यहां नीलगाय, नीलसांड तथा चार सींगों वाले बारहसिंगे भी मिलते हैं। इस क्षेत्र के परभक्षी बाघ, चीता, सूअर, सांभर आदि हैं। थार के रेगिस्तान में चिंकारा तथा ब्लैक बक थ्राइव मिलते हैं। महासारंग इस क्षेत्र के संकटग्रस्त जीव हैं।

पूर्व में आर्द्र वन तथा नमी वाले घास स्थल मिलते हैं। यहां भारतीय गैंडा तथा जंगली भैंसा मिलता है। ब्रह्मपुत्र घाटी के नम क्षेत्रों में सूअर, हिरन आदि मिलते हैं। बाघ व चीते के अतिरिक्त एग्रीकेटस की कई प्रजातियां मिलती हैं।

अण्डमान व निकाबार द्वीप देश की कम वर्षा वाले वनों के अन्तिम निकटस्थ कटिबन्ध प्रदेश हैं। यहां पुष्पी पौधे व जीव-जन्तुओं की जातियां बहुतायत में मिलती हैं। भारत के पुष्पी पौधों का 10 प्रतिशत यहां पर मिलते हैं यहां के वन सदा हरे रहते हैं। यहां मेनग्रूव पौधे मिलते हैं। जीव-जन्तुओं में स्तनधारी प्रजातियां, अनेक प्रकार के सरीसृप एवं कुछ समुद्री जीव भी यहां पाये जाते हैं।

फ्लोरा (Flora)

भारत में पाए जाने वाले पौधों के लगभग 50,000 में से 15,000 पुष्पी पौधों के अतिरिक्त 1,676 शैवाल, 1,940 लाइकेन, 12,480 कवक, 64 अनावृतबीजी, 2,843 ब्रायोफाइट्स तथा 1,012 टेरीडोफाइट्स की प्रजातियां मिलती हैं। इनमें 5,000 प्रजातियां केवल भारत (endemic) में मिलती हैं। लगभग 28 प्रजातियां विलुप्त हो चुकी हैं। लगभग 399 प्रजातियां संकटग्रस्त हैं तथा 1,500 के लगभग प्रजातियां विलुप्त होने के कगार पर (theratened) हैं। इनमें से लगभग 1,256 पुष्पी पादपों की प्रजातियां हैं।

भारत को लगभग 8 फ्लोरिस्टिक क्षेत्र (floristic regions) में बांटा जा सकता है, जैसे पश्चिमी हिमालय, पूर्वी हिमालय, असम के मैदानी भाग, गंगा के तराई वाले भाग, दक्कन, मालाबार तथा अण्डमान आदि।

पश्चिमी हिमालय क्षेत्र में चीड़, चिनार आदि के वृक्षों की बहुतायत है। ऊँचाई पर देवदार, स्प्रूस, सिल्वर फर तथा एल्पाइन क्षेत्र में (4,750 मी0 से ऊपर) सिल्वर

बिर्च, सिल्वर फर तथा जूनीपर्स आदि के वृक्ष मिलते हैं।

पूर्वी हिमालय क्षेत्र में ओ, मैपल, रोडोडेण्ड्रॉन, एल्डर, बिर्च, कोनीफर, जूनीपर्स, ड्वार्फ विलो आदि के पौधे मिलते हैं। असम में हरे जंगल मिलते हैं, जिनमें बांस, लम्बी घास आदि बहुतायत में मिलती है।

मैदानी व गंगा की तराई वाले क्षेत्रों में विविध प्रकार के पौधे मिलते हैं। दक्कन में मिश्र पर्णपाती वन मिलते हैं।

मालाबार क्षेत्र में घने जंगल पाए जाते हैं। नारियल, सुपारी, काली मिर्च, कॉफी, चाय, रबड़, काजू तथा यूकेल्पिटस के वृक्ष बहुतायत में मिलते हैं। अण्डमान क्षेत्र में सदाबहार मैनग्रूव पौधे मिलते हैं।

फोना (Fauna)

भारत में मिलने वाली लगभग 81,000 जन्तु प्रजातियों में 372 स्तरधारी, 1228 पक्षी, 428 सरीसृप, 204 उभयचर, 2,546 मछली, 57,525 कीड़े-मकोड़े तथा 5,042 मोलस्क व अन्य अकशेरूकी जन्तु मिलते हैं।

स्तनधारियों में मुख्य रूप से हाथी और हाथी के समान ही एक प्रजाति गौर या भारतीय बाइसैन (Indian bison) भारत में बहुतायत से पाये जाते हैं। इनके अतिरिक्त अन्य जन्तुओं में भारतीय भैंस, नीलगाय, चार सींग वाला बारहसिंगा (केवल भारत में मिलता है), काला सांभर, जंगली गधा, एक सींग वाला गेंडा, हिरन, कश्मीरी मृग, कस्तूरी मृग आदि मिलते हैं।

अफ्रीका के अतिरिक्त भारतीय शेर केवल गिर जंगलों मिलते हैं। बाघ, चीता, तेंदुआ आदि बिल्ली प्रजाति के पशु हैं जो भारत में पाये जाते हैं।

लंगूर बन्दर, होलक गिब्बन आदि जंगलों में मिलते हैं। शेर जैसी पूंछ वाला मेकाकू (Macaque) दक्षिण भारत में मिलता है।

भारत में विभिन्न प्रकार के पक्षी बहुतायत में मिलते हैं। मोर भारत का राष्ट्रीय पक्षी है। इसके अतिरिक्त बत्तख, सारस, मैना, तोता, कबूतर, हॉर्नबिल तथा अनेक प्रकार के पक्षी मैदानों व जंगलों में मिलते हैं। सरीसृप वर्ग से सम्बन्धित मगर, घड़ियाल, सर्प आदि समुद्र में पूर्वी घाट पर, अण्डमान निकोबार द्वीपसमूह में बहुतायत में मिलते हैं।

हिमालय क्षेत्र में मिलने वाले कुछ जन्तु हैं – जंगली भेड़, बकरी, मारखोर (markhor), आइबेक्स (ibex), शीऊ (Shrew), पांडा (panda), स्नो लियापर्ड (snowleopard) आदि।

पादप भूगोल का विषय पौधों के वर्तमान और अतीत में भौगोलिक वितरण से सम्बन्धित है। पौधे कहां और क्यों पाये जाते हैं, वे किसी स्थान पर कैसे पहुंचे,

इत्यादि प्रश्नों के उत्तर पादम–भूगोल में मिलते हैं। पौधे के भौगोलिक वितरण को जानने से पहले विभिन्न स्थानों की जलवायविक और मृदीय (Edaphic) विशेषताओं का ज्ञान प्राप्त करना आवश्यक है। पौधों की जाति और उनके कुल के वितरण का अध्ययन फ्लारिस्टिक पादप भूगोल में होता है, जबकि वनस्पति समुदाय के वितरण का अध्ययन वानस्पतिक पादप भूगोल में होता है।

पादप भूगोल (Phytogeography or Plant Geography) वह विज्ञान है, जो जल व थल में उत्पन्न होने वाले अनेक जीवों व पौधों की उत्पति, वितरण एवं उनके पर्यावरण के सम्बन्ध में प्रकाश डालता है।

देश में वन्य जीव संरक्षण के लिये समय-समय पर अधिनियम बनाकर इन्हें सुरक्षा प्रदान करने का महत्वपूर्ण कार्य किया है। जैसे –

1. दी वाइल्ड वर्डस एण्ड एनीमल्स प्रोटेक्शन अधिनियम, 1912
2. ऑल इण्डिया ऐलीफैन्ट प्रिजरवेशन एक्ट, 1879
3. मद्रास वाइल्ड ऐलीफैन्ट प्रिजरवेशन एक्ट, 1973
4. आसाम रिनोसर्स प्रिजरवेशन एक्ट, 1954
5. बंगाल रिनोसर्स प्रिजरवेशन एक्ट, 1932
6. नेशनल वाइल्ड लाइफ एक्शन प्लान, 1982
7. वाइल्ड लाइफ प्रोटेक्शन एक्ट, 1972

साथ ही सन् 1991 में वाइल्ड लाइफ प्रोटेक्शन एक्ट 1972 के अन्तर्गत संशोधन बिल संसद द्वारा पारित हुआ और इस बिल को 2.10.91 को माननीय राष्ट्रपति जी ने स्वीकृति प्रदान की। इस नये संशोधन के बाद देश की संकटापन्न व तेजी से लुप्त होने वाली वन्य प्रजातियों के संरक्षण का विशेष प्रावधान है।

वन संरक्षण अधिनियम
(Forest Conservation Act)

मानव जीवन में वनों की महत्ता को स्वीकारते हुए भारत सरकार ने वनों के संरक्षण एवं विकास के लिए ' राष्ट्रीय वन नीति 1952 (National Forest Policy) की स्थापना की थी। इस नीति के तहत देश के कुल भौगोलिक क्षेत्रफल के एक तिहाई भाग पर वन क्षेत्र होना चाहिए लेकिन देश में अतिशय जनसंख्या की वृद्वि एवं मांग के कारण वन क्षेत्रों का लगातार ह्रास होता जा रहा है। सरकारी आँकडों के आधार पर पता चलता है कि वर्ष 1951-52 से 1979-80 के मध्य 4.238 मिलियन हैक्टेयर, वन भूमि आधिकारिक तौर पर गैर वन्य कार्यो (कृषि, उद्योग, परिवहन, सिंचाई बस्तियां आदि) हेतू स्थानान्तरित कर दी गयी। फलस्वरूप वन

संरक्षण के लिए ठोस कदम के रूप में भारत सरकार ने वन संरक्षण अधिनियम, 1980 (Forest Conservation Act, 1980) लागू किया गया।

वन संरक्षण अधिनियम, 1980

इन अधिनियम का मुख्य उद्देश्य वनों के कटान अर्थात वन भूमि ह्रास को रोकना है। आरक्षित वन क्षेत्र को अनारक्षित या किसी वन क्षेत्र की भूमि को अन्य दूसरे कार्यों में उपयोग हेतु केन्द्रीय सरकार की लिखित अनुमति आवश्यक है। इस अधिनियम में ऐसी व्यवस्था भी है कि यदि किन्ही सार्थक कारणों से वन क्षेत्र की भूमि को दूसरे प्रयोजनार्थ स्थानान्तरित करना आवश्यक ही है तो जितने वृक्षों की संख्या में कटाई की गई है उनसे दुगने संख्या में वृक्षों का रोपण किया जाये। देखने में आया कि वनों का विदोहन जारी है फलस्वरूप ' वन संरक्षण अधिनियम, 1980' को पुनः 1988 में संशोधित किया गया।

महत्वपूर्ण संशोधन निम्नवत् हैं।

क. सम्पूर्ण वन क्षेत्र या उसका कोई भाग किसी भी रूप में किसी भी व्यक्ति या संगठन, को न तो स्थानान्तरित किया जायेगा और न ही बेचा जायेगा। इसके लिए केन्द्रीय सरकार से पहले अनुमति (Approval) लेना आवश्यक है।

ख. केन्द्रीय सरकार की पूर्व अनुमति के बिना वन क्षेत्र में किसी भी प्रकार का ह्रास (जो उसकी समूल प्राकृतिक विशेषता को नष्ट करता हो) सम्भव नहीं होगा।

ग. नियम का उल्लंघन करने वाले व्यक्ति या संगठन के विरुद्व इस अधिनियम की धारा 2 के अन्तर्गत दंड का विधान है।

जैव विविधता से सम्बद्व कुछ क्षेत्रीय अधिनियम (Some Central Acts related to Biodiversity)

1. वन अधिनियम, 1927
2. कृषि उपज (श्रेणीकरण व विपणन) अधिनियम, 1937
3. आयात एवं निर्यात (नियत्रण) अधनियम, 1947
4. सीमा शुल्क अधिनियम 1962।
5. इलायची शुल्क अधिनियम 1965।
6. समुद्री उत्पादों के निर्यात का प्राधिकरण 1972।
7. नाशककीट एवं नाशीजीव अधिनियम, 1974।
8. नारियल विकास बोर्ड अधिनियम 1979।

9. वन (संरक्षण) अधिनियम, 1980।
10. भारतीय समुद्री क्षेत्र (विदेशी पोतों द्वारा मत्स्यन नियम) अधिनियम, 1980।
11. राष्ट्रीय तिलहन एवं वनस्पति तेल विकास बोर्ड, 1983।
12. कृषि एवं संसाधित उत्पादन निर्यात विकास प्राधिकरण अधिनियम 1985-86।
13. पर्यावरण सुरक्षा अधिनियम, 1986।
14. राष्ट्रीय डेरी विकास बोर्ड अधिनियम 1987।
15. मत्स्य अधिनियम, 1897।

पर्यावरण व्यवस्था सम्बन्धी कानून
(Laws for Environmental Legislation)

भारतीय दंड संहिता, 1860 (Indian Penal Code, 1860) की धारा 268, 290, 291, 426, 430, 432 के तहत सामान्य पर्यावरण समस्याएं धारा 277 से जल प्रदूषण तथा धारा 278 से वायु प्रदूषण के प्रकरण निपटाये गये। दंडविधि संहिता 1898 (Criminal Procedure Code, 1889) जिसे अब 1973 में पुनः नवीन रूप दिया गया हैं, के उपद्रव के अध्याय (Chapter on Nuisance) से ध्वनि प्रदूषण पर प्रतिबन्ध लगा है।

(1) वन्य जीव संरक्षण हेतुः (i) दी इंडियन फोरेस्ट एक्ट 1927 (The Indian Forest Act 1927), (ii) दी आन्ध्र प्रदेश एग्रीकल्चर पेस्ट एण्ड डिसीज एक्ट, 1919 (The A.P. Agriculture Pest and Disease Act, 1919), (iii) दी मैसूर डेस्ट्रक्टिव इन्सेक्ट्स एण्ड पेस्ट्स एक्ट 1917 (The Mysore Destructive Insects and Pests Act, 1917) और (iv) दी केरल एग्रीकल्चर पेस्ट एण्ड डिसीज एक्ट, 1917 (The Mysore Destructive Insects and Pests Act, 1917) आदि मुख्य रूप से उपयोग में लाये गये।

(2) वायु प्रदूषण के लिये, (i) दी ओरियन्टल गैस कम्पनी एक्ट, 1857 (The Oriental Gas Company Act, 1857).

देश के प्रमुख राष्ट्रीय उद्यान

क्र.स.	राज्य/केन्द्र शासित क्षेत्र	राष्ट्रीय उद्यानों का नाम	भौगोलिक स्थिति	प्रमुख वन्य जीव प्रजातियां
1.	बिहार	1. हजारी बाग	हजारी बाग जनपद में	
		2. पालामऊ	पालामऊ जनपद में	

2.	असम	1. काजीरंगा	शिव सागर जनपद में	
3.	मध्य प्रदेश	1. कान्हा	मॉंडला जनपद में	काला हिरन, शेर
		2. वन्डावा गढ़	सहदोल में	शेर
		3. शिवपुरी	शिवपुरी जनपद में	
4.	गुजरात	1. बालाराम	बनास कांठा जनपद में	
5.	कर्नाटक	1. वेणुगोपाल	मैसूर जनपद में	हाथी, जंगली सांड
6.	महाराष्ट्र	1. तरोबा	चन्द्रापुर	टाइगर
7.	उड़ीसा	1. सिम्पलीफाल	मैसूर भंज में	शेर
8.	अंडमान निकोबार		1. रॉस आइलैण्ड	राम द्वीप में
9.	उत्तरांचल	1. कार्बेट नेशनल पार्क पौड़ी-नैनीताल में		हाथी, शेर, चीतल
		2. राजा जी नेशनल देहरादून जनपद में पार्क		हाथी, शेर, हिरन

उत्तरांचल हिमालय के राष्ट्रीय उद्यान तथा पशु विहार

	भौगोलिक स्थिति	उद्यान/विहार का नाम
(1)		पशु विहार
	चमोली गढ़वाल में	1. नन्दा देवी पशु विहार
	चमोली गढ़वाल में	2. केदारनाथ पशु विहार
	उत्तरकाशी जिले में	3. गोविन्द पशु विहार
	पौड़ी गढ़वाल में	4. मालन पशु विहार
(2)		राष्ट्रीय उद्यान
	पौड़ी नैनीताल में	1. कार्बेट नेशनल पार्क
	शिवालिक पर्वत श्रेणी में	2. राजा जी नेशनल पार्क
	चमोली गढ़वाल में	3. पुष्पावती नेशनल पार्क